生态创新环境下
企业二元性绩效评价研究

王秋霞 著

中国财经出版传媒集团
中国财政经济出版社

图书在版编目（CIP）数据

生态创新环境下企业二元性绩效评价研究 / 王秋霞著. -- 北京：中国财政经济出版社，2020.9
ISBN 978-7-5095-9952-5

Ⅰ.①生… Ⅱ.①王… Ⅲ.①企业绩效-经济评价-研究 Ⅳ.①F272.5

中国版本图书馆 CIP 数据核字（2020）第 146709 号

责任编辑：彭 波　　责任印制：史大鹏
封面设计：卜建辰　　责任校对：徐艳丽

中国财政经济出版社 出版
URL：http://www.cfeph.cn
E-mail：cfeph@cfeph.cn

社址：北京市海淀区阜成路甲 28 号 邮政编码：100142
营销中心电话：010-88191522
天猫网店：中国财政经济出版社旗舰店
网址：https://zgczjjcbs.tmall.com
北京财经印刷厂印刷 各地新华书店经销
成品尺寸：170mm×240mm 16 开 18.75 印张 300 000 字
2020 年 9 月第 1 版 2020 年 9 月北京第 1 次印刷
定价：68.00 元
ISBN 978-7-5095-9952-5
（图书出现印装问题，本社负责调换，电话：010-88190548）
本社质量投诉电话：010-88190744
打击盗版举报热线：010-88191661 QQ：2242791300

前　　言

哈佛大学商学院卡普兰教授曾经说过："你评价什么，就得到什么。"这句话高度地概括了绩效评价的作用。纵观企业绩效评价发展史可知，绩效评价指标体系并非一成不变，它随着环境的发展而发展，随着评价目标的演变而演变。伴随着工业文明向生态文明的转变，企业所处的理财环境也由传统的工业制造环境向生态创新环境转化。在生态创新环境下，为了更好地发挥绩效评价的导向作用，必须深入思考以下问题：(1) 生态创新环境下，生态创新的实施可以为企业带来哪些绩效？(2) 生态创新环境下，从外部制度环境到企业内部绩效之间的传导路径如何？(3) 生态创新环境下，为了更好地发挥绩效评价的导向作用，更好地落实生态责任，企业绩效评价指标体系如何构建？(4) 生态创新环境下，为了更好地发挥出绩效评价的激励与约束作用，企业绩效评价指标体系的权重如何确定？

本书以组织社会学的新制度主义理论和自然资源基础观等理论为基础，遵循"（制度）环境—（战略）行为—（企业）绩效"的分析框架，以制造企业为调研对象，采用大规模问卷调查和结构方程模式，尝试回答以上四个相对独立但相互关联的问题，并通过对这些问题的回答，对生态创新环境下企业绩效提升提出相应的对策建议。正如郭道扬先生所提出的那样："要防止生态环境控制方面的不切实际的空谈，客观上必须使会计、审计与财务管理方面的理论研究与工作朝着解决生态环境治理的方向发展，它们理所当然是未来解决这些问题的基础。"本书的研究正是努力朝着郭道扬先生所指明的方向迈进。

本书的学术价值在于：(1) 分析了外部制度驱动、生态创新与企业二元性绩效的传导路径，丰富了生态创新环境下企业绩效评价理论基础；(2) 通过对传导路径的实证检验，为生态创新环境下企业二元性绩效的提升提供了经验证据；

(3) 构建了生态创新绩效评价体系，优化组合了企业绩效评价指标权重的确定方法；(4) 从外部制度环境入手研究绩效传导路径，拓展了企业绩效评价的研究视角，丰富了绩效评价现有的相关文献。

本书的应用价值在于：(1) 有利于引导企业树立科学发展观，促进企业长期可持续发展；(2) 有利于推动绿色发展理念与企业发展战略相融合，确保绿色发展理念的贯彻执行；(3) 有利于生态文明建设微观层面实施机制的完善，为宏观生态环境治理提供微观支持；(4) 有利于政府根据评价的结果制定相应的激励机制，更好地引导企业生态创新行为的开展。

作者

2020 年 6 月

目　　录

导　论

一、研究背景与研究意义

（一）研究背景与动因

1. 理论背景与动因

在环境问题上，经济学中一直存在激烈争辩。新古典经济学认为环境问题是“市场失灵”的产物，任何环境规制都会迫使企业增加额外的营运成本；Porter 和 Van der Linde（1995）却认为环境问题是生产效率低下和资源浪费的表现，设计合理的环境规制，不仅可以促使企业通过创新来提高资源效率和生产效率，还可以促使企业通过创造环境友好型的产品市场或技术市场来提高营业收入和利润，进而达到“双赢”——这就是著名的“波特假设”。前一种观点严重阻碍了企业从消极被动的环境策略向积极主动的环境策略的转变（Andersen，2010）；后一种观点激发了学者对以双赢为目标的能促使经济和环境可持续发展的创新活动的研究。在这样的背景下，生态创新的概念于 1996 年被 Fussler 和 James 创造出来。与一般的创新相比，其具有显著的二元性特征——追求企业与环境的“双赢”，被认为是国民经济长期可持续发展的引擎、产业转型升级的通道（Mirata and Emtairah，2005），提供了达成多赢局面（环境—社会—经济）的可能性（Andersen，2010），契合了当前各国在环境持续恶化的背景下追求绿色发展的经济目标和政治目标（Schiederig、Tietze and Herstatt，2012），由此可见，生态创新的实施与中国“十三五”规划纲要中的绿色发展理念是高度契合的，对生态创新前因后果的研究具有十分重要的理论及实践意义。

2. 现实背景与动因

随着环境的持续恶化，可持续发展问题已逐渐成为全球性的问题。从国家层面看，美国、日本和欧盟等发达国家，都已致力于通过实施生态创新战略来获取国家竞争优势；从企业层面看，发达国家的企业组织也已经将环境管理作为其战略管理的重要组成部分，并呈现出由消极被动的末端治理模式向积极主动的全生命周期管理模式的转变（张钢和张小军，2013）。对正处于经济转型升级阶段的中国而言，生态创新的战略选择事关其在世界上的战略地位，如果在国家生态竞争战略、企业生态创新等战略问题上处理不当，则很可能失去在生态创新这“第六轮工业革命（Gardner and Prugh，2008）”中崛起的机会（董颖和石磊，2010）。

企业作为经济活动的基本单位，既是资源的利用者，也是环境污染的制造者（张敦力，2011）；既是环境问题的重要来源（Starik and Marcus，2000），也是生态创新的主体（董颖和石磊，2010）。只有企业全面履行生态创新战略，国家的生态竞争战略才能在微观层面落地。要确保企业层面的生态创新战略的顺利实施，必须建立一套科学的生态创新绩效评价引导体系。正如郭道扬先生（2013）[①] 所提出的那样：“要防止生态环境控制方面的不切实际的空谈，客观上必须使会计、审计与财务管理方面的理论研究与工作朝着解决生态环境治理的方向发展，它们理所当然是未来解决这些问题的基础”。本书的研究正是努力朝着郭道扬先生所指明的方向迈进，力图构建一套有利于引导企业实施生态创新的绩效评价体系。

（二）研究目的与意义

1. 研究目的

哈佛大学商学院卡普兰教授曾经说过：“你评价什么，就得到什么”，这句

① 郭道扬．管理基础论［J］．会计之友，2013（9）：5。

话高度地概括了绩效评价的作用。纵观绩效评价发展史可知，绩效评价指标体系并非一成不变，它随着环境的发展而发展，随着评价目标的演变而演变。伴随着工业文明向生态文明的转变，企业面临的理财环境也由传统的工业制造环境向生态创新环境转化。在生态创新环境下，为了更好地发挥绩效评价的导向作用，必须深入思考以下问题：（1）生态创新环境下，生态创新的实施可以为企业带来哪些绩效？（2）生态创新环境下，从企业外部制度环境到企业内部绩效之间的传导路径如何？（3）生态创新环境下，为了更好地发挥绩效评价的导向作用，更好地落实生态责任，企业绩效评价指标体系如何构建？（4）生态创新环境下，为了更好地发挥出绩效评价的激励与约束作用，企业绩效评价指标体系的权重如何确定？综上所述，本书以组织社会学的新制度主义理论和自然资源基础观等理论为基础，遵循“（制度）环境—（战略）行为—（企业）绩效”的分析框架，以制造企业为调研对象，采用大规模问卷调查和结构方程模式，尝试回答以上四个相对独立但相互关联的问题，并通过对这些问题的回答，对生态创新环境下企业绩效提升提出相应的对策建议。

2. 研究意义

本书的学术价值在于：（1）分析了外部制度驱动、生态创新与企业二元性绩效的传导路径，丰富了生态创新环境下企业绩效评价理论基础；（2）通过对传导路径的实证检验，为生态创新环境下企业二元性绩效的提升提供了经验证据；（3）构建了生态创新绩效评价体系，优化组合了企业绩效评价指标权重的确定方法；（4）从外部制度环境入手研究绩效传导路径，拓展了企业绩效评价的研究视角，丰富了绩效评价现有的相关文献。

本书的应用价值在于：（1）有利于引导企业树立科学发展观，促进企业长期可持续发展；（2）有利于推动绿色发展理念与企业发展战略相融合，确保绿色发展理念的贯彻执行；（3）有利于生态文明建设微观层面实施机制的完善，为宏观生态环境治理提供微观支持；（4）有利于政府根据评价的结果制定相应的激励机制，更好地引导企业生态创新行为的开展。

二、文献综述与概念界定

（一）国内外文献综述

1. 企业生态创新相关文献综述

（1）生态创新的内涵与特点。

生态创新的概念于 1996 年被 Fussler 和 James 创造出来，随后被定义为能促使企业和顾客价值提升并能显著减少环境影响的新产品、新工艺（James, 1997）；经合组织（The Organization for Economic Co - operation and Development, OECD, 2009）[①] 将生态创新定义为“一种使产品（或服务）、生产过程、市场方法、组织结构或制度安排得以创新或显著改善的创造或实施行为，不管这些创造或实施行为是有意还是无意，与其他替代方案相比都能够带来环境的改善”；Rennings（2000）认为生态创新是一种以环境收益为目的的创新；董颖和石磊（2010）通过查阅文献指出生态创新应该包含末端治理。杨燕和邵云飞（2011）通过文献梳理，发现多数学者均认可生态创新的“创新性”和“环境收益性”这两个本质特征。彭雪蓉、刘洋和赵立龙（2014）在对企业社会责任、环境管理和创新管理三大领域的相关研究成果进行梳理的基础上，辨析了企业生态创新的内涵特征与外延，认为生态创新的目标具有“二元”性——追求企业与环境的“双赢”；生态创新的内容具有动态性和多元性；生态创新的过程具有系统性和复杂性；生态创新的结果具有“双重正外部性”——知识溢出和高生态效能。尽管国内外的学者目前在生态创新的概念上还存在一些小的分歧，但普遍认可其“二元”性特征。

（2）生态创新的边界。

现有文献对生态创新的外部边界和内部边界进行了定义。生态创新的外部边界包括为了绿色和可持续发展而组织的所有活动，包括供应商（Lee and Kim, 2011）、监管机构（del Rio、Carrillo - Hermosilla and Konnola, 2010）与市场需求

---

① OECD, Sustainable Manufacturing and Eco - innovation, Paris: OECD Publishing, 2009, P13。

（Lin、Tan and Geng，2013）；生态创新活动的内部边界与高效地管理组织内的生态创新实践相关，包括组织管理（Eiadat、Kelly and Roche，2008）、生态工艺（Dangelico and Pontrandolfo，2010）和新产品的开发（Lin、Tan and Geng，2013）。基于研究的目的，本书专注于生态创新的内在边界。

（3）生态创新的驱动因素。

现有文献对生态创新驱动因素的分析，归纳起来可以大概分为以下四类：技术推动、市场拉动、企业规制以及其他因素。

Ziegler 和 Rennings（2004）以及 Rehfeld、Rennings 和 Ziegler（2007）都认为生态创新受技术推动的影响，但前者认为研发活动与生态产品创新和生态过程创新均有显著正相关，而后者认为研发活动对生态产品创新有影响，但影响较弱。

在市场拉动方面的驱动因素主要包括零售商要求、生态标签及客户满意度等。Engels（2008）认为，在生态创新的过程中零售商非常重要，因为其苛刻的要求超越了企业自身对环保的承诺，特别是在有机食品市场更是如此；Wagner（2008）认为消费者信息和生态标签与生态产品创新显著正相关；Rehfeld、Rennings 和 Ziegler（2007）认为顾客满意度与生态产品创新显著正相关。

企业规制方面的驱动因素主要包括环境管理工具和环境管理系统。Ziegler 和 Rennings（2004）认为环境管理工具（例如，基于生命周期分析的产品设计及产品回收利用系统等）与生态产品创新和生态过程创新均显著正相关；经过认证的环境管理系统（如 ISO14001、EMAS 等）与生态创新之间联系相当微弱；Frondela、Horbachb 和 Rennings（2008）也支持此观点。Rennings 等（2006）研究结果表明，基于 EMAS 的环境报告促进了生态技术创新；生态过程创新与环境管理系统（EMS）的成熟度密切相关。Wagner（2008）认为 EMS 与生态过程创新相关；Rehfeld、Rennings 和 Ziegler（2007）认为，在多元回归分析结果中，EMS 和 EMAS 对生态产品创新有显著的正向影响；但在二元回归分析结果中，该影响相对较弱。

其他对生态创新产生驱动作用的因素有：规模与年龄（Cleff and Rennings，1999；Rehfeld、Rennings and Ziegler，2007；何岚和钟书华，2017）、行业（Brunnermeier and Cohen，2003）、部门参与（Rennings et al.，2006）、市场目标和市场收益（Cleff and Rennings，1999）、创新历史（Engels，2008）以及所有权（何岚和钟书华，2017）。

（4）企业生态创新的测量方式。

只有能对企业生态创新行为进行客观测量，才能准确地估计外部驱动因素对企业生态创新行为的影响。早期的测量主要集中在生态创新行为对环境的影响方面，例如，如污染水平的测量、减排水平的测量等。目前，生态创新的测量方式主要有两种：一种是基于投入—产出的角度，从投入、间接产出、直接产出和间接影响四个方面来测量（Arundel and Kemp，2009）；另一种是基于生态创新实施的角度，利用量表从生态管理创新、生态流程创新和生态产品创新三个维度来测量（Cheng and Shiu，2012；Cheng、Yang and Sheu，2014）。

Arundedl 和 kemp（2009）试图发展四种指标来测量生态创新：投入、间接产出、直接产出和间接影响。投入的测量主要是统计研发支出；间接产出的测量包括专利的数量，科学出版物发表的数量及类型；直接产出的测量包括创新的数量，个人创新的描述和在售新产品的数据；间接影响的测量来源于累积的数据，如资源效率或生产效率的变化。

Cheng 和 Shiu（2012）认为，Arundedl 和 kemp 的测量方式致力于生态创新的资源和创新的收益，是一种有用的工具，但该工具存在四点缺陷：一是尽管研发支出被广泛地用于创新研究，但是否能将所有的研发支出当作创新支出存在争议，且研发不能涵盖科技创新，如组织和服务的创新；二是尽管可以从技术或贸易杂志的公告及产品信息数据库中获得部分相关数据，但包括生态创新的产品信息数据库少，且内部的生态创新很少反映在科技或贸易杂志上，因此一份更完整地衡量生态创新直接产出的清单将变得不可能；三是有时候公司需要衡量它们在实施生态创新战略时的效率，该工具不能满足此点需求；四是由于投入数据、间接产出数据，直接产出数据和间接影响数据只能在不同的阶段产生和获得，为了发挥该工具整体效果，需要在不同的阶段收集数据，这将是一个使人筋疲力尽的过程。

基于上述原因，一个新的、强调生态创新实施的工具被 Cheng 和 Shiu

(2012) 开发出来。他们首先从298位实施了成功的生态项目的高级经理处获得原始数据，然后对数据进行了一系列的统计分析（包括探索性因素分析、验证性因素分析等），结果表明17个题项表现出优秀性，并值得信赖。本书在后续的研究中，将借鉴Cheng和Shiu（2012）开发的量表对生态创新予以测量。

（5）生态创新对企业二元性绩效的影响。

现有的理论研究一致认为生态创新与环境绩效正相关，并从实证上得到了一致性的检验（Klassen and Whybark，1999）。在生态创新与企业绩效关系的研究上，早期研究主要关注两者之间的直接关系，且未获得一致的结论。一部分研究者（Porter and Vander Linde，1995）认为生态创新对企业绩效具有积极作用，一部分研究者（Berrone et al.，2013）认为生态创新与企业绩效负相关，还有一部分研究者（杨静和施建军，2015；刘子杨和陈进，2017）认为生态创新与企业绩效之间存在倒"U"形关系。后来的研究者主要转向研究企业绿化提升企业绩效的条件（中介机制或调解机制）。这些研究总的来说可分为三个阵营：第一个阵营将生态创新视为一种企业社会责任（corporate social responsibility）行为，主要从制度合法性视角探讨生态创新、环境绩效与企业绩效三者之间的关系，试图证明"生态创新→环境绩效→企业绩效"的传导路径。有关环境绩效与企业绩效的关系研究结论是混合的，有正相关（Russo and Fouts，1997）和负相关（Judge and Douglas，1998）。第二个阵营将生态创新视为一种创新行为，主要基于资源基础观来探讨生态创新、创新绩效与企业绩效三者之间的关系，试图证明"生态创新→创新绩效→企业绩效"的传导路径。生态创新产生的创新绩效（如成本降低、绿色产品等）能否超过生态创新投入，理论上和实证研究结果尚无定论（Ambec et al.，2013）。第三个阵营主要从合法性理论的视角（彭雪蓉和魏江，2014），考察了资源获取对生态创新与企业绩效的中介作用，试图证明"生态创新→资源获取→企业绩效"的传导路径。

（6）对现有研究的动态评析。

从上述国内外相关研究的学术史梳理来看，现有的研究呈现出以下动态特征：第一，外部制度视角的生态创新影响因素的研究，从侧重于制度理论或利益相关者理论转向制度理论和利益相关者理论的整合研究，从只关注影响因素对生态创新的直接影响转变到关注多个影响因素之间作用于生态创新的交互效应；第二，生态创新与企业绩效关系的研究，从早期的关注生态创新与企业绩效的直接关系，即企业绿色化能否提升企业绩效，转向研究企业绿化提升企业绩效的条件（中介机制或调解机制），即什么情况下企业绿色化能提升企业绩效；第三，研究内容从关注生态创新的前因或后果研究，转向对其前因后果整合研究。

2. 企业绩效评价相关文献综述

（1）企业绩效传导路径。

现有的文献中关于企业绩效传导路径的研究相对较少。卡普兰和诺顿（1992）创造的平衡计分卡下，四个维度之间所隐含的内在逻辑关系："学习和创新层面→内部流程层面→企业客户层面→企业财务层面"，可以看成是绩效之间的传导路径假说。徐光华和朱小虎（2008）认为经营绩效、财务绩效和社会绩效形成了一个循环闭合的绩效链，经营绩效驱动财务绩效，财务绩效驱动社会绩效，社会绩效再驱动经营绩效，依次往复，犹如时钟，即"经营绩效→财务绩效→社会绩效→经营绩效"。前者主要采用了规范研究的方式，后者引入了实证研究的方式。

（2）企业绩效评价模式。

国外关于企业绩效评价的研究大约始于20世纪初的成本管理和控制。进入20世纪后，随着所有权与经营权的进一步分离，为了更好地反映受托者的受托责任，绩效评价的研究范围从成本控制扩大到了以杜邦分析法（DuPont analysis）和沃尔评分法（Wall method）为主的财务绩效评价领域。20世纪80年代后，全球竞争日益激烈，市场瞬息万变，传统的财务绩效评价模式已不能引导企业朝着正确的方向发展，学者试图对此种模式进行改进。改进的思路有两种：一种是在原有的财务指标的基础上进行调整，降低会计扭曲，还原经济实质；另一种是在财务指标的基础上增加非财务指标，实现财务指标和非财务指标的融合。在前一种思路下，经济增加值（economic value added，EVA）被美国思腾思特公司于1991年创造出来，并被美国财富杂志评为20世纪最炙手可热的管理理念；在后一种思路下，最具有代表性的是Kaplan和Norton于1992年创造的平衡计分卡

(balanced scorecard, BSC)。BSC 被哈佛商业评论称为业绩评价史上的里程碑。国内学者除了把国外先进的理论和方法引入国内并与国内实践相结合外，还进行了一些有益的拓展。例如，刘运国和陈国菲（2007）将 EVA 和 BSC 相结合进行了绩效评价。从绩效评价的模式来看，经历了由成本模式到财务模式再到价值模式最后到平衡模式的转变过程，平衡模式是当前和未来绩效评价的主导模式（王化成和刘俊勇，2005）。

（3）企业绩效评价内容。

基于委托代理理论，早期的绩效评价以经济绩效为主反映受托者的受托责任。对经济绩效的测量主要分两类：一类以市场数据为依据（例如，Tobin's Q），另一类以会计数据为依据（例如，ROA、ROE）。随着利益相关者理论的不断发展，企业应该承担相应的社会责任成为一种共识，由社会责任的概念逐渐演变出了社会绩效的概念。该概念最早由 Carroll（1979）提出，此后许多学者对其评价进行了有益的探索。现有文献中，具体可行的社会绩效评价方法有声誉指数法、单一或多元指标法、内容分析法、个人层面的测量量表法以及组织层面的测量量表法五种（尹开国、李庚秦和陈华东，2011）。随着社会环境的不断恶化，人们逐渐意识到正确处理好经济利益与环境保护之间的关系对企业的可持续发展而言至关重要，环境绩效评价成为企业绩效评价的内容之一。近二十年内，西方学者或研究部门通过发布一系列的环境绩效评价体系来引导企业减排工作。减排体现了生态文明的要求，但未能完整地反映出生态文明的内涵。伴随着工业文明向生态文明的转化以及生态经济学和生态现代化理论的兴起，生态绩效的概念应运而生，生态绩效的度量提上日程。国内学者紧跟国外研究，并基于相关理论进行了创新。例如，温素彬和薛恒新（2005）基于共生理论构建了企业的三重绩效模式，从经济、社会、生态三个方面进行绩效评价。徐光华、赵雯蔚和黄亚楠（2014）基于投入与产出视角构建了企业减排绩效评价指标体系，计算出工业企业重点治理的 42 个行业废水、废气减排投资效率。再从绩效评价的内容来看，经历了由单一的经济绩效到经济绩效和社会绩效并重再到经济绩效、社会绩效和环境绩效平行最后到经济绩效、社会绩效和生态绩效三重绩效的演化过程，生态绩效评价成为当前和未来研究的重点领域之一。

（4）企业绩效评价方法。

随着数理统计方法的不断发展，企业绩效评价的方法也在不断更新，绩效评价指标体系权重的确定方法也在不断创新。通过梳理国内外文献发现，国内外的学者除了运用德菲尔法和层次分析法外，还运用 BP 神经网络法、灰色聚类法、网络分析法、熵值法、数据包络分析法等。在指标权重的确定上，根据评价的目的不同，有的采用常权分析法，有的采用变权分析法，还有的将常权和变权进行了结合。

（5）对现有研究的动态评析。

从上述国内外相关研究的学术史梳理来看，现有的研究呈现出以下动态特征：第一，从绩效的传导路径来看，从规范研究向实证研究转变，更多的实证研究的方法将被运用于绩效评价；现有的研究局限于从企业内部看问题，较少从企业所处的环境出发，来研究绩效传导路径，这应该是未来的一个发展趋势。第二，从绩效评价的模式来看，经历了财务模式到价值模式再到平衡模式的转变过程，平衡模式是当前和未来绩效评价的主导模式（王化成和刘俊勇，2005）。第三，从绩效评价的内容来看，经历了由单一的经济绩效到经济绩效和社会绩效并重再到经济绩效、社会绩效和环境绩效平行最后到经济绩效、社会绩效和生态绩效三重绩效的演化过程，生态绩效评价成为当前和未来研究的重点领域之一。第四，从绩效评价的方法来看，在管理学的基础上，融合了热学、运筹学、统计学、计算机学等多学科的知识来计算综合绩效，呈现了多维的研究视角，体现了多学科的交互融合发展趋势。

（二）相关概念的界定

1. 生态创新

如前所述，本书专注于生态创新的内在边界，主要包括生产管理创新、生态流程创新和生态产品创新。

生态管理创新是指在实践中通过新的或生态的形式更新企业的管理过程（Birkinshaw、Hamel and Mol，2008）。生态管理不能直接减少环境的影响，但它可以为生态流程创新和生态产品创新的实施带来便利（Murphy and Gouldson，

2000)。根据 Arundel 和 Kemp（2009）的观点，生态管理创新的实施包括生态训练项目、生态产品设计项目、生态学习技巧的介绍、处理生态事物管理团队的创造以及生态管理系统建设等。简而言之，在组织上的广泛努力可以导致生态创新。例如，鲁泰纺织积极开展各类管理创新活动，深入开展改善提案、对标管理、TPM 等活动，引导员工实施改进，营造全员参与氛围。公司高层领导积极推动和参加创新活动，完善了创新活动的激励机制，建立了以纺织服装研究院为主题的三级研发创新体系，每年召开科技表彰大会，对新产品的开发、课题攻关、技术革新项目、QC 小组、TPM 活动等进行奖励①，这些都属于生态管理创新。

生态流程创新是指新的元素被引入生态产品的生产过程（Negny et al.，2012)，例如，溶剂的封闭循环，材料循环利用，或者过滤器。生态流程的实施包括现有的生产流程的改进或降低环境影响的新流程。根据 Arundel 和 Kemp（2009）的观点，新的流程意味着添加的解决办法（如烟囱洗涤器）或者通过替代投入最优化产量或回收利用产出的生产流程的整合。

生态产品创新是指产品新的或具有意义的改进（Pujari，2004)，从而降低对环境的影响。因为许多产品对环境的影响主要来源于它们的使用（例如，汽车燃料消耗和 CO_2 排放）和处置（例如，电池的重金属)，生态产品创新主要强调产品的生命周期以减少环境影响。根据 Pujari、Peattie 和 Wright（2004）的观点，产品的生命周期分析包括从产品生产到使用再到处置的所有方面。这一概念可以被运用到新的生态产品。例如，利用风力发电就是一个创新的例子；荧光灯泡就是典型的生态产品，因为它的使用是绿色的；不含氯氟空调被认为是绿色的，因为它减少了处置的影响。

2. 生态创新环境

生态创新环境是指伴随着工业文明向生态文明的转变，企业所面临的各种环境总和。企业是环境的产物，受其所处的环境的影响。借鉴王化成、张伟华和佟岩（2011)② 的观点，企业所面临的环境可以分为“内部环境和外部环境”，其

---

① 资料来源：鲁泰纺织 2015 社会责任报告［R/OL］．（2016－03－30）［2017－3－30］．http：//pdf. dfcfw. com/pdf/H2_AN201603290014118910_1. pdf。

② 王化成，张伟华，佟岩．广义财务管理理论结构研究——以财务管理环境为起点的研究框架回顾与拓展［J］．科学决策，2011（6）：6。

中外部环境包括宏观环境和市场环境。宏观环境又包括经济环境、政治环境、文化环境、法律环境、技术环境等；市场环境则指与企业经营密切相关的、包括各要素市场和产品市场发展的环境。企业的内部环境是指企业的战略愿景与治理结构，包括企业战略、经营模式及组织架构等。

据此，从企业的角度出发，可以将生态创新环境区分为生态创新外部制度环境和生态创新内部行为环境（见图0－1）。生态创新外部制度环境是指随着生态环境的持续恶化，相关的环境规制约束不断增强、利益相关者的环保意识不断觉醒、生态创新技术不断发展以及生态创新产品不断涌现，企业所面临的一种外部驱动环境。根据组织社会学新制度主义理论，制度的三大基础要素主要包括规制性要素、规范性要素以及文化—认知性要素，它们扩散的机制分别为强制机制、规范机制和模仿机制。因此可以相应地将外部制度环境对企业的驱动细分为法律法规的强制力、利益相关者导向的规范力以及竞争对手生态创新行为引发的模仿力三种。生态创新内部行为环境是指企业实施生态创新战略或实施生态创新行为后其所面临的一种内部创新环境，主要包括生态管理创新、生态流程创新以及生态产品创新。生态创新的外部制度环境会影响生态创新的内部行为环境，进而影响企业绩效。

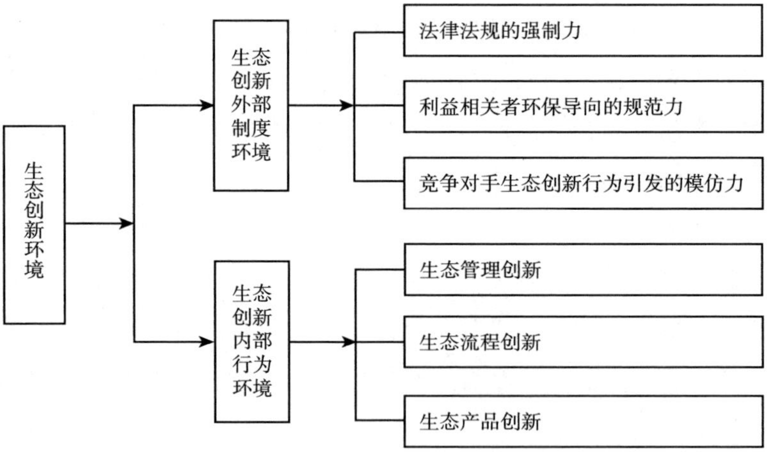

图0－1　基于企业视角的生态创新环境

3. 企业二元性绩效

本书所指的企业二元性绩效是指企业在生态创新的外部制度环境驱动下，实施生态创新行为（战略）所产生的环境绩效和经济绩效（见图0－2）。

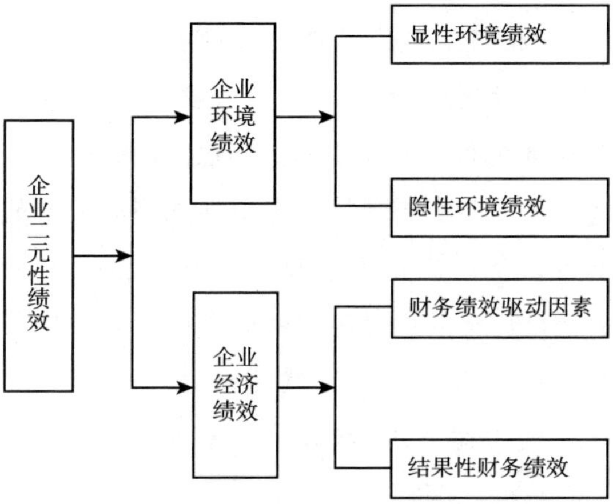

图0－2 生态创新环境下企业二元性绩效构成

对企业环境绩效的定义是研究其与企业经济绩效之间关系模型的理论起点（杨东宁和周长辉，2004）。Bragdon 和 Marlin（1972）认为环境绩效是基于第三方测量的或企业向联邦政府报告的工厂污染物排放量。Judge 和 Douglas（1998）将环境绩效定义为：企业为了满足和超越社会上因对自然环境问题担忧而对其所产生期望的有效程度。这种期望最终将促使企业不仅遵守现行的法律法规要求，还会以积极主动的姿态来处理未来的自然环境问题。曹颖和曹东（2010）认为企业环境绩效是指特定管理对象进行环境管理活动所产生的效果和水平，不仅包含环境管理活动所产生的环境效果，而且包含为环境状况改善所投入的成本要素，是体现环保效率的一个概念。环境绩效既是一种表现行为，也是一种行为结果；既可以是过程行为，也可以是终结行为；环境绩效的实质是环境目标的实现程度。迟楠（2013）将企业环境绩效定义为组织承诺保护自然环境的具体结果，认为环境绩效包含三个方面：污染物排放减少、遵守环境法规及其他环境产出。本书所指的企业环境绩效是指企业在生态创新的外部环境驱动下，实施生态创新战略（行为）所产生的一系列的绩效，既包括对自然环境产生影响的显性的环境绩效，如能源利用率的提升、排污量的减少等；也包括由于组织能力的变化带来的竞争性的绩效，如成本下降、占先优势等；还包括由于制度同形产生的组织合法性带来的合法性绩效，如媒体的正面报道、政府的嘉奖等。相对于显现的环境绩效而言，竞争性绩效和合法性绩效相对隐形，故本书将其称为隐性环境绩效。

对企业经济绩效的研究，部分学者是基于会计方法和股票市场反应，如 Bragdon 和 Marlin（1972）用会计方法（每股收益和股本回报率）来研究经济绩效。迟楠（2013）将企业的经济绩效定义为财务绩效和企业在市场中的竞争优势，其中竞争优势被定义为因实施独特的竞争性战略而获得的相对于竞争对手的珍贵的、稀缺的、不可模仿的以及不可复制的资源和收益，如较高的顾客忠诚度、相对于竞争对手更具优势的产品生产和研发能力等。本书所指的经济绩效是指企业实施生态创新战略所带来的与自然环境之外的其他利益相关者相关的绩效，既包括结果性的财务绩效，如 ROE、ROA 等，也包括财务绩效驱动因素，如及时供货率、员工满意度、客户满意度等。

4. 企业绩效评价

企业绩效评价是指在特定的评价目标的引导下，评价主体采用专门的评价指标体系，比照一定的评价标准，通过一定的评价方法，对企业价值实现进行评价的活动。

三、研究思路与研究方法

（一）研究对象

本书的研究对象是生态创新环境下企业的二元性绩效问题，具体包括：（1）外部制度驱动企业实施生态创新进而产生二元绩效的内在机理问题；（2）外部制度驱动、生态创新与二元绩效之间传导路径问题；（3）生态创新环境下企业二元性绩效评价体系构建及应用问题；（4）生态创新环境下企业二元性绩效提升对策问题。

（二）研究框架

本书的研究框架如图 0－3 所示。

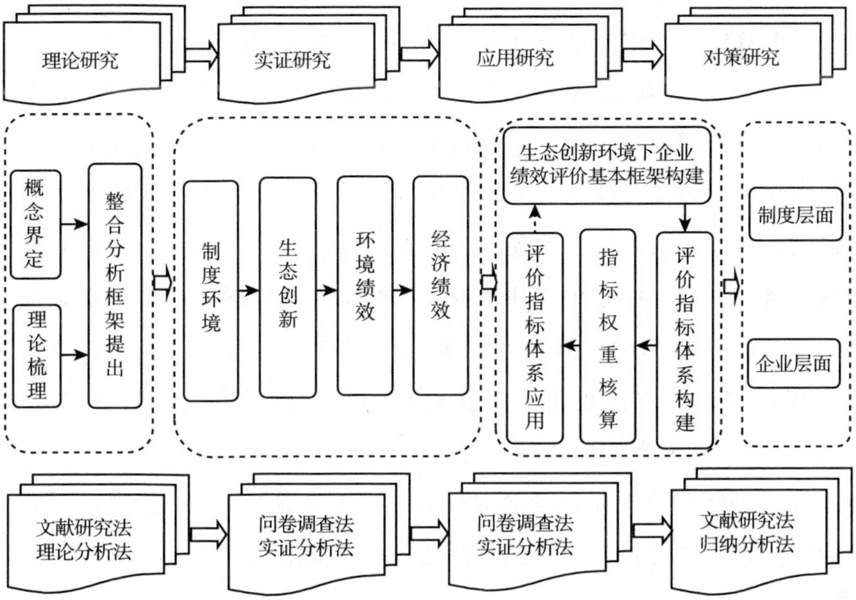

图 0－3　研究框架与研究方法

（1）一个整合分析框架的提出（理论研究）。拟遵循“环境—行为—绩效”的分析框架，综合运用组织社会学的新制度主义理论、利益相关者理论、自然资源基础观理论和组织合法性理论等，分析外部制度驱动生态创新进而带来二元性绩效的内在机理，构建外部制度驱动、生态创新、二元性绩效（环境绩效和经济绩效）的整合分析框架。

（2）外部制度驱动、生态创新与二元性绩效关系实证检验（实证研究）。根据整合分析框架，实证检验企业外部制度驱动、生态创新与二元性绩效之间的传导路径。考虑到现有文献在环境绩效与企业绩效的关系上结论混同（有正相关和负相关）现状，拟突破以往主要从企业行为对自然环境的物理影响来衡量企业环境绩效的单一视角，从两个维度来全面衡量企业环境绩效：一是显性环境绩效，衡量企业生态创新行为对自然环境的影响，包括节能绩效和减排绩效；二是隐性环境绩效，衡量企业生态创新行为对企业的合法性声誉（合法性绩效）和竞争性能力（竞争性绩效）的影响。合法性声誉和竞争性能力是联系企业生态创新行为与企业经济绩效的重要中间机制，而这正是过去研究中的一个断点。此外，为了更全面探究其传导路径，拟突破现有文献只注重对结果性财务绩效的考察，将企业经济绩效区分为财务绩效驱动因素和结果性财务绩效。

（3）生态创新环境下企业绩效评价体系构建研究（应用研究）。根据生态创新与二元性绩效之间的传导路径，结合平衡计分卡理论以及利益相关者理论，以绩效评价的目标为导向，建立一个多维度的、多层次的、内在逻辑关系明确的绩效评价模型，并以此为基础，构建一套企业绩效评价指标体系。通过问卷调查获得的数据对指标体系加以应用，并根据应用的结果对指标体系进一步修正。在确定指标权重时，将在 AHP－GEM 综合算法的基础上，引入变权综合分析法，构造状态变权函数，使指标权重随着指标值的变化而变化，以达到“惩罚”或“激励”的目的，从而更好地体现生态文明要求。

（4）生态创新环境下企业绩效提升对策（对策研究）。根据理论研究、实证研究及应用研究的结论，对企业二元性绩效提升提出相应的对策建议。

（三）研究思路

本书将遵循“理论研究—实证研究—应用研究—对策研究”的整体框架，综合运用管理学的相关理论，对企业生态创新二元性绩效评价进行研究。具体而言，本书基本思路如图 0－4 所示。

（1）一个整合分析框架的提出。首先，根据组织社会学新制度主义理论，从制度的三大基础要素（规制性要素、规范性要素以及文化—认知性要素）出发，分别探讨法律法规的强制力、利益相关者环保导向的规范力以及竞争对手生态创新行为引发的模仿力驱动企业生态创新的内在机理；其次，根据自然资源基础观理论和组织合法性理论，探讨生态创新提升企业竞争优势和合法性的内在机理，并分析企业环境绩效影响企业经济绩效的内在机理；最后，根据上述分析，构造一个整合分析框架。

（2）外部制度驱动、生态创新与二元绩效传导路径实证检验。首先，确定研究架构和变量的测度方法；其次，进行样本与数据的收集整理；再次，进行验证性因素分析、多元常态及极端值检定、共同方法变异检定、信度与效度分析；最后，对 SEM 模型进行评估。

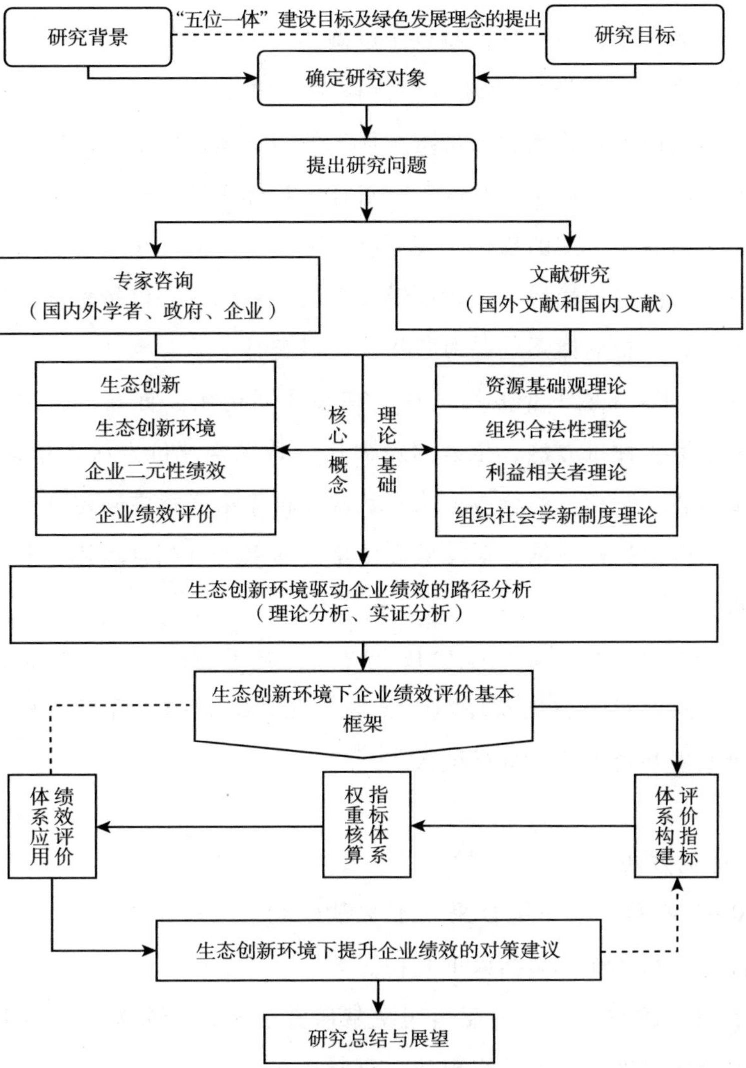

图0－4　本书的研究思路

（3）生态创新环境下企业绩效评价基本框架构建。首先，对价值取向的内涵及其对绩效评价的作用进行阐述；其次，对现有的两种企业绩效评价的价值取向——股东财富最大化和利益相关者利益最大化的理论基础、优缺点进行分析；再次，根据组织社会学的新制度主义理论，对企业社会责任的内涵进行重新界定，并明确企业责任、企业经济责任和企业社会责任之间的关系；最后，对评价主体、评价客体、评价目标和评价方法进行分析，并构建生态创新环境下企业二元性绩效评价的模型，对模型的特点予以阐述。

（4）生态创新环境下企业绩效评价体系的构建。首先，基于国内外相关的文献资料，对国内外企业绩效评价指标体系的历史演进中变革动因与变革趋势进行梳理，并得出相应的启示；其次，在对评价目标进行分解的基础上，在指标模型的框架之下，基于一定的指标构建原则，采用一定的方法对综合评价指标体系进行初选和二次筛选；最后，基于关键要素法，对综合评价指标体系进行整体检验，最终确定评价指标体系，并对各指标予以解释。

（5）生态创新环境下企业绩效评价指标体系运用。首先，根据第三章中确定的效用函数综合评价方法，依次讨论效用函数综合评价方法下指标权重确定、指标的无量纲化以及指标的合成方法；其次，根据第四章中确定的指标体系及对样本调查所获得的指标数据，对绩效评价指标体系进行综合运用，并对运用的结果进行分析。

（6）生态创新环境下企业绩效提升对策。基于前面的研究结论，分别从制度层面和企业层面对生态创新环境下企业二元性绩效的提升提出相应的对策建议，旨在全面提升企业的二元性绩效。

（四）研究方法

如图0－3所示，本书综合采用了文献研究法、理论分析法、问卷调查法、实证研究法等，具体而言包括以下几种。

（1）在理论研究部分，主要运用文献研究法和理论分析法。通过对国内外相关文献的分析梳理，了解研究现状、研究动态和相关理论，并综合运用这些理论，构建研究框架。

（2）在实证研究部分，主要运用问卷调查法和实证分析法。通过调查问卷来获得相关数据，并利用 SPSS 20.0 进行项目预试和初步信度分析，形成正式量表后，应用 Amos 22.0 进行一阶 CFA、二阶 CFA、多元常态及极端值检定、共同方法变异检定、收敛效度分析、区别效度分析、Bollen 二阶段检定、违犯估计检定、配适度报告、研究假设检定、Bollen－Stine p 值矫正、bootstrap 非常态修正、交叉效度检定、统计检定力报告和中介效应检定等。

（3）在应用研究部分，主要采用调查问卷法和实证分析法。通过向理论界和实务界专家发放调查问卷的方式对初次构建的指标体系进行筛选。基于 AHP－GEM 综合算法，借助 Matlab16.0 软件，输入程序命令，进行指标权重的核算。并借助调查问卷的方式，对样本企业的绩效进行评价，探究其在绩效评价中存在的问题。

（4）在对策研究部分，主要运用文献研究法和归纳分析法，分别从制度层面和企业层面对生态创新环境下企业绩效提升提出相应的对策建议。

第一章

生态创新环境对企业绩效传导路径理论分析

第一节

生态创新外部制度环境对生态创新行为的影响

一、组织社会学的新制度主义理论的产生

根据 Scott（2008）① 的观点，“戴维·斯维尔曼是较早试图把新制度主义引入组织研究的重要学者之一，他提出了一种组织‘行动’理论”；皮埃尔·布迪厄——欧洲重要社会理论家之一，则使用了“社会场域”的概念来强调社会场域的争斗性以及权力在解决这些争斗中的重要性；第三种成功地将新制度理论引入组织社会学的是 Meyer 和 Rowan 以及 Meyer 的学生 Zucker，他们于 1977 年发表的两篇开创性的论文，将新制度理论引入组织社会学的研究之中。

Meyer 和 Rowan（1977）坚持将制度视为一种文化规则的复合体并强调广泛的制度环境变迁对组织结构有重要的影响；他们认为组织不仅仅是日益复杂的技

① Scott. 制度与组织——思想观念与物质利益［M］. 姚伟，王黎芳，译. 北京：中国人民大学出版社，2010：49－50。由于该书第三版的原版于 2008 年在美国发行，所以参考时，文中标注为 Scott（2008），而不是 Scott（2010）。该书第一版于 1995 年发行，由于第三版在第一版的基础上增加了内容，所以标注为 Scott（2008），而不是 Scott（1995）。为避免重复，后面出现相同的引用时，不再对标注时间差异性进行单独注释。

术的产物，也不仅仅是日益密切的关系模型的产物，还是日益理性化的文化规则的产物，日益理性化的文化规则为组织构建提供了一个独立的基础（Scott，2008）。Zucker（1977）则认为，社会知识一旦被制度化，就会被视为一种事实而存在，会成为客观实在的一部分，并能够因此而直接地传播开来。前者主要是基于宏观视角的一种解释，而后者则着重于对制度的微观基础进行分析。

此后不久，在将新制度理论引入组织研究中，DiMaggio 和 Powell（1983）、Meyer 和 Scott（1983）又做出了非常重要的贡献。DiMaggio 和 Powell 区分了三种重要的机制——强制、规范和模仿机制。他们认为，正是这些机制的存在使制度的影响被扩散到整个组织场域；他们还强调，组织在结构上的同形（相似），既是竞争过程也是制度变迁的重要结果。Meyer 和 Scott 则提出，所有的组织既受技术因素的影响，又受制度因素的影响，不同类型组织受这些因素影响的程度存在一定的差异性。“这四个人都把组织‘场域’或‘部门’（sector）确定为一种新的分析层次，认为这种分析层次特别适合于研究制度过程”（Scott，2008）①。

参考周雪光（2003）② 的解释，所谓强制性机制，是指组织必须遵守政府制定的相关的法律和法规，不然就会受到惩罚，甚至危及生存。所谓规范性机制，即在社会规范的作用下会形成一种共享理念或共享的思维模式，这种共享的理念或思维模式会潜移默化地影响人的行为，使被影响者成为一个制度化了的专门化的人才。所谓模仿性机制，即各个组织模仿同行业、同领域中成功组织的形式和做法。模仿性机制发挥作用的重要条件之一是环境的不确定性。当不确定环境下的组织无法做出最优决策时，模仿那些已经成功的组织的做法，可以降低不确定性。DiMaggio 和 Powell 指出，模仿的趋同机制有两种：一种是竞争性模仿，另一种是制度性模仿。所谓竞争性模仿，是指组织在竞争的压力下模仿自己同领域中竞争对手的行为。例如，竞争对手推出一种新型的节能环保产品，迫于竞争压力，组织也很快推出类似的产品。所谓制度性模仿，是指因为合法性机制的存在，当社会中某些组织的形式或做法被认为是好的、合乎情理时，如果一家组织

① Scott. 制度与组织——思想观念与物质利益［M］. 姚伟，王黎芳，译. 北京：中国人民大学出版社，2010：51。

② 周雪光. 组织社会学十讲［M］. 北京：社会科学文献出版社，2003：86－89.

不接受并采取这些制度化的形式或做法的话，就会承受较大的压力。例如，当很多大型超市都不再提供免费的塑料袋且此种行为被认为是一种环保行为时，很多小型超市也不得不效仿此种做法。

二、组织社会学的新制度主义理论的发展

“不同的社会理论家先后把规制性（regulative）、规范性（normative）和文化—认知性（cultural - cognitive）系统分别确定为制度的关键要素”（Scott, 2008）①。Scott（1994）提出了一个比较综合的具有弹性的概念框架，将所有这些制度要素或制度层面纳入该框架，既容纳又展现了这些相互独立或相互强化的结构性力量。Scott（2008）进一步提出，尽管这种极具包容性的框架模型有其长处和优势，但把三种多少有些不同、需要区分的概念结合在一起，可能掩盖和模糊了各种重大差异。因此，他通过突出强调这三种构成要素在遵守基础、秩序基础、扩散机制、逻辑类型、系列指标、情感反应以及合法性基础等维度上存在的差异，来进一步推进制度理论发展。表 1 - 1 列示了构成或支撑制度的三大基础要素在不同维度的差异性。

表 1 - 1　制度的三大基础要素不同维度差异比较

基础要素 / 差异维度	规制性要素	规范性要素	文化—认知性要素
遵守基础	权宜性应对	社会责任	视若当然，共同理解
秩序基础	强制性规则	约束性期待	构建式图式
扩散机制	强制	规范	模仿
逻辑类型	工具性	适当性	正统性
系列指标	规则、法律、奖惩	合格证明、资格承认	共同信念、共同行动逻辑、同形
情感反应	内疚/清白	羞耻/荣誉	确定/惶惑
合法性基础	法律制裁	道德支配	可理解、可认可的文化支持

资料来源：Scott. 制度与组织——思想观念与物质利益［M］. 姚伟，王黎芳，译. 北京：中国人民大学出版社，2010：59.

① Scott. 制度与组织——思想观念与物质利益［M］. 姚伟，王黎芳，译. 北京：中国人民大学出版社，2010：58。

根据 Scott（2008）① 的观点，“制度的规制性基础要素的核心成分，包括强制性暴力、奖惩和权宜性策略反应，但是它们也常常因为规则的出现而得到缓和，这些规则包括非正式的民德、民俗或正式的规则、法律”。规制会制约行动者的行为，同时“对于行动者及其行为具有使能作用，如许可某些类型的行动者采取行动、获得特殊权力和收益等”。因此，规制具有既制约又使能行动者行为的双重作用。规制可以引起强烈的情感。“人们面对一种由实施机器所支持的规则系统，或者会感到恐惧、害怕和内疚，或者相反，会感到轻松、清白并拥护这种制度”。

根据 Scott（2008）② 的观点，制度的规范性基础要素强调存在于社会生活中的“说明性、评价性和义务性”的制度，包括价值观和规范。“所谓价值观，是指行动者所偏好的观念或者所需要的，有价值的观念以及用来比较和评价现存结构或行动的各种标准。规范则规定事情应该如何完成，并规定追求所要结果的合法方式或手段”。例如，社会主义核心价值观的提出，明确了国家层面、社会层面及个人层面的价值目标、价值取向和价值准则。《中国共产党党员行为规范》则对党员的行为进行了规范，并明确了必须怎样行为、禁止怎样行为等。由此可见，与规制性要素一样，规范性要素也具有既制约又使能行动者行为的双重作用，只是前者作用的发挥凭借的是法律制裁，后者作用的发挥依赖的是道德支配。前者是一种强制性规则，后者是一种约束性期待。规范同样也可能引起强烈的情感反应，行动者或者感到羞耻，或者感到骄傲。

根据 Scott（2008）③ 的观点，“关注制度的文化—认知性维度，是社会学与组织研究的新制度主义最显著的特征。”“这种新的文化视角关注的是文化的语义符号性层面，视文化不仅是主观的信念，也是被感知为客观的，外在于个体行动者的符号系统”。迈耶和罗恩（1977）、迪马吉奥和鲍威尔（1983）强调指出：

---

① Scott. 制度与组织——思想观念与物质利益［M］. 姚伟，王黎芳，译. 北京：中国人民大学出版社，2010：60－63。

② Scott. 制度与组织——思想观念与物质利益［M］. 姚伟，王黎芳，译. 北京：中国人民大学出版社，2010：63－64。

③ Scott. 制度与组织——思想观念与物质利益［M］. 姚伟，王黎芳，译. 北京：中国人民大学出版社，2010：65－67。

"个体与组织在很大程度上都要受到各种信念体系与文化框架的制约，会接纳各种信念体系与文化框架"。"表达文化—认知性要素的情感比较广泛，包括从确信、信心等积极情感，到困惑、混乱和迷失等消极情感"。

三、基于组织社会学新制度主义理论的行为影响分析

根据组织社会学的新制度主义理论，组织的外部制度环境会对企业行为产生影响。本书将遵从这一理论，从制度的三大基础要素出发，分别分析其对企业生态创新行为产生的影响。

（一）规制性要素对企业生态创新行为的影响

影响企业实施生态创新行为最重要的规制性要素是国家颁布的一系列的环境法律法规（Carter and Ellram，1998）。在这些环境法律法规中，对企业涉及环境保护有关的行为进行了强制性约定，一旦违反相关规定，则面临严厉的惩罚。法律的强制性约束程度越高，则对企业行为的影响越大。例如，2013 年 2 月 27 日，环保部发布了被认为"史上最严环保新政"的《关于执行大气污染物特别排放限值的公告》。该公告决定，"十二五"期间在 19 个省（区、市）47 个地级及以上城市在内的重点控制区，对火电、钢铁、石化、水泥、有色、化工六大重污染行业及燃煤工业锅炉的新建项目，火电、钢铁、石化工业以及燃煤工业锅炉的现有项目，实施特别排放限值①。3 月 28 日，山西太钢不锈钢股份有限公司②董事长就此做出重要批示："特别排放限值就是公司的新排放标准，要及早动手，广泛宣传，必须全面满足环保新要求"。公司对照新标准要求，对焦化推焦、烧结机头和机尾等 126 个点开展逐项测定分析与比对，将极少数略有超标和易波动指标列为重点攻关项目，强化管理和技术攻关，确保短时间内所有指标达到特别排

---

① 特别排放限值系指在正常达标排放标准基础上，实行更严格的要求。

② 该公司地处太原市。按照确定的大气污染物特别排放限值执行区域，山西中北部城市群为执行区域，太原市为重点控制区。

放限值要求①。再如，2015 年被称为史上最严厉的新环保法实施后，对企业的超额排放，按日计罚，对情节严重的，直接追究相关当事人的刑事责任，以至于很多高污染企业缴纳的罚款超过了其几年的净利润，迫使其不得不采用生态流程来降低污染。

环境法律法规又可以进一步区分为约束性的法律法规和激励性的法律法规。所谓约束性的环境法律法规，即必须达到统一的污染控制标准，如技术标准、排放标准、产品禁令等；所谓激励性的环境法律法规，即基于市场的优惠政策和经济手段，如绿色信贷、排污收费、碳排放许可等（李怡娜和叶飞，2011）。对于约束性和激励性环境法律法规对生态创新行为的影响，不同的学者提出了不同的观点。Jaffe、Newell 和 Stavins（2004）认为，与约束性制度相比，基于市场的激励制度能够提供更为柔性的经济激励因而更为有效。李怡娜和叶飞（2011）基于对我国珠三角企业的实证研究表明，约束性环境法律法规与激励性环境法律法规对企业绿色实践的影响存在差异，前者显著为正，后者不显著。由于学者们研究时所采用的企业样本分别处在不同的制度环境下，因此得出的结论也各异。随着我国生态文明建设的不断推进，激励性的法律法规得以进一步的完善，激励性法律法规对生态创新行为的影响将得以加强。例如，随着排污权交易制度的推行，通过排污权交易获得减排收益的机制得以强化，必将激励企业实施生态创新，以减少排污并从中获得收益。再如，随着绿色信贷的进一步推广、扶持力度的进一步加大，将激励更多的企业实施生态创新。因此，本书提出以下假设：

假设 1：约束性法律法规的强制力对企业生态创新行为有显著的正向影响。

假设 2：激励性法律法规的强制力对企业生态创新行为有显著的正向影响。

（二）规范性要素对企业生态创新行为的影响

对企业生态创新行为产生影响的规范性要素主要来源于利益相关者环保意识、价值观念以及基于此而产生的一套社会规范。参照 Freeman（1984）的观

① 资料来源：山西太钢不锈钢股份有限公司 2013 年社会责任报告［R/OL］.（2014 - 04 - 20）［2017 - 3 - 30］. http：//tgbx. tisco. com. cn/upload/news/20140426091903605. pdf。

点，利益相关者是指影响企业目标的实现或受到企业目标实现程度影响的群体。结合环境议题，对企业生态创新行为产生影响的外部利益相关者主要包括：投资者、债权人、客户①、社区居民、新闻媒体以及环保 NGO 组织等。利益相关者的环保意识越强，对企业的影响越大。例如，广州海鸥卫浴用品股份有限公司将“关注生产安全、关注环境保护”作为选择供应商的关键条件之一，并与供应商签署了《社会责任承诺书》，要求各供应商用实际行动开展“清源降耗，安全环保，回馈社会”工作②。再如，比亚迪定期对供应商进行社会责任评估和调查，依据《BYD 供应商 BSR 审核表》中的企业社会责任审核条款，对供应商进行现场审核，考核供应商是否遵循社会责任政策、要求。如果审核不通过，比亚迪向供应商提供访谈、辅导、培训，以促进供应商持续改善。规定期限内整改达不到要求的供应商，根据实际情况，取消供应商资格。为推动供应商伙伴履行社会责任，比亚迪要求同供应商签署《供应商企业社会责任协议》，引导和监督供应商以服务社会为本，积极承担社会责任③。这些案例表明客户的环保意识会对企业的生态创新行为产生一定的影响。一些学者的研究也表明，利益相关者的环保意识与企业生态创新显著正相关（彭雪荣，2014）。因此，本书提出以下假设：

假设 3：利益相关者环保导向的规范力对企业生态创新行为有显著的正向影响。

（三）文化—认知性要素对企业生态创新行为的影响

现有研究一致认为，对企业的行为产生影响的文化—认知性要素主要是竞争者生态创新行为引发的趋同认知（李怡娜和叶飞，2011；龚宏斌，2011）。这种趋同认知主要是在模仿机制下产生的。如前所述，模仿趋同机制包括两种：一种是竞争性模仿，另一种是制度性模仿（DiMaggio and Powell，1983）。

在经济发展与环境保护矛盾日趋尖锐、产业生态化既顺应了国际大势又破解

---

① 包括处于供应链下游的合作伙伴。

② 资料来源：广州海鸥卫浴用品股份有限公司社会责任报告：2012 年 1 月 - 2012 年 12 月 [R/OL].（2013 - 03 - 21）[2017 - 3 - 30]. http：//file. ws. 126. net/quotes/pdf/sz/2013/2013 - 3/2013 - 03 - 21/1063492. pdf。

③ 资料来源：2016 年比亚迪社会责任报告 [R/OL].（2017 - 03 - 29）[2017 - 9 - 30]. http：//www. byd. cn/byd/upload/2017 - 03/2017032901544852022927389. pdf。

了资源环境约束（费洪平，2017）的背景下，企业能否通过实施生态创新为自己和客户提供资源节约型、环境友好型产品已经成为企业实施差异化战略，进而实现新的利润源泉和竞争优势的一种重要手段（Porter and Van der Linde，1995）。当企业所在行业的某个关键竞争对手率先实施生态创新行为，并取得了一定的竞争性优势后，由于环境的不确定性，在竞争的压力下企业会模仿那些已经成功的企业的行为。即竞争对手的生态创新行为会引发一种竞争性模仿，进而引导企业实施生态创新行为。

另外，现代企业存在于一定的社会关系网络中，当竞争对手的生态创新行为既显著地改善企业的环境绩效又促使企业经济绩效提升时，同行业的企业往往会将该行为视为一种合法性的表现，并通过制度性模仿来获得合法性，以减少组织所受的环境影响。即竞争对手的生态创新行为也会引发一种制度性模仿，进而引导企业实施生态创新。因此，本书提出以下假设：

假设 4：竞争对手生态创新行为引发的模仿力对企业生态创新行为有显著的正向影响。

第二节　生态创新行为对企业环境绩效的影响

一、生态创新行为对企业显性环境绩效的影响

（一）生态管理创新对显性环境绩效的影响

生态管理创新以新的形式进行生态创新管理，有利于调动员工的积极性，从而促进企业节能减排。例如，2015 年华润双鹤进一步完善了节能减排管理体系的建设、建立完善了节能减排的三级管理网络、层层分解落实了节能减排的责任和任务目标，通过推进节能减排绩效持续改善机制、有效推动了基层企业实施节能减排项目的积极性，保证了节能减排任务目标的全面完成。2015 年万元产值综合能耗同比 2014 年下降 11.16% 和 13.75%。累计实施了 11 个节能项目，5 个减排项目，较好完成年度目标。公司积极推进环境管理体系认证，清洁生产审

核、环境审计等工作。截至年末，10 家企业通过了环境管理体系认证，6 家企业通过了清洁生产审核，3 家企业通过了能源审计工作，公司总部完成了能源/碳排放管理体系的试点创建工作①。

（二）生态流程创新对显性环境绩效的影响

生态流程创新强调对减少环境影响的工艺流程的应用，有利于减少对环境的负面影响，从而提升企业节能减排的绩效。例如，A 股上市公司“华孚色纺”积极通过清洁生产，实现经济与资源环境的协调发展。2013 全年，公司各下属工厂持续实施清洁生产方案 156 项，全年累计投资合计约 825 万元，年节约费用（或增加收入）合计为 1023 万元。全年节约主要原料和辅助材料 1453 吨，节电 1022 万千瓦时，节汽 3245 吨；减少废水排放 45 万吨，减少 COD 排放 265 吨。从而为推动产业升级和区域环境发展做出了切实努力。公司分布在浙江绍兴、江苏宿迁、江西九江、新疆石河子的散纤维染色工厂，积极开展实施染色全过程的配方优化，2013 年累计完成各色系、前处理及后处理等配方优化 15 个。在新工艺研发应用上，无盐或少盐染色、低温前处理、低温染色等工艺开发应用已部分取得成功，并成功应用于产品生产。持续利用中水回用实施减排，2013 年公司累计利用中水 45299 吨，对于污水排污量的持续下降起到了积极作用。②

（三）生态产品创新对显性环境绩效的影响

生态产品创新以减少产品在寿命周期内对环境的负面影响为目标，既可能减少生产过程对环境的负面影响，也可能减少销售或使用过程以及回收过程对环境的负面影响，因而有利于企业节能减排绩效提升。例如，比亚迪推出的新能源汽车，摆脱了对传统能源的依赖，同时减少大量尾气排放。以比亚迪纯电动公交大巴 K9 和纯电动出租车 e6 为例，与传统的燃油车相比，一辆 e6 一年可节省燃油

---

① 资料来源：华润双鹤 2015 社会责任报告［R/OL］.（2016－03－09）［2017－3－30］. http：//www.dcpc.com/tzzgx/gsgg/lsgg/201603/P020160311536798208953.pdf。

② 资料来源：责任成就伟业：2013 华孚色纺股份有限公司社会责任报告［R/OL］.（2014－02－28）［2017－12－30］. http：//www.cninfo.com.cn/cninfo－new/disclosure/szse_sme/bulletin_detail/true/63617403?announceTime＝2014－02－28。

14120 升，减少二氧化碳排放 32 吨，减少二氧化硫排放 0.62 吨，减少氮氧化物排放 0.18 吨，相当于种植阔叶林 32 万平方米；一辆 K9 一年可节省燃油 41666 升，减少二氧化碳排放 95 吨，减少二氧化硫排放 1.84 吨，减少氮氧化物排放 0.52 吨，相当于种植阔叶林 94.4 万平方米①，如图 1－1 所示。

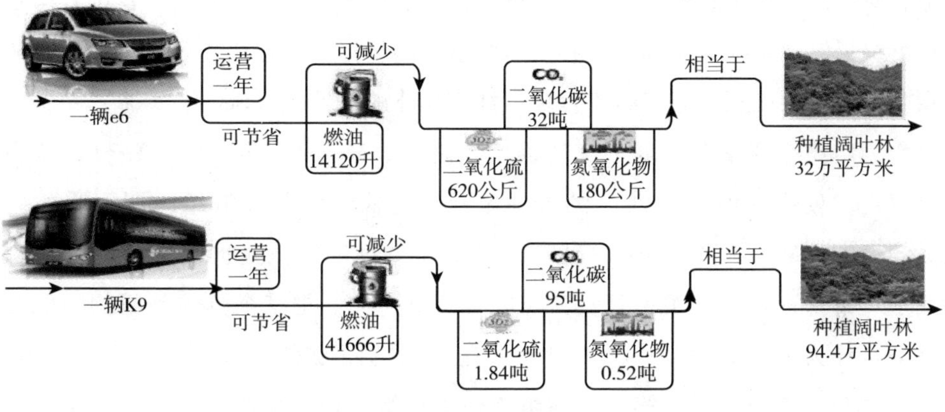

图 1－1 生态产品创新对显性环境绩效影响

从该案例中也可以看出，节能绩效的提升，伴随着减排绩效的提升。综上所述，本书提出以下假设：

假设 5：生态创新行为对企业节能绩效有显著的正向影响。

假设 6：生态创新行为对企业减排绩效有显著的正向影响。

假设 7：企业节能绩效对企业减排绩效有显著的正向影响。

二、生态创新行为对企业合法性绩效的影响

（一）组织合法性理论的起源

根据 Scott（2008）② 的观点，“马克斯·韦博是最早注意到合法性在社会生活中具有重要地位的社会理论家之一”。他认为，“在合法性秩序中存在的信念是行动

① 资料来源：2016 年比亚迪社会责任报告［R/OL］．（2017－03－29）［2017－9－30］．http：//www.byd.cn/byd/upload/2017－03/20170329015448520229273 89.pdf。

② Scott．制度与组织——思想观念与物质利益［M］．姚伟，王黎芳，译．北京：中国人民大学出版社，2010：159。

的模板，是‘决定行动模式的公理和准则等’；而行动者自己也认为‘他们在某些方面必须或可以效仿’这些模板”；“在现代社会中，组织只有遵守理性的（例如科学的）规定和法律或者类似于法律的框架，才有可能被认为是合法的”。

帕森斯首先将合法性纳入组织社会学研究中，用合法性这个概念来评估组织的目标。他认为，组织必须遵守规范性要求，才能确保其目标符合更广泛的社会价值观；组织价值观系统关注的焦点必须是对组织的目标进行合法化（Parsons，1960）。帕森斯的合法性概念强调了组织目标与社会功能的一致性（Scott，2008）。

作为组织社会学新制度主义的创始人之一，Meyer 和 Rowan（1977）认为组织可以通过创造一种“理性”的神话来获得合法性，并降低组织所面临的外部压力的影响。Meyer 和 Rowan（1977）认为，制度环境下走向理性神话的原因主要在于：第一，在社会关系日益紧密的背景下，人们把某个具体领域的问题和逻辑逐渐延伸为一个更为宽广的，具有普遍意义的问题和逻辑。在演化的过程中，一些观念制度被神话了。第二，在组织环境和组织程度日益复杂的背景下，组织所面对的文化环境、法律环境以及其他的一些观念制度也具有很高的组织程度，有利于理性神话的制造。该观点创新性地将文化—认知性方面的因素纳入了组织合法性研究的范畴（陈扬、许晓明和谭凌波，2012）。

此后，社会学家们针对合法性的概念提出了一系列具有不同程度差异性的定义。概括而言，这些定义可以分为两类：一类强调评价维度，另一类强调认知维度。Suchman（1995）则给出了一个具有包容性的、基础广泛的、既包含评价和认知维度又明确承认社会观众在合法性动态中作用的、得到学者们广泛认可的概念。他认为，合法性是参照已经构建的社会规范、价值、信念和定义等，对某个实体所进行的行动的恰当性以及合适性的一种普遍认知或假设；是普遍的评价而非就具体事件作出的评价；是客观存在但主观创造的。

（二）组织合法性理论的发展

针对制度的三大基础要素，Scott（2008）① 分别分析了它们在合法性基础上

① Scott. 制度与组织——思想观念与物质利益［M］. 姚伟，王黎芳，译 . 北京：中国人民大学出版社，2010：70。

的差异："关注规制性制度要素的理论，强调遵守规则是合法的基础，合法的组织是那些根据相关法律与准法律要求而建立的，并符合这些要求而运行的组织；关注规范性制度要素的理论，则强调评估合法性较深层次的道德基础。比起规制性控制来，规范性控制更有可能被行动者内化。因此，促使行动者遵守规范的激励，除了外在的物质奖赏外，还可能包括内在的、本质的激励；关注文化—认知性制度要素的理论，则强调通过遵守共同的情景界定、参照框架，或被认可的角色模板或结构模板而获得合法性。来自文化—认知的合法性，是一种'深层次'的合法性，因为这种合法性依赖于前意识的、被视为理所当然而接受的各种理解和认知框架"。

Suchman（1995）在文献梳理的基础上，区分了三种不同类型的合法性：实用合法性（pragmatic legitimacy）、道义合法性（moral legitimacy）和认知合法性（cognitive legitimacy）。针对这三种不同类型的合法性，区分了它们在行动（actions）和实质（essence）方面、暂时性（episodic or transitory）和持续性（continual or long lasting）方面存在的差异，提出了一个如图 1－2 所示的 3×2×2 的矩阵。Scott 和 Suchman 在合法性维度上思考分析的逻辑几乎是完全一致的，他们的观点得到了大多数学者的承认并被沿用为相关研究的理论基础（陈扬、许晓明和谭凌波，2012）。

	行动	本质	
暂时性 持续性	交换 影响	倾向 利益 特征	实用合法性
暂时性 持续性	结果的 程序的	个人的 构建的	道德合法性
暂时性	可理解的：可预测性	可理解的：合理性	认知合法性
持续性	理所当然的：不可避免性	理所当然的：永久性	

图 1－2　合法性的分类

资料来源：Suchman. Managing Legitimacy: Strategic and Institutional Approaches [J]. The Academy of Management Review, 1995, 20 (3): P584

（三）基于组织合法性理论的合法性绩效分析

1. 生态管理创新对合法性绩效的影响

生态管理创新采用一种创新性的手段进行生态创新管理，主动地、前摄地回应企业的环境责任，将企业环境行为主动置身于社会公众的监督之下，并通过积极沟通、协作，加快了利益相关者对企业的“识别”和“认同”，从而提高企业的透明度，增强其合法性。例如，山西太钢股份有限公司建立了环保状况日报告和环境污染周报制度，在《太钢日报》、太钢网站和政府环保部门网站上公开发布污染源自行监测结果，接受社会公众监督。每月开展一次“环保公众开放日”活动，邀请社会各界人士以及周边居民走进厂区，对公司环保情况进行现场监督。这些管理行为无疑增加了公司的透明度，提高了公司在社会公众心目中的形象，有利于企业声誉的整体提升。

2. 生态流程创新对合法性绩效的影响

在生态流程创新的过程中，往往需要寻求一定的技术合作，在共同愿景的引导下，彼此之间协作得以加强，借助合作方的科技实力，企业自身的合法性得以提升。例如，通过与中国钢研科技集团合作，山西太钢集团成功地在工业生产流程上开发出了强塑积均超过了30GPa%的第三代汽车钢热轧板卷和冷轧板卷，标志着中国率先在国际上研发出第三代汽车钢产品的工业生产技术，凭借中国钢研科技集团的科技实力，山西太钢的科技实力得以提升，合法性也得以加强①。

此外，生态流程的创新，往往建立在科技进步的基础之上，伴随着节能绩效或减排绩效的提升，当这种新技术得以推广和应用时，企业的声誉也会得以加强，从而提升其合法性。例如，鲁泰纺织积极致力于为世界织造优质的绿色、环保纺织品。该公司始终坚持走“绿色、低碳、环保”的可持续发展之路，积极进行先进技术、流程、装备等的研发和推广运用。2015 年，该公司坚持贯彻落实国家基本政策，把节能减排作为一项重要工作来抓，采用双膜法“柱式超滤

① 资料来源：太原钢铁集团有限公司（Z/OL）. http：//www. tisco. com. cn/lvsechanpin/20121002132733284l0. html。

(CCMF)+反渗漏(RO)”工艺处理、回用印染废水。研究的“印染废水大通量膜处理及回用技术与产业化”技术获得国家科技进步二等奖，半缸染色、中水回用等多项技术缩减了工序，提高了效率，降低了能耗，实现了纺织行业节能减排，绿色低碳技术的重大突破，被列入“资源节约型、环境友好型”企业创建试点名单，提升了企业的合法性①。

3. 生态产品创新对合法性绩效的影响

生态产品创新的过程，涉及产品的设计、制造、使用、回收等诸多环节，在每一个环节中，都可能倾听了外部利益相关者的声音，考虑了外部利益相关者的利益，因而将外部利益相关者的利益进行了整合，从而有利于提升企业的合法性。例如，面对越来越严重的城市空气污染问题，比亚迪倡导了“城市公交电动化”的解决方案；面对越来越严重的城市拥堵问题，比亚迪创造了“比亚迪云轨”，该云轨在运行过程中没有尾气排放，对环境不造成污染，为绿色交通系统。正是因为比亚迪在推动可持续发展方面诸多的不懈努力，2016 年 1 月 18 日，比亚迪摘得素有新能源界“奥斯卡”美誉的扎耶德未来能源奖大型企业类奖项，成为全球唯一的包揽该奖项大型企业奖和个人终身成就奖的企业②。

综上所述，生态创新有利于提高企业的透明度，加强协作，促进利益相关者的整合，如图 1－3 所示。同时，从上述的案例中也可以看出，合法性绩效的提升与企业减排的绩效密切相关。因此，本书提出以下假设：

假设 8：生态创新行为对企业合法性绩效有显著的正向影响。

假设 9：企业减排绩效对企业合法性绩效有显著的正向影响。

---

① 资料来源：鲁泰纺织 2015 社会责任报告［R/OL］. 2016－03－30［2017－3－30］. http://pdf.dfcfw.com/pdf/H2_AN201603290014118910_1.pdf。

② 资料来源：2016 年比亚迪社会责任报告［R/OL］. 2017－03－29. ［2017－9－30］. http://www.byd.cn/byd/upload/2017－03/2017032901544852022927389.pdf。

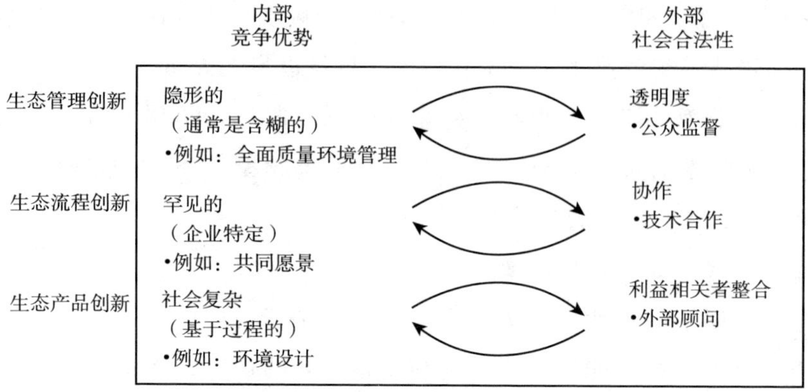

图 1－3　生态创新行为对组织外部合法性绩效产生影响

三、生态创新行为对企业竞争性绩效的影响

（一）自然资源基础观的起源

自然资源基础观（NRBV）源于资源基础观（RBT）；资源基础观源于 Penrose 对企业成长前提的讨论（Hart，1995）。资源基础观认为，企业可持续竞争优势主要来源于其有价值的、难以复制的资源和能力。相较其之前的那些将企业内部因素和外部因素孤立的观点而言，资源基础观提出了具有创造性的议题（Conner，1991），已成为战略管理的一个核心理论（Barney，1991）。在资源基础观出现之前，在战略研究中占主导地位的是从产业层面或战略集团层面进行分析的。事实上，强调企业自身的资源和能力，而不是其所处的环境，标志着战略思维向根源的回归（Hoskisson et al.，1999）。然而，Hart（1995）认为资源基础观存在一个严重的遗漏，虽然它考虑了各种各样的潜在的资源，并有一个令人信服的、比之前试图解释竞争优势更完整的逻辑，但是它系统地忽略掉生物（自然）环境所施加的限制，忽略了企业和自然环境之间的相互作用。鉴于生态问题的日益严重性，这种遗漏使作为识别企业竞争优势主要来源的理论基础——资源基础观是不适当的。因此，Hart（1995）将自然环境嵌入资源基础观，开发了自然资源基础观。

Hart（1995）认为企业新的资源和能力最重要的驱动将是生物（自然）环

境带来的约束和挑战，即未来的战略和竞争优势将扎根于促进环境可持续的经济活动的能力中。因而他构建了基于企业和自然环境关系视角的竞争优势理论——自然资源基础观。自然资源基础观认为企业有三个关键的战略能力：污染预防、产品管理和可持续发展。每一种能力都有不同的环境驱动因素，建立在不同的关键资源之上，产生不同的竞争优势。表 1 – 2 列示了自然资源基础观的概念框架。

表 1 – 2　　自然资源基础观的概念框架

战略能力	环境驱动因素	关键资源	竞争优势
污染预防	最大限度减少排放废水和废物	持续改进	更低成本
产品管理	最小化产品生命周期成本	利益相关者整合	取代竞争对手
持续发展	使公司成长和发展的环境负担最小	共同愿景	未来位置

资料来源：Hart，L. . A Natural – Resource – based View of the firm ［J］. Academy of Management Review，1995，20（4）：992.

Hart（1995）认为，污染预防可以防止浪费和排放，而不是通过末端治理来清理它们，与低成本相关。产品管理将污染预防的范围扩大到产品生产系统的整个价值链或“生命周期”，通过利益相关者的参与，“环境之声”可以被有效地整合到产品设计和开发过程。产品管理通过战略抢先为竞争优势创造了潜能。可持续发展战略与污染预防和产品管理战略之间有一个显著的差异。首先，可持续发展战略不只是寻求减少对环境的伤害，而是以一种可以无限期保持下去的方式生产。其次，可持续发展不仅仅局限于环境问题，还关注经济和社会问题。由于发达国家的经济活动与欠发达国家的贫困和退化问题密切相关，可持续发展战略必须认识到这一联系并采取行动，减少环境负担，增加受发达国家企业活动影响的欠发达市场的经济效益。

Hart（1995）认为，与自然资源基础观相关的三种战略是相互联系的。基于资源基础理论，联系意味着一定资源的获取取决于已开发的其他资源（Dierickx and Cool，1989）；既定的能力取决于通过独特路径获得的资源同时存在（Barney，1991）。因此，联系由两个看似矛盾的关系组成——路径依赖与嵌入性。一方面，路径依赖可能需要一个特定的资源积累；另一方面，嵌入性会使没有另一种资源的存在，开发新资源将变得更加困难。图 1－4 显示了三个维度相互之间的联系。

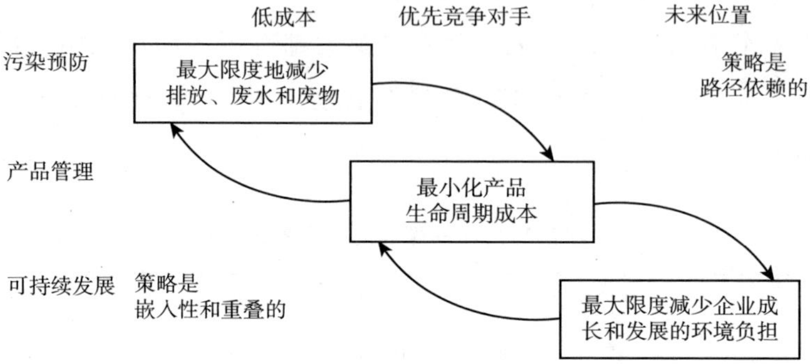

图 1－4　自然资源基础观下三种策略的路径依赖与嵌入性关系

资料来源：Hart，L.．A Natural－Resource－based View of the firm ［J］．Academy of Management Review，1995，20（4）：1005.

（二）自然资源基础观的拓展

Hart 和 Dowell（2011）基于资源基础观相关文献以及可持续发展研究中所产生的重要发展，对自然资源基础观进行了拓展。拓展主要围绕两个方面进行：一是随着动态能力观点的提出，自然资源基础观如何从动态能力观点中受益以及自然资源基础观如何指导企业动态能力发展；二是将公司可持续发展战略分为两个不同的领域：清洁科技和金字塔基地（base of the pyramid），并分析了驱动它们的关键资源以及它们给企业带来的可持续竞争优势。

Teece、Pisano 和 Shuen（1997）认为资源基础观没有充分解决公司如何能够在快速变化的环境中更新它们的竞争力资源。他们强调企业必须“整合、构建和重新配置内部和外部的能力以匹配快速变化的环境”。高速发展的市场对企业带来了独特的挑战，因为在这种市场中，企业试图赖以建立竞争优势的资源和能力的寿命是不确定的（Eisenhardt and Martin，2000）。因此，动态能力是当市场以不连续的方式转变时，企业重新配置资源以获取竞争优势的能力。Hart 和 Dowell（2011）认为动态能力观对一般的战略管理有着重大的影响，特别是关于组织和自然环境，它为延伸和补充 NRBV，创造一个更彻底地了解企业进行可持续发展战略过程提供了潜能。强调适应动态市场的动态能力观点，特别适应于对清洁技术和 BOP 战略的研究，因为企业发展能力以处理这些问题的背景是高度复杂和模棱两可的（Aragon - Correa and Sharma，2003）。Hart（1995）认为，自然系统所造成的限制，如生态系统退化和资源消耗，创造了非连续性、威胁公司现有的资源和能力。

Hart 和 Dowell（2011）认为，尽管 Hart 列出污染预防、产品管理和可持续发展作为积极环境战略的三个阶段（stages），公司可持续战略已经被分为两个不同的领域：清洁科技和 BOP（Hart，1997）。清洁技术可以使企业获得未来地位的竞争优势，而 BOP 可以让企业获得长期增长的竞争优势。表 1 - 3 列示了拓展后的自然资源基础观概念框架。

表 1 - 3　　拓展后的自然资源基础观的概念框架

战略能力	环境驱动因素	关键资源	竞争优势
污染预防	最大限度减少排放废水和废物	持续改进	更低的成本
产品管理	最小化产品生命周期成本	利益相关者整合	声望/合法性
清洁科技	取得巨大进步	分裂性的变化	未来的位置
金字塔基地	满足穷人的需求	嵌入式的创新	长期的增长

资料来源：Hart，L.，Dowell，G.. A natural - resource - based view of the firm: fifteen years after [J]. Journal of Management，2011，37（5）：1472.

（三）基于自然资源基础观的竞争性绩效分析

企业实施生态创新，是企业在外部环境驱动下的一种战略行为，也是企业整合、构建和重新配置内部和外部能力以匹配快速变化环境的一种战略能力，Hart（1995）将其称为一种“绿色能力”。通过自然资源基础观可知，生态创新的实施有助于企业的竞争性优势，进而为企业带来竞争性绩效。

1. 生态管理创新对竞争性绩效的影响

生态管理创新对竞争性绩效的影响，主要通过两个途径：一个是直接途径，另一个是间接途径。战略理论认为，采取创新（例如，能力、资源、技术和创新知识）的组织，随后将创造一个独特的保护利润边界的机制，从而使组织获得巨大的利益（Teece、Pisano and Shuen，1997）。Lin 和 Chen（2007）提出组织的创新与企业绩效的提升正相关。Cheng、Yang 和 Sheu（2014）的研究表明，公司的生态组织创新程度越高，企业绩效水平越高。他们的研究亦表明，公司的生态组织创新程度越高，公司的生态流程创新与生态产品创新程度越高。

生态管理创新有利于提高员工的环保意识，降低企业经营风险，从而提升企业竞争能力。例如，华润双鹤药业有限公司为提高公司环境管理水平、节能减排绩效及可持续发展能力，积极推进环境管理体系（ISO14001）的建立和认证工作。截至 2015 年，该公司所有医药制造企业顺利通过 ISO14001 环境管理体系认证。通过 ISO14001 环境管理体系的第三方认证及教育培训工作，有力地提升了公司整体环境管理水平，提高了全员的环保意识，降低了企业经营风险，改善了员工工作环境，保护了员工的健康安全，提升了企业的竞争能力①。

2. 生态流程创新对竞争性绩效的影响

通过生态流程创新，企业可以实现显著的节约，形成相对于竞争对手的成本优势。生态流程创新以减少、改变或预防废水和废气为目的，要求员工广泛地参与并对减少排放进行持续改进，而不是依赖于昂贵的“末端治理”式的污染控制技术。生态流程创新不仅可以节省“末端治理”控制装置的安装运行费用，还可以提高生产力和效率，更少的浪费意味着更好的投入利用，导致原材料和废物处理较低。生态流程创新还可以简化或删除生产操作过程中不必要的步骤来减少循环时间，因此生态流程创新可以提高效率，提升企业的竞争性能力。

例如，江苏井神盐化股份有限公司坚持打造绿色企业，推动转型升级，首创了国内“井下循环盐—碱—钙”联合生产新工艺，并成功实现产业化运用。该工艺节能 30%，代表我国合成碱制造的领先水平，公司将该项技术以专利许可方式向同行业推广使用，进一步提升了其竞争能力②。再如，成都硅宝科技股份有限公司不断研究利用新工艺，新技术对生产过程进行技术升级和改造，引入了世界最先进的立式自动化节能环保生产线，节能降耗，提高生产效率，实现产能

① 资料来源：华润双鹤药业股份有限公司 2015 年度社会责任报告［R/OL］.（2016 - 03 - 11）［2017 - 12 - 30］. http://www.dcpc.com/tzzgx/gsgg/lsgg/201603/P020160311536798208953.pdf。

② 资料来源：江苏井神盐化股份有限公司 2016 年度社会责任报告［R/OL］.（2013 - 03 - 30）［2017 - 12 - 30］. http://pdf.dfcfw.com/pdf/H2_AN201703290449374425_1.pdf。

最大化，提升了其竞争能力①。

3. 生态产品创新对竞争性绩效的影响

通过生态产品创新，企业可以形成相对于竞争对数的领先优势。生态产品创新以最小化产品系统的生命周期环境成本为目的。通过生态产品创新，企业可以驱逐环境危险的活动，重新设计现有的产品系统以减少环境责任或者开发具有较低的生命周期成本的新产品。由于生态产品市场相对较小，生态产品创新所形成的竞争优势主要通过两种手段达到：一种是优先或排他性地获得有限的资源，另一种是通过制定规章制度或标准来提高壁垒。

例如，成都硅宝科技股份有限公司通过生态产品创新，在国际标准舞台上发出中国的声音。目前，国际标准化组织（ISO）涉及两万多个大标准，然而，在这两万多个大标准的制定中，有中国参与的不足 1%，该公司积极参与国际标准的制定和修订，致力于让中国"标准"引领世界的进步与创新，在世界舞台上发出中国的声音。同时，随着国际贸易竞争的加剧，越来越呈现出"规则之战"的特点，通过主导制定技术标准来构成技术壁垒，成为抵制发达国家垄断和控制国际市场的最有效手段。2015 年 6 月 3 日，成都硅宝科技股份有限公司作为全球唯一胶企主导制定了国际标准——ISO18473 - 1《功能颜料和体质颜料第 1 部分：密封胶用纳米碳酸钙》。在随后为期 2 个月的 FDIS（国际标准最终草案）投票中，该标准获得高票通过，并于 2015 年 7 月 15 日被正式发布。另外，由该公司董事长王跃林博士与业内权威人士提出的新国际标准提案——ISO18473 - 3（"气相二氧化硅在密封胶中的应用"）也已正式立项。标准参与的制定和修订，引领了行业的健康发展，也积极争夺了中国在有机硅密封料方面的国际话语权②。

因此，本书提出以下假设：

假设 10：生态创新行为对企业竞争性绩效有显著的正向影响。

---

① 资料来源：成都硅宝科技股份有限公司 2016 年度社会责任报告［R/OL］.（2017 - 03 - 25）［2017 - 12 - 30］. http://pdf.dfcfw.com/pdf/H2_AN201703240434937819_01.pdf。

② 资料来源：成都硅宝科技股份有限公司 2015 年度社会责任报告［R/OL］.（2016 - 03 - 19）［2017 - 12 - 30］. http://pdf.dfcfw.com/pdf/H2_AN201603180013938834_01.pdf。

第三节

企业环境绩效对企业经济绩效的影响

一、节能绩效对财务绩效驱动因素的影响

能源的节约往往意味着生产成本的相对降低，在其他条件保持不变的前提下，往往有利于企业形成一定的低成本优势。低成本的优势可以转换成价格上的竞争优势，从而有利于稳定或吸引客户。例如，2016 年 5 月至 7 月，鞍钢集团攀钢西昌钢钒有限公司的吨钢综合能耗被降低至 600 千克标准煤以下，而吨钢综合能耗达到 600 千克标准煤，被业界认为是钒钛磁铁矿冶炼企业无法跨越的鸿沟。为了取得突破，该公司积极加强能耗限额管理，采取节能技术攻关等系列措施，实施节能技术改造项目，强化二次能源回收，积极发展循环经济，努力降低综合能耗。截至 2016 年 7 月，该公司累计吨钢综合能耗为 633.5 千克标准煤，比 2016 年目标值下降了 4.5 千克标准煤，实现上半年节能创效 2900 万元①。在钢铁行业利润普遍下滑的情况下，节能绩效为价格的下降提供了一定的空间，从而有利于稳定或扩大市场占有率。

因此，本书提出以下假设：

假设 11：企业节能绩效对财务绩效驱动因素有显著的正向影响。

二、合法性绩效对财务绩效驱动因素的影响

根据前述的合法性的概念，企业的合法性是利益相关者主观认定但客观存在的，是利益相关者对企业行为恰当性的一种整体评价。当企业获得了一定的合法性时，往往意味着组织的行为与其所处的制度环境中的规范以及利益相关

① 资料来源：攀钢推进节能降耗提升竞争实力［R/OL］．（2016－09－19）［2017－12－30］．http：//www.csteelnews.com/xwzx/jnjp/201609/t20160919_314983.html。

者的期望是较为一致的，从而有利于其与利益相关者之间建立较好的关系，有利于保留住现有的客户或吸引潜在的客户，提高市场占有率。例如，近十几年来，沃尔玛绿色转型获得了极大成效，有力地提升了其合法性，从而在消费者心中获得了好口碑，赢得了市场占有率。沃尔玛的绿色转型包括打造绿色供应链、大力推行绿色包装、节能减排等。为了打造绿色供应链，沃尔玛要求全球供应商必须在供应合同中提供符合环保标准和遵守当地法律法规的证明，对于遵守并认同其可持续发展战略的供应商给予更高的采购价格。此外，沃尔玛全球采购办公室的人员会深入中国工厂考察其环保体系，据此作为评估其是否能入选供应商名单条件之一，确保其绿色采购计划不仅限于产品本身还包括整个过程①。

因此，本书提出以下假设：

假设 12：企业合法性绩效对财务绩效驱动因素有显著的正向影响。

三、竞争性绩效对财务绩效驱动因素的影响

竞争性绩效的提升，往往表现为员工社会责任理念和意识的提升、领先于竞争对手的先发优势或差异性优势提升等，有利于更好地响应客户的需求，提升客户满意度，从而提高市场占有率等。例如，山西太钢生产的不锈钢、冷轧硅钢、高强韧钢材等系列重点产品，因具有的高强度、耐腐蚀、长寿命、轻量化和便于回收等特点，被称为真正意义上的高效节能长寿性绿色材料。该公司的重点产品批量进入铁路、汽车、造船、化工、石油、集装箱、城市轻轨、水电核电等重点领域和新兴行业，对下游产业的减量化使用和转型升级起到了极大的推动作用，为建设资源节约型和环境友好型社会做出了积极贡献。2016 年，该公司车轴钢、双相钢等 22 个品种国内市场占有率居第一位，20 多个品种替代进口，填补了国内空白，高端产品创效 85% 以上②。

---

① 资料来源：沃尔玛绿色营销之启示［J/OL］，（2015 - 08 - 01）［2017 - 12 - 30］. http：//www.linkshop.com.cn/web/ShopBell_Info_print.aspx？ nbr = 17249。

② 资料来源：山西太钢不锈钢股份有限公司 2016 年社会责任报告［R/OL］.（2015 - 04 - 27）［2017 - 12 - 30］. http：//pdf.dfcfw.com/pdf/H2_AN201704260532844520_1.pdf。

因此，本书提出以下假设：

假设13：企业竞争性绩效对财务绩效驱动因素有显著的正向影响。

四、财务绩效驱动因素对结果性财务绩效的影响

卡普兰和诺顿（1992）认为，好的结果性绩效往往是由好的过程性绩效驱动的。随着生态创新的实施，企业的节能绩效、减排绩效、合法性绩效和竞争性绩效的提升，往往带来组织范围内员工学习能力以及员工满意度的提升，进而可以提升企业的生产效率和及时供货速度，带来客户满意度和产品市场占有率的提升，最终会对企业的盈利性、营运性和成长性产生良性的影响。例如，山西太钢在面对钢铁行业异常严峻的形势时，积极适应新常态，主动践行新发展理念，以绿色发展作为公司可持续发展的前提。2016年，其坚定不移地打造绿色发展升级版，坚持将绿色发展作为公司生存前提、发展基础、新的竞争优势源泉和新的效益增长点，大力推进节能减排和循环经济先进技术产业化输出，让公司绿色发展的成果惠及全社会，实现社会效益和经济效益双丰收①。

因此，本书提出以下假设：

假设14：财务绩效驱动因素对结果性财务绩效有显著的正向影响。

本章小结

本章分别对四个变量——生态创新的外部制度驱动、生态创新、企业环境绩效和企业经济绩效进行了分析，并提出了变量间的关系假设。综合前面对于变量及其关系的讨论，本书的整合分析框架如图1－5所示。相关的研究假设汇总如下：

H1：约束性法律法规的强制力对企业生态创新行为有显著的正向影响；

---

① 资料来源：山西太钢不锈钢股份有限公司2016年社会责任报告［R/OL］.（2015－04－27）［2017－12－30］. http：//pdf. dfcfw. com/pdf/H2_AN201704260532844520_1. pdf。

H2：激励性法律法规的强制力对企业生态创新行为有显著的正向影响；

H3：利益相关者环保导向的规范力对企业生态创新行为有显著的正向影响；

H4：竞争对手生态创新行为引发模仿力对企业生态创新行为有显著的正向影响；

H5：企业生态创新行为对企业节能绩效有显著的正向影响；

H6：企业生态创新行为对企业减排绩效有显著的正向影响；

H7：企业节能绩效对企业减排绩效有显著的正向影响；

H8：企业生态创新行为对企业合法性绩效有显著的正向影响；

H9：企业的减排绩效对企业合法性绩效有显著的正向影响；

H10：企业生态创新行为对企业竞争性绩效有显著的正向影响；

H11：企业节能绩效对财务绩效驱动因素有显著的正向影响；

H12：企业合法性绩效对财务绩效驱动因素有显著的正向影响；

H13：企业竞争性绩效对财务绩效驱动因素有显著的正向影响；

H14：财务绩效驱动因素对结果性财务绩效有显著的正向影响。

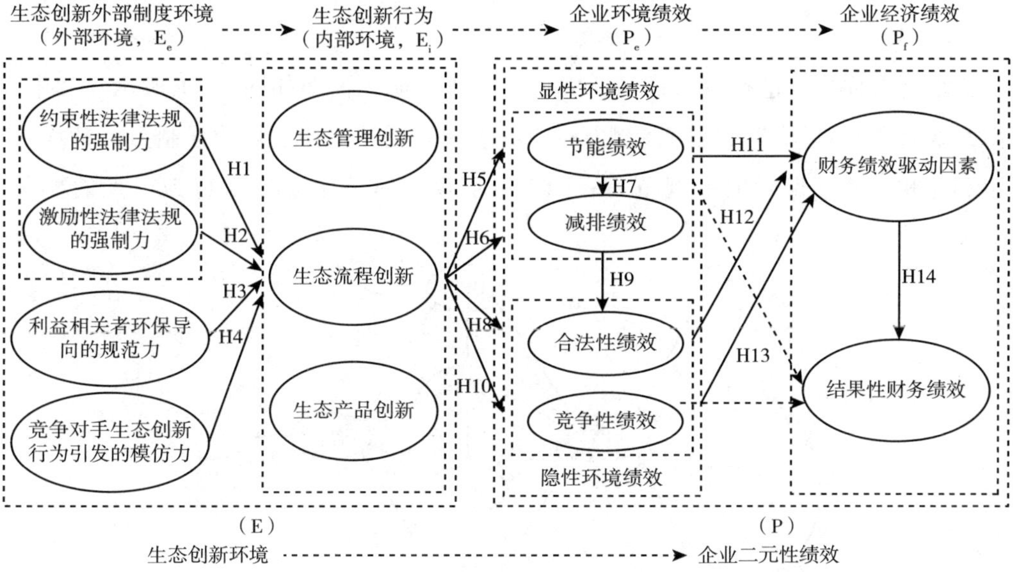

图1-5　“生态创新环境—企业二元性绩效”整合分析框架

第二章

生态创新环境对企业绩效传导路径的实证分析

第一节 研究方法

一、研究架构

根据前面所述的研究目的与研究假设，本书研究框架如图 2 - 1 所示。其中，ELR 表示约束性法律法规的强制力；EGS 表示激励性法律法规的强制力；SEO 表示利益相关者环保导向的规范力；CBI 表示竞争对手生态创新行为引发的模仿

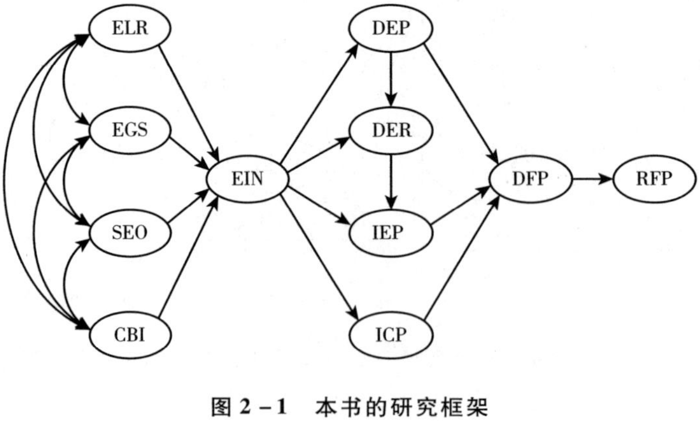

图 2 - 1　本书的研究框架

力；EIN 表示生态创新；DEP 表示节能绩效；DER 表示减排绩效；IEP 表示合法性绩效；ICP 表示竞争性绩效；DFP 表示财务绩效驱动因素；RFP 表示结果性财务绩效。

二、变量测度

（一）生态创新外部制度环境

在第一章的理论分析中，本书根据组织社会学新制度主义理论，将生态创新的外部制度环境区分为法律法规的强制力、利益相关者环保导向的规范力和竞争对手生态创新行为引发的模仿力三个维度。其中，法律法规的强制力又进一步区分为约束性法律法规的强制力和激励性法律法规的强制力。

法律法规的强制力的测量表，主要参考李怡娜和叶飞（2011）的量表，一共设置了 8 个题项，如表 2－1 所示。

表 2－1　　法律法规的强制力测量

NO	测量指标
ELR_1	本企业产品必须符合国际环保公约标准
ELR_2	本企业生产必须符合国际环境标准要求
ELR_3	本企业产品必须符合国内法律法规中相关环保规定
ELR_4	本企业生产必须符合国际法律法规中相关环保规定
EGS_1	政府提供了与本企业相关的实施生态创新的补贴
EGS_2	政府减少了与本企业相关的实施生态创新的税收
EGS_3	政府提供了与本企业相关的生态创新研发的补贴
EGS_4	政府减少了与本企业相关的生态创新研发的税收

Freeman（1984）认为，利益相关者是指影响组织目标的实现，或在组织目标实现过程中受到影响的个人和群体。根据此观点，结合环境议题，影响企业生态创新行为的外部利益相关者主要有：投资者、债权人、客户①、社区居民、新

① 包括处于供应链下游的合作伙伴。

闻媒体以及环保 NGO 组织等。据此，设计利益相关者环保导向的规范力测量表，一共设置了 9 个题项，如表 2－2 所示。

表 2－2　利益相关者环保导向的规范力测量

NO	测量指标
SEO_1	企业投资者要求产品符合环保标准
SEO_2	企业投资者重视产品所蕴含的绿色概念
SEO_3	企业债权人要求产品符合环保标准
SEO_4	企业债权人重视产品所蕴含的绿色概念
SEO_5	企业的客户要求产品符合环保标准
SEO_6	企业的客户重视产品所蕴含的绿色概念
SEO_7	当地社区居民关注企业的环保行为
SEO_8	新闻媒体关注企业的环保行为
SEO_9	环保 NGO 组织关注企业的环保行为

竞争对手生态创新行为引发的模仿力的测量表，主要参考李怡娜和叶飞（2011）的量表，一共设置了 3 个题项，如表 2－3 所示。

表 2－3　竞争对手生态创新行为引发的模仿力测量

<table>
<tr><th>NO</th><th colspan="2">测量指标</th></tr>
<tr><td>CBI_1</td><td rowspan="3">由于认知到国内（外）竞争对手的生态创新行为带来的竞争压力</td><td>本企业模仿（拟模仿）竞争对手，通过产品的生态概念树立良好市场形象</td></tr>
<tr><td>CBI_2</td><td>本企业模仿（拟模仿）竞争对手，通过产品的生态概念占有可观市场份额</td></tr>
<tr><td>CBI_3</td><td>本企业模仿（拟模仿）竞争对手，通过产品的生态概念获得市场竞争优势</td></tr>
</table>

（二）生态创新

如前所述，生态创新的测量方式主要两种：一种是基于投入—产出的角度，从投入、间接产出、直接产出和间接影响四个方面来测量（Arundel 和 Kemp，

2009)；另一种是基于生态创新实施的角度，利用量表从生态管理创新、生态流程创新和生态产品创新三个维度来测量（Cheng and Shiu，2012；Cheng、Yang and Sheu，2014）。本书采用 Cheng 和 Shiu（2012）开发的量表对生态创新进行测量。该量表涵盖生态管理创新、生态流程创新和生态产品创新3个维度，共17个题项，如表2-4所示。

表2-4　　生态创新测量

NO	测量指标	
EMI_1	近3年，本企业的管理部门经常	采用新的系统管理生态创新
EMI_2		收集生态创新发展趋势的信息
EMI_3		积极地参加生态创新的活动
EMI_4		与职员交流生态创新信息
EMI_5		将研发支出的较高比例投资于生态创新
EMI_6		在参与生态创新的各部门间交流经验
ETI_1	近3年，本企业经常	改进生产流程以降低环境污染
ETI_2		改进生产流程以遵守环保法规
ETI_3		改进制造过程的装备以节约能源
ETI_4		在制造过程引进新的技术以节约能源
EPI_1	近3年，本企业经常强调通过新技术开发新产品以	简化它们的包装
EPI_2		简化它们的结构
EPI_3		更容易回收其配件
EPI_4		更容易降解其材料
EPI_5		使用自然材料
EPI_6		尽可能减少污染的损害
EPI_7		尽可能减少对能源的使用

（三）环境绩效

显性环境绩效的测量表，主要参考龚宏斌（2011）的做法，参照ISO14031：2013《环境管理环境绩效评价指南》中的运行绩效指标（OPIs）设计，一共包括8个题项，如表2-5所示。ISO14031：2013《环境管理环境绩效评价指南》[①]中介绍了两大类环境指标：环境状况指标（Environmental Condition Indicators，ECIs）和环境绩效指标（Environmental Performance Indicators，EPIs）（黄进，2015）。环境状况指标主要衡量组织周边的环境状况（例如，大气、水体、土壤、植物、动物、人类、美学、传统和文化等），有助于更好地评价组织对其周边环境造成的实际的或潜在的影响。环境绩效指标衡量组织内部的环境状况，有助于更好地评价组织环境管理策划和实施的效果。环境绩效指标又可细分为管理绩效指标（Management Performance Indicators，MPIs）和运行绩效指标（Operational Performance Indicators，OPIs）。其中，管理绩效指标衡量组织通过管理流层获得的环境绩效；运行绩效指标则衡量企业通过运行流程获得的环境绩效。由于运行绩效指标可与环境层面相联系（例如，减排、减少能源和水资源的使用等），在设计显性环境绩效的测量表时，主要参考运行绩效指标设计。

表2-5　显性环境绩效测量

NO	测量指标	
DEP_1	近3年，本企业相对于行业平均水平	提升节约用水的绩效
DEP_2		提升节约能源的绩效
DEP_3		提升原材料的使用效率的绩效
DEP_4		提升原材料回收再利用的绩效
DER_1	近3年，本企业相对于行业平均水平	改善水污染防治的绩效
DER_2		改善废弃物管理的绩效
DER_3		改善毒化物管理的绩效
DER_4		改善空气污染防治的绩效

隐性环境绩效的测量表，遵从Hart（1995）的自然资源基础观，同时借鉴Sharma和Vredenburg（1998）量表中的部分题项，一共设计了15个题项，如表2-6所示。

① ISO14031：2013《环境管理环境绩效评价指南》在ISO14031：1999主体框架内容的基础上，对标准适用范围、术语和定义进行了适当修改，增加了“与环境、社会和经济可持续发展有关的环境绩效评价参数”“环境绩效评价原则”和“特定绩效参数的选择”等重点要求。

表 2-6 隐性环境绩效测量

NO	测量指标	
IEP_1	近 3 年，本企业相对于行业平均水平	企业员工道德水准的提升
IEP_2		企业声誉或商誉整体的提升
IEP_3		与利益相关者（例如，当地社区、监管机构和环保团体）之间关系的改善
IEP_4		环境违法次数的减少
IEP_5		企业员工环保意识的提升
IEP_6		受到政府环境监管部门的嘉奖
IEP_7		得到媒体的正面报道
ICP_1	近 3 年，本企业相对于行业平均水平	先发优势的提升
ICP_2		差异化优势的提升
ICP_3		获取未来有利位置机会的提升
ICP_4		原材料成本的下降
ICP_5		生产成本的下降
ICP_6		法规遵从成本的下降
ICP_7		有效经营管理知识的提升
ICP_8		产品质量的提升

（四）经济绩效

参考 Kaplan 和 Norton（1992）的平衡计分卡原理，财务绩效驱动因素的测量表主要从客户层面、内部流层层面以及学习和创新层面设计，如表 2-7 所示。

表 2-7 财务绩效驱动因素测量

NO	测量指标	
DFP_1	近 3 年，本企业相对于行业平均水平	产品市场占有率的提升
DFP_2		客户满意度的提升
DFP_3		生产效率的提升
DFP_4		及时供货速度的提升
DFP_5		员工满意度的提升
DFP_6		组织范围内员工学习能力的提升

考虑到生态创新的特点，结果性财务绩效的测量表主要从企业的盈利性、营运性和成长性三个方面进行设计，如表 2－8 所示。

表 2－8　结果性财务绩效测量

NO	测量指标	
RFP_1	近 3 年，本企业相对于行业平均水平	净资产收益率的提升
RFP_2		总资产报酬率的提升
RFP_3		存货周转率的提升
RFP_4		总资产周转率的提升
RFP_5		净资产增长率的提升
RFP_6		主营业务收入增长率的提升

三、样本与数据收集

（一）样本选择

由于本书的研究主题与企业的环境议题相关，因此，在样本的选择上主要以对环境会产生较大影响的工业企业为主，将农业和服务业排除在外，这样有利于被调查者对企业行为做出客观的评价，增加数据的可信性和研究的科学性。

根据《中国环境发展：世纪挑战与战略决策》（中国环境与发展国际合作委员会和中共中央党校国际战略研究所，2007）中对工业企业分类，在 SO_2 排放和 COD 排放强度中，均处于中、高污染的行业有：电力及蒸汽热水生产和供应业、金属冶炼及压延加工业、造纸印刷及文教用品制造业、化学工业、煤气生产和供应业、非金属矿采选业、煤炭采掘业、纺织业、食品制造及烟草加工业、木材加工及家具制造业。本书将属于这 10 个行业的样本企业确定为高污染企业，否则为非高污染企业。

（二）项目预试

本书通过调查问卷的方式获得数据。为了确保问卷的构思效度和内容效度，在对问卷中量表设计之初及前期的问卷调查中，采取了以下做法：第一，尽量采用已有的成熟的测量方式；第二，限定调研的对象为“工业企业财务人员或中、高管人员”；第三，对问卷进行预调研，根据调研者反馈的情况修改问卷，使问卷表述更严谨，更符合企业实际情况。通过对近 10 家企业进行预调研，对问卷的表述前后共进行了两次修改，这些修改主要围绕环境绩效和经济绩效的测度方面展开。第一次预调研时，问卷中对环境绩效和经济绩效并没有限定时间和比较对象，部分被调研者表示无法打分。因此，针对该问题，在问卷中将打分的对象限定为“近 3 年，相对于行业平均水平，本企业环境绩效和经济绩效的提升或改善程度”；第二次预调研时，被调研者反馈的问卷中，环境绩效得分普遍较高，经济绩效的得分普遍较低。针对此种现象，通过与一位被调研对象[①]沟通，其给出的理由是：“近几年，国家对环境要求高，对新能源、纯电动整车有补贴，这部分的产品产量上升比较快，盈利能力比传统产品提升很多，但受整个宏观经济形势变动的影响，传统产品的销量严重下滑，导致财务指标整体是下降的”。据此，考虑到本书的研究目的主要是考察生态创新行为所引起的环境绩效和经济绩效的变动情况，所以进一步修改了调查问卷，在环境绩效和经济绩效部分增加了强调事项段，让被调研者知道本调查问卷重点调查的是生态创新实施带来的环境绩效和经济绩效的提升或改善情况。每次修改后，都会将问卷再次发给相同的调研对象。结果显示，对同一企业的相同人员进行再调研后，重新表述部分相应的得分均会有所变动，且有的变动较大，这显示出预调研的重要性。

在正式的问卷发放之前，按照问卷发展流程（见图 2 - 2），本书进行了项目预试，以减少题项，找出有鉴别力的题目。具体步骤为：（1）将每一构面的所有题目分别加总；（2）找出 27 分位及 73 分位的值；（3）根据 27 分位以及 73 分位的值[②]，将数据分成低分组（low）及高分组（high）；（4）对每一构面题目进行两组（low 和 high）独立 t 检定；（5）进行判断，如果高低组均值差异显著（$P<0.05$），表示题目具有鉴别力，予以保留，反之，予以删除。

---

① 东风德纳车桥有限公司的财务部长。

② 之所以按 27 分位和 73 分位分组，是因为 Kelley（1939）的研究发现，在资料符合常态分配下，将资料分成 27 分位及 73 分位数其平均差异最大。其后，Cureton（1957）证明 Kelley 的研究具有正确性。因此，本书采用了 27 分位及 73 分位来进行分组检验。

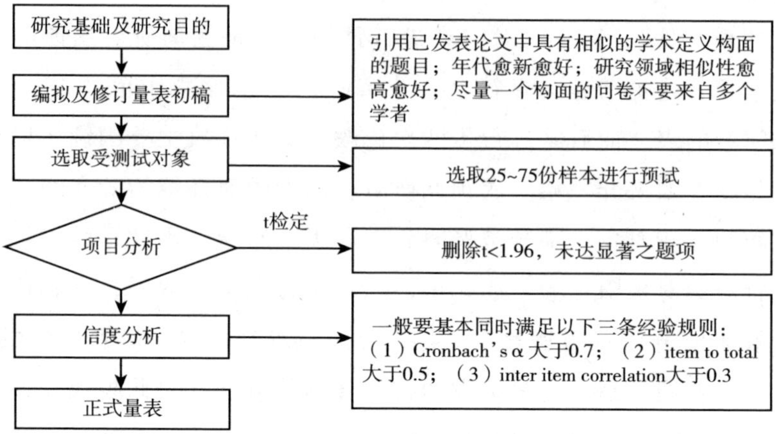

图 2－2　问卷发展流程

在项目预试时，本书选取了前 50 个样本进行项目分析①，结果如表 2－9 至表 2－21 所示。

表 2－9　约束性法律法规的强制力的群组统计资料及独立样本检定

	平均值相等性的 t 检定				group	N	平均值	标准差
	T	自由度	P	平均差异				
ELR_1	－9.303	30	0.000	－3.750	low	16	3.250	1.612
					high	16	7.000	0.000
ELR_2	－8.907	30	0.000	－3.625	low	16	3.375	1.628
					high	16	7.000	0.000
ELR_3	－8.281	30	0.000	－2.000	low	16	5.000	0.966
					high	16	7.000	0.000
ELR_4	－6.211	30	0.000	－3.000	low	16	4.000	1.932
					high	16	7.000	0.000

① 有文献认为预试样本数为 25～70 个较合适，还有文献认为预试样本数为 20～50 个较为合适，因此本书选取 50 个样本进行预试是较为合适的。

表 2-10　激励性法律法规的强制力的群组统计资料及独立样本检定

	平均值相等性的 t 检定				group	N	平均值	标准差
	T	自由度	P	平均差异				
EGS_1	-21.150	25	0.000	-5.231	low	14	1.000	0.000
					high	13	6.231	0.927
EGS_2	-21.150	25	0.000	-5.231	low	14	1.000	0.000
					high	13	6.231	0.927
EGS_3	-19.566	25	0.000	-5.154	low	14	1.000	0.000
					high	13	6.154	0.987
EGS_4	-20.996	25	0.000	-5.308	low	14	1.000	0.000
					high	13	6.308	0.947

表 2-11　利益相关者环保导向的规范力的群组统计资料及独立样本检定

	平均值相等性的 t 检定				group	N	平均值	标准差
	T	自由度	P	平均差异				
SEO_1	-7.507	26	0.000	-3.087	low	13	3.846	1.573
					high	15	6.933	0.258
SEO_2	-12.135	26	0.000	-3.923	low	13	3.077	1.256
					high	15	7.000	0.000
SEO_3	-11.485	26	0.000	-4.251	low	13	2.615	1.387
					high	15	6.867	0.352
SEO_4	-12.720	26	0.000	-4.328	low	13	2.539	1.266
					high	15	6.867	0.352
SEO_5	-5.459	26	0.000	-2.944	low	13	3.923	2.060
					high	15	6.867	0.352
SEO_6	-8.202	26	0.000	-3.790	low	13	3.077	1.754
					high	15	6.867	0.352
SEO_7	-4.715	26	0.000	-2.282	low	13	4.385	1.710
					high	15	6.667	0.724
SEO_8	-5.198	26	0.000	-2.318	low	13	4.615	1.710
					high	15	6.933	0.258
SEO_9	-5.710	26	0.000	-2.810	low	13	3.923	1.801
					high	15	6.733	0.594

表 2－12　竞争对手生态创新行为引发的模仿力的群组统计资料及独立样本检定

	平均值相等性的 t 检定				group	N	平均值	标准差
	T	自由度	P	平均差异				
CBI_1	－17.087	24	0.000	－4.769	low	13	1.615	0.768
					high	13	6.385	0.650
CBI_2	－26.280	24	0.000	－5.154	low	13	1.308	0.480
					high	13	6.462	0.519
CBI_3	－19.596	24	0.000	－4.923	low	13	1.385	0.506
					high	13	6.308	0.751

表 2－13　生态管理创新的群组统计资料及独立样本检定

	平均值相等性的 t 检定				group	N	平均值	标准差
	T	自由度	P	平均差异				
EMI_1	－16.808	26	0.000	－4.554	low	13	1.846	0.801
					high	15	6.400	0.632
EMI_2	－15.808	26	0.000	－4.477	low	13	1.923	0.862
					high	15	6.400	0.632
EMI_3	－14.820	26	0.000	－4.477	low	13	1.923	0.954
					high	15	6.400	0.632
EMI_4	－14.662	26	0.000	－4.364	low	13	1.769	0.725
					high	15	6.133	0.834
EMI_5	－10.278	26	0.000	－4.195	low	13	1.539	0.877
					high	15	5.733	1.223
EMI_6	－14.939	26	0.000	－4.662	low	13	1.539	0.776
					high	15	6.200	0.862

表 2－14　　生态流程创新的群组统计资料及独立样本检定

	平均值相等性的 t 检定				group	N	平均值	标准差
	T	自由度	P	平均差异				
ETI_1	－6. 529	27	0. 000	－2. 894	low	16	3. 875	1. 500
					high	13	6. 769	0. 599
ETI_2	－8. 398	27	0. 000	－3. 250	low	16	3. 750	1. 390
					high	13	7. 000	0. 000
ETI_3	－7. 779	27	0. 000	－2. 500	low	16	4. 500	1. 155
					high	13	7. 000	0. 000
ETI_4	－6. 601	27	0. 000	－3. 000	low	16	4. 000	1. 633
					high	13	7. 000	0. 000

表 2－15　　生态产品创新的群组统计资料及独立样本检定

	平均值相等性的 t 检定				group	N	平均值	标准差
	T	自由度	P	平均差异				
EPI_1	－10. 889	28	0. 000	－4. 375	low	14	2. 000	1. 468
					high	16	6. 375	0. 619
EPI_2	－13. 585	28	0. 000	－4. 661	low	14	1. 714	1. 204
					high	16	6. 375	0. 619
EPI_3	－11. 343	28	0. 000	－4. 214	low	14	2. 286	1. 383
					high	16	6. 500	0. 516
EPI_4	－19. 320	28	0. 000	－4. 857	low	14	1. 643	0. 842
					high	16	6. 500	0. 516
EPI_5	－7. 529	28	0. 000	－3. 786	low	14	2. 714	1. 939
					high	16	6. 500	0. 516
EPI_6	－6. 008	28	0. 000	－3. 196	low	14	3. 429	2. 065
					high	16	6. 625	0. 500
EPI_7	－4. 965	28	0. 000	－2. 848	low	14	3. 714	2. 234
					high	16	6. 563	0. 512

表 2－16　显性环境绩效之节能绩效的群组统计资料及独立样本检定

	平均值相等性的 t 检定				group	N	平均值	标准差
	T	自由度	P	平均差异				
DEP_1	－10. 283	25	0. 000	－4. 275	low	14	2. 571	1. 453
					high	13	6. 846	0. 376
DEP_2	－9. 240	25	0. 000	－3. 989	low	14	2. 857	1. 512
					high	13	6. 846	0. 376
DEP_3	－6. 915	25	0. 000	－3. 429	low	14	3. 571	1. 785
					high	13	7. 000	0. 000
DEP_4	－10. 842	25	0. 000	－4. 357	low	14	2. 643	1. 447
					high	13	7. 000	0. 000

表 2－17　显性环境绩效之减排绩效的群组统计资料及独立样本检定

	平均值相等性的 t 检定				group	N	平均值	标准差
	T	自由度	P	平均差异				
DER_1	－10. 336	25	0. 000	－4. 170	low	13	2. 615	1. 387
					high	14	6. 786	0. 579
DER_2	－7. 628	25	0. 000	－3. 549	low	13	3. 308	1. 702
					high	14	6. 857	0. 363
DER_3	－8. 423	25	0. 000	－4. 000	low	13	3. 000	1. 780
					high	14	7. 000	0. 000
DER_4	－11. 595	25	0. 000	－4. 390	low	13	2. 539	1. 391
					high	14	6. 929	0. 267

表 2－18　隐性环境绩效之合法性绩效的群组统计资料及独立样本检定

	平均值相等性的 t 检定				group	N	平均值	标准差
	T	自由度	P	平均差异				
IEP_1	－6. 531	27	0. 000	－3. 114	low	15	3. 600	1. 724
					high	14	6. 714	0. 469
IEP_2	－8. 036	27	0. 000	－3. 324	low	15	3. 533	1. 457
					high	14	6. 857	0. 535

续表

	平均值相等性的 t 检定				group	N	平均值	标准差
	T	自由度	P	平均差异				
IEP_3	-7.199	27	0.000	-2.848	low	15	3.867	1.407
					high	14	6.714	0.469
IEP_4	-4.063	27	0.000	-2.629	low	15	3.800	1.859
					high	14	6.429	1.604
IEP_5	-6.975	27	0.000	-2.848	low	15	3.867	1.457
					high	14	6.714	0.469
IEP_6	-9.611	27	0.000	-3.824	low	15	2.533	1.302
					high	14	6.357	0.745
IEP_7	-11.249	27	0.000	-4.176	low	15	2.467	1.302
					high	14	6.643	0.497

表 2-19 隐性环境绩效之竞争性绩效的群组统计资料及独立样本检定

	平均值相等性的 t 检定				group	N	平均值	标准差
	T	自由度	P	平均差异				
ICP_1	-7.329	27	0.000	-3.183	low	16	3.125	1.455
					high	13	6.308	0.630
ICP_2	-6.912	27	0.000	-3.231	low	16	3.000	1.506
					high	13	6.231	0.832
ICP_3	-7.816	27	0.000	-3.553	low	16	3.063	1.569
					high	13	6.615	0.506
ICP_4	-5.886	27	0.000	-2.841	low	16	3.313	1.621
					high	13	6.154	0.689
ICP_5	-7.910	27	0.000	-3.231	low	16	3.000	1.317
					high	13	6.231	0.725
ICP_6	-7.217	27	0.000	-3.524	low	16	2.938	1.652
					high	13	6.462	0.660
ICP_7	-6.405	27	0.000	-3.024	low	16	3.438	1.590
					high	13	6.462	0.660
ICP_8	-6.216	27	0.000	-3.034	low	16	3.813	1.721
					high	13	6.846	0.376

表 2-20　　财务绩效驱动因素的群组统计资料及独立样本检定

	平均值相等性的 t 检定				group	N	平均值	标准差
	T	自由度	P	平均差异				
DFP_1	-10.901	29	0.000	-3.828	low	14	2.643	1.336
					high	17	6.471	0.515
DFP_2	-7.663	29	0.000	-3.601	low	14	2.929	1.859
					high	17	6.529	0.515
DFP_3	-14.018	29	0.000	-4.303	low	14	2.286	1.139
					high	17	6.588	0.507
DFP_4	-13.941	29	0.000	-4.277	low	14	2.429	1.158
					high	17	6.706	0.470
DFP_5	-8.813	29	0.000	-3.139	low	14	3.214	1.311
					high	17	6.353	0.606
DFP_6	-7.705	29	0.000	-3.151	low	14	3.143	1.512
					high	17	6.294	0.686

表 2-21　　结果性财务绩效的群组统计资料及独立样本检定

	平均值相等性的 t 检定				group	N	平均值	标准差
	T	自由度	P	平均差异				
RFP_1	-14.948	27	0.000	-4.000	low	15	2.000	0.845
					high	14	6.000	0.555
RFP_2	-14.613	27	0.000	-4.143	low	15	2.000	0.845
					high	14	6.143	0.663
RFP_3	-6.337	27	0.000	-3.414	low	15	2.800	1.935
					high	14	6.214	0.579
RFP_4	-9.349	27	0.000	-3.881	low	15	2.333	1.496
					high	14	6.214	0.426
RFP_5	-13.068	27	0.000	-4.067	low	15	1.933	0.884
					high	14	6.000	0.784
RFP_6	-11.884	27	0.000	-3.781	low	15	1.933	0.799
					high	14	5.714	0.914

通过表 2-9 至表 2-21 可知，所有题项的平均值相等性的 t 检定（独立样

本t检定）的 $P<0.05$，代表高分群组和低分群组之间的差异显著，说明所有的题项具有鉴别力，应该予以保留。

根据图2－2可知，在项目分析完之后，还应该对项目的信度进行初步的判断。根据Hair等（2009）的建议，判断的经验规则有三点：（1）Cronbach's α大于0.7；（2）item to total（修正项目总相关）大于0.5；（3）inter item correlation（题项与题项之间的相关）大于0.3。通常而言，这三点基本要求应该同时满足。各构念的各项目之间的相关性矩阵及可靠性统计如表2－22至表2－34所示。从中可以看出，除SEO_7、SEO_8及SEO_9外，其他构念下的Cronbach's α大于0.7，修正项目总相关大于0.5，题项与题项之间的相关系数大于0.3。因此，删掉SEO_7、SEO_8及SEO_9，其他题项都予以保留。

表2－22　约束性法律法规的强制力的各项目之间的相关性矩阵与可靠性统计

	项目相关				信度（内部一致性）		
	ELR_1	ELR_2	ELR_3	ELR_4	修正项目总相关	Cronbach's α	项目个数
ELR_1	1				0.906	0.918	4
ELR_2	0.980	1			0.903		
ELR_3	0.667	0.649	1		0.730		
ELR_4	0.744	0.750	0.748	1	0.799		

表2－23　激励性法律法规的强制力的各项目之间的相关性矩阵与可靠性统计

	项目相关				信度（内部一致性）		
	EGS_1	EGS_2	EGS_3	EGS_4	修正项目总相关	Cronbach's α	项目个数
EGS_1	1				0.724	0.928	4
EGS_2	0.688	1			0.882		
EGS_3	0.748	0.795	1		0.866		
EGS_4	0.620	0.912	0.818	1	0.859		

表 2-24　　利益相关者环保导向的规范力的各项目之间的相关性矩阵与可靠性统计

	项目相关									信度（内部一致性）		
	SEO_1	SEO_2	SEO_3	SEO_4	SEO_5	SEO_6	SEO_7	SEO_8	SEO_9	修正项目总相关	Cronbach's α	项目个数
SEO_1	1									0.758	0.909	9
SEO_2	0.820	1								0.831		
SEO_3	0.719	0.821	1							0.782		
SEO_4	0.717	0.823	0.984	1						0.795		
SEO_5	0.815	0.728	0.642	0.658	1					0.752		
SEO_6	0.818	0.831	0.769	0.789	0.850	1				0.825		
SEO_7	0.290	0.357	0.329	0.353	0.351	0.346	1			0.558		
SEO_8	0.251	0.318	0.295	0.289	0.271	0.309	0.829	1		0.536		
SEO_9	0.173	0.285	0.157	0.164	0.269	0.265	0.651	0.791	1	0.416		

表 2-25　　竞争对手生态创新行为引发的模仿力的各项目之间的相关性矩阵与可靠性统计

	项目相关			信度（内部一致性）		
	CBI_1	CBI_2	CBI_3	修正项目总相关	Cronbach's α	项目个数
CBI_1	1			0.909	0.969	3
CBI_2	0.898	1		0.947		
CBI_3	0.895	0.946	1	0.945		

表 2-26　　生态管理创新的各项目之间的相关性矩阵与可靠性统计

	项目相关						信度（内部一致性）		
	EMI_1	EMI_2	EMI_3	EMI_4	EMI_5	EMI_6	修正项目总相关	Cronbach's α	项目个数
EMI_1	1						0.897	0.978	6
EMI_2	0.894	1					0.935		
EMI_3	0.898	0.935	1				0.954		
EMI_4	0.840	0.925	0.926	1			0.957		
EMI_5	0.829	0.795	0.841	0.877	1		0.877		
EMI_6	0.829	0.890	0.914	0.959	0.863	1	0.938		

表 2-27 生态流程创新的各项目之间的相关性矩阵与可靠性统计

	项目相关				信度（内部一致性）		
	ETI_1	ETI_2	ETI_3	ETI_4	修正项目总相关	Cronbach's α	项目个数
ETI_1	1				0.829	0.922	4
ETI_2	0.917	1			0.880		
ETI_3	0.742	0.808	1		0.872		
ETI_4	0.614	0.663	0.818	1	0.733		

表 2-28 生态产品创新的各项目之间的相关性矩阵与可靠性统计

	项目相关							信度（内部一致性）		
	EPI_1	EPI_2	EPI_3	EPI_4	EPI_5	EPI_6	EPI_7	修正项目总相关	Cronbach's α	项目个数
EPI_1	1							0.872	0.951	7
EPI_2	0.909	1						0.849		
EPI_3	0.868	0.895	1					0.898		
EPI_4	0.894	0.876	0.893	1				0.922		
EPI_5	0.745	0.692	0.698	0.801	1			0.814		
EPI_6	0.562	0.571	0.676	0.702	0.681	1		0.753		
EPI_7	0.557	0.495	0.641	0.612	0.704	0.881	1	0.716		

表 2-29 显性环境绩效之节能绩效的各项目之间的相关性矩阵与可靠性统计

	项目相关				信度（内部一致性）		
	DEP_1	DEP_2	DEP_3	DEP_4	修正项目总相关	Cronbach's α	项目个数
DEP_1	1				0.845	0.905	4
DEP_2	0.771	1			0.832		
DEP_3	0.636	0.792	1		0.724		
DEP_4	0.818	0.665	0.575	1	0.766		

表 2－30　显性环境绩效之减排绩效的各项目之间的相关性矩阵与可靠性统计

	项目相关				信度（内部一致性）		
	DER_1	DER_2	DER_3	DER_4	修正项目总相关	Cronbach's α	项目个数
DER_1	1				0.791	0.893	4
DER_2	0.778	1			0.857		
DER_3	0.693	0.909	1		0.805		
DER_4	0.642	0.575	0.565	1	0.641		

表 2－31　隐性环境绩效之合法性绩效的各项目之间的相关性矩阵与可靠性统计

	项目相关							信度（内部一致性）		
	IEP_1	IEP_2	IEP_3	IEP_4	IEP_5	IEP_6	IEP_7	修正项目总相关	Cronbach's α	项目个数
IEP_1	1							0.708	0.908	7
IEP_2	0.814	1						0.690		
IEP_3	0.731	0.710	1					0.793		
IEP_4	0.405	0.412	0.543	1				0.619		
IEP_5	0.459	0.438	0.626	0.661	1			0.730		
IEP_6	0.543	0.472	0.594	0.563	0.684	1		0.776		
IEP_7	0.538	0.573	0.640	0.521	0.675	0.873	1	0.797		

表 2－32　隐性环境绩效之竞争性绩效的各项目之间的相关性矩阵与可靠性统计

	项目相关								信度（内部一致性）		
	ICP_1	ICP_2	ICP_3	ICP_4	ICP_5	ICP_6	ICP_7	ICP_8	修正项目总相关	Cronbach's α	项目个数
ICP_1	1								0.800	0.932	8
ICP_2	0.820	1							0.854		
ICP_3	0.771	0.773	1						0.795		
ICP_4	0.618	0.736	0.631	1					0.769		
ICP_5	0.643	0.635	0.587	0.691	1				0.780		
ICP_6	0.539	0.542	0.659	0.362	0.594	1			0.629		
ICP_7	0.553	0.702	0.569	0.660	0.676	0.596	1		0.759		
ICP_8	0.555	0.630	0.481	0.743	0.648	0.393	0.735	1	0.753		

表 2-33 财务绩效驱动因素的各项目之间的相关性矩阵与可靠性统计

	项目相关						信度（内部一致性）		
	DFP_1	DFP_2	DFP_3	DFP_4	DFP_5	DFP_6	修正项目总相关	Cronbach's α	项目个数
DFP_1	1						0.893	0.960	6
DFP_2	0.857	1					0.904		
DFP_3	0.872	0.819	1				0.875		
DFP_4	0.849	0.913	0.922	1			0.944		
DFP_5	0.683	0.724	0.666	0.777	1		0.785		
DFP_6	0.808	0.799	0.709	0.799	0.823	1	0.851		

表 2-34 结果性财务绩效的各项目之间的相关性矩阵与可靠性统计

	项目相关						信度（内部一致性）		
	RFP_1	RFP_2	RFP_3	RFP_4	RFP_5	RFP_6	修正项目总相关	Cronbach's α	项目个数
RFP_1	1						0.953	0.962	6
RFP_2	0.984	1					0.952		
RFP_3	0.753	0.771	1				0.747		
RFP_4	0.815	0.831	0.812	1			0.885		
RFP_5	0.916	0.929	0.644	0.849	1		0.920		
RFP_6	0.870	0.820	0.546	0.767	0.877	1	0.833		

（三）数据收集

近期，笔者对湖北、广西、浙江、广东等地区[①]的制造业进行了问卷调查（具体调查问卷如附录 A 所示）。为了尽可能获得较多的样本数据，问卷通过多渠道、多方式进行了发放。发放渠道主要包括：笔者在企业调研时发放；通过政府部门[②]发放；通过授课教师向会计“十百千”企业班学员和参与会计中级职称

① 调研时，并未限定企业所在区域。反馈的问卷中，这些地方企业占比较高，这主要与发放渠道和途径有关。

② 主要借助××省财政厅和××县（江浙经济非常发达的县）发改委发放问卷。

培训的学生发放[①]；通过同学、同事[②]帮忙发放；通过学生实习或社会实践时发放。发放的方式主要有：通过 QQ 或邮箱发送电子版问卷；当面发放纸质版问卷以及通过微信发放微信版问卷。

本次调研共回收问卷 357 份[③]，各渠道、各方式回收的具体数量如表 2－35 所示。企业调研、政府平台、课堂调研、同学同事和学生实践各渠道回收的问卷数量占比分别为：0.56%、34.45%、4.20%、54.90%、5.88%。这表明同学同事渠道为本次调研发挥了主要作用。QQ 或邮箱、纸质问卷和微信各方式回收的问卷数量占比分别为：85.43%、10.36%、4.20%。微信方式回收数量所占的比重相对较小，主要是因为前期主要采用 QQ 或邮箱方式进行调研，后期根据一些被调研者反馈的信息，为了提高问卷填写的便利性，借助于“问卷网”平台制作了微信版本的调查问卷，问卷所在的网址为：https：//www.wenjuan.com/s/zMvAFf/。被调研者可以通过微信直接回答问题，当其回答完毕，点保存后，问卷网会第一时间将答案反馈到笔者的微信中，极其便利。

尽管发放问卷时，特别强调了调研对象为工业企业，但问卷回收后，里面仍然有部分样本企业属于服务业，如会计师事务所、管理咨询公司、金融、保险、证券等服务业首先予以剔除，共 82 家。然后，经过仔细检查，剔除了以下几类特殊样本企业：（1）企业处于初创期，很多项目还没有正式投产，主营业务收入为零的样本企业，共 1 家；（2）无自己的产品的投资型样本企业，如广西铁路投资集团有限公司，主要投资铁路（参股），共 2 家；（3）所有选项均相同的样本企业，如对问卷中的选项全部选 5 或者全部选 7 等，共 4 家；（4）注册地在国外，其所面临的制度环境可能与国内企业所面临的制度环境不同的企业，共 2 家；（5）不同渠道的问卷样本重复，共 1 家；（6）数据不全企业，共 11 家；（7）基本资料不齐全的企业，共 2 家；（8）农业企业，共 1 家；（9）交通运输

---

① 笔者所在的高校为××省唯一的一所财经院校，与××省财经厅合作进行了省内各市一级的“十百千”会计人才培训，且常年进行会计职称考试培训。

② 由于笔者从本科到博士一直就读的是会计专业，因而大部分同学从事的是与会计相关的工作，为本次调研提供了非常便利的条件。工作所在的会计学院拥有近 70 位专职教师，也为问卷的调研提供了极大的帮助。

③ 由于很多问卷是靠同学和朋友帮忙发放和回收的，无法准确知道他们一共发放了多少份，因而无法准确统计问卷发放的数量以及问卷回收率。

业、建筑企业及房地产开发企业，共33家；（10）商品流通企业，共6家。最终，获得有效问卷212份。汇总统计的各渠道有效问卷数量及比率，总的有效问卷数量及比率如表2－35所示。

表2－35　　调查问卷回收数量与有效数量统计

发放渠道	QQ或邮箱回收数量	纸质问卷回收数量	微信回收数量	回收数量合计	有效问卷数量	有效问卷占回收问卷比率
企业调研	2	—	—	2	2	0.56%
政府平台	123	—	—	123	84	23.53%
课堂调研	—	15	—	15	10	2.80%
同学同事	159	22	15	196	101	28.29%
学生实践	21	—	—	21	15	4.20%
合计	305	37	15	357	212	59.38%

资料来源：自己手工整理而得。

（四）样本概况

对于回收的有效样本，以企业年龄、所属生命周期、规模、性质、上市与否、行业类别及所处省份作为划分标准，进行了分类统计，如表2－36所示。

表2－36　　有效样本企业的特征描述统计

分类依据	类别细分	有效样本量	百分比	累计百分比
企业年龄	5年以下	16	7.55%	7.55%
	6～10年	65	30.66%	38.21%
	10～15年	46	21.70%	59.91%
	15～20年	41	19.34%	79.25%
	20年及以上	44	20.75%	100.00%
生命周期	初创期	13	6.13%	6.13%
	发展期	65	30.66%	36.79%
	生熟期	120	56.61%	93.40%
	衰退期	14	6.60%	100.00%
企业规模	小型	28	13.21%	13.21%
	中型	63	29.72%	42.92%
	大型	121	57.08%	100.00%

续表

分类依据	类别细分	有效样本量	百分比	累计百分比
企业性质	国有/国有控股	39	18.40%	18.40%
	私有/民营控股	140	66.04%	84.43%
	外资	21	9.91%	94.34%
	中外合资	10	4.72%	99.06%
	其他	2	0.94%	100.00%
上市与否	已上市	36	16.98%	16.98%
	未上市	176	83.02%	100.00%
行业类别	高污染行业	97	45.75%	45.75%
	非高污染行业	115	54.25%	100.00%
所处地区	广西	43	20.28%	20.28%
	湖北	16	7.55%	27.83%
	浙江	94	44.34%	72.17%
	广东	28	13.21%	85.38%
	其他	31	14.62%	100.00%

资料来源：自己手工整理而得。

第二节 数据与结果

本节将首先应用 Amos 软件对测量工具进行验证性因素分析，以确认潜在变项是否真的能被观察变数（题项）所代表；其次进行多元常态及极端值检定以及共同方法变异检定；再次分析数据的信度和效度；最后采用结构方程模型对理论假设进行检验。

一、验证性因素分析

Bollen（1989）认为，为了评估假设模型与资料的配适程度，一个必要但非充分的条件是模型必须能辨识（正定）。Bentler 和 Chou（1987）认为模型辨识（正定）的条件在于分析中的变数所提供的讯息（自由度）必须大于（过度辨识）或等于（恰好辨识）模型估计的参数。因此，在执行 CFA 之前，需先判断模型是否正定。

在执行 CFA 之后，由于 Amos 并未提供组成信度（CR）及变异数萃取量（AVE）的计算，其他 SEM 的软件也没有，因此要自行计算。本书利用书本《SEM 论文写作不求人》（张伟豪，2011）中推荐的三星统计服务有限公司的网站（http：//www. semsoeasy. com. tw）所提供的 Excel 模板（见表 2 – 37）计算 CR 和 AVE。Hair 等（1998）认为组成信度 0.7 是可接受的门槛；Fornell 和 Larcker（1981）建议为 0.6 以上；Fornell 和 Larcker（1981）建议 AVE 标准值须大于 0.5。本书以 0.7 和 0.5 作为 CR 和 AVE 的判断标准。

表 2 – 37　　CR 和 AVE 自动计算

item	标准化因素负荷量（Std. Factor Loading）	标准化因素负荷量平方项目信度（SMC）	CR	AVE
v1	0.972	0.945	0.966	0.825
v2	0.948	0.899		
v3	0.891	0.794		
v4	0.970	0.941		
v5	0.802	0.643		
v6	0.854	0.729		

注：只须将第 2 列的数据填入，Excel 会自动计算出第 3 ~ 第 5 列的数据。

在评估测量模型的配适度时，本书采用两类共 6 个指标进行判断，分别是卡方检定（χ^2 – test）、卡方与自由度的比值（χ^2/df）、配适度指标（Goodness of Fit Index，GFI）、调整之配适度指标（Adjusted Goodnessof Fit Index，AGFI）、近似均方根误差（Root Mean Square Error of Approximation，RMSEA）以及比较性配适度指标（Comparative Fit Index，CFI），其评估标准如表 2 – 38 所示。

表 2 – 38　　测量模型所用配适度指标

配适度指标	说　明	理想要求标准
χ^2 – test	一般认为，该指标值越大，模型配适度越差。卡方值受到样本数、模型估计复杂程度及样本分布的影响。模型估计越复杂，卡方值越小；样本不符合多元常态时，卡方值容易膨胀	越小越好

续表

配适度指标	说　明	理想要求标准
χ^2/df	该比值主要是为了解决卡方值受到样本数大小的影响而设置的。一般认为，该比值在5以内时，表示模型配适度可接受（Schumacker 和 Lomax，2004），不过大部分学者（Kline，2005）建议该比值在3以内时，表示模型配适度较好；最好小于3但也不要小于1，小于1则为过度配适	1 < NC < 3
GFI	该指标值介于0~1之间，越接近1，表示预测模型与样本资料越能配合。一般认为，该值为0.9以上时，表示模型配适度良好。但一旦模型估计的参数变多，要达到0.9就会变得困难，Doll、Xia 和 Torkzadeh（1994）建议可以酌情放宽到0.8	>0.8 可接受 >0.9 配适良好
AGFI	该指标是对 GFI 自由度进行调整而产生的。与 GFI 一样，其值介于0~1之间，越接近1表示模式配适度越好。一般认为，该指标值为0.9以上时，表示模型配适度良好。但一旦模型估计的参数变多，要达到0.9就会变得困难，MacCallum 和 Hong（1997）建议可酌情放宽到0.8	>0.8 可接受 >0.9 配适良好
RMSEA	该指标较不受样本数的影响，且不用与独立模型做比较，但在样本很小的时候，该指标会被高估（Fan、Thompson 和 Wang，1999）。如果该指标小于等于0.05，表示模型配适度好（Schumacker 和 Lomax，2004）；如果介于0.05~0.08之间，表示模型配适度不错。Hu 和 Bentler（1999）建议该指标小于等于0.06时，可认为模型配适良好	<0.08
CFI	该指标反映了假设模型与独立模型的差异程度，也考虑了被检验模型与中央卡方分配的离散性。一般认为，该指标值越接近1，表示模型配适度越理想。通常采用 CFI > 0.9 作为判断标准	>0.9

资料来源：张伟豪，郑时宜．与结构方程模型共舞［M］．新北：前程文化事业有限公司，2012：108．

（一）生态创新外部制度环境

1．*法律法规的强制力构面验证性因素分析*

（1）约束性法律法规的强制力构面验证性因素分析。

该构面共有4题，自由度为10（df = 4 × 5/2），共估计8个参数（4个残差、1个变异数及3个因素负荷量），自由度大于估计参数，属于过度辨识，理论上符合模型正定的要求。执行 CFA 后，发现 ELR_1 和 ELR_3 残差不独立，表示两题为相似观点的观察变数。为了不违反残差独立原则，删掉 ELR_1。删除后，重新执行 CFA，结果如图 2－3、表 2－39、表 2－40 及表 2－41 所示。各题标准化系数均超过 0.7 以上且在 1 以下，残差均为正且显著，显见无违反估计。组成信度为 0.901，超过 0.7 的标准；平均变异数萃取量为 0.752，超过 0.5 的标准。一因素三个测量变数为饱和模式，有唯一解，因此无任何配适度指标，故保留该三题进入下一阶段的分析。

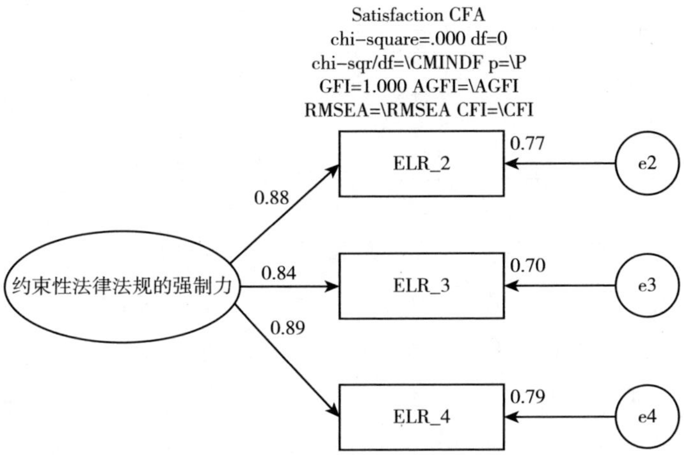

图 2－3　约束性法律法规的强制力构面一阶验证性因素分析

表 2－39　约束性法律法规的强制力构面 CFA 参数估计值及变异数

			非标准化因素负荷	标准误 S. E.	C. R.（t－value）	P	标准化因素负荷	SMC
ELR_2	←	约束性法律法规的强制力	1				0.876	0.767
ELR_3	←	约束性法律法规的强制力	0.738	0.049	15.081	***	0.836	0.699
ELR_4	←	约束性法律法规的强制力	0.998	0.062	16.117	***	0.889	0.790

注：*** 表示在 1% 的水平下显著。本书所有的表格中，*** 均表示在 1% 的水平下显著。由于后续很多表格中均涉及 t－value 显著性判断，为了避免不断重复注释，后续表格下面将不再单独注释。

表 2-40　约束性法律法规的强制力构面 CFA 组成信度、AVE 及配适度指标值

C. R. 组成信度	AVE	χ^2	df	χ^2/df	GFI	AGFI	RMSEA	CFI
0.901	0.752	0	0	—	—	—	—	—

表 2-41　约束性法律法规的强制力构面 CFA 误差变异数

	Estimate	S. E.	C. R.	P
约束性法律法规的强制力	1.738	0.225	7.725	***
e2	0.526	0.085	6.170	***
e3	0.407	0.054	7.499	***
e4	0.459	0.081	5.645	***

（2）激励性法律法规的强制力构面验证性因素分析。

该构面共有 4 题，自由度为 10（df = 4 × 5/2），共估计 8 个参数（4 个残差、1 个变异数及 3 个因素负荷量），自由度大于估计参数，属于过度辨识，理论上符合模型正定的要求。执行 CFA 后，发现 EGS_1 和 EGS_4 残差不独立，表示两题为相似观点的观察变数。为了不违反残差独立原则，删掉 EGS_4。删除后，重新执行 CFA，结果如图 2-4、表 2-42、表 2-43 及表 2-44 所示。各题标准化系数均超过 0.7 以上且在 1 以下，残差均为正且显著，显见无违反估计。组成信

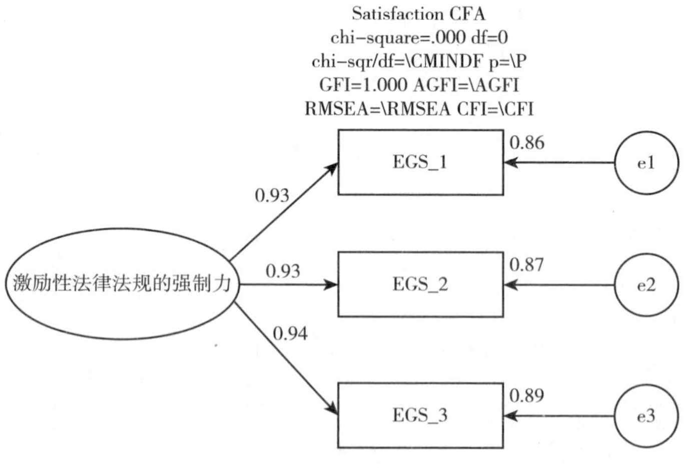

图 2-4　激励性法律法规的强制力构面一阶验证性因素分析

度为0.954，超过0.7的标准；平均变异数萃取量为0.875，超过0.5的标准。一因素三个测量变数为饱和模式，为唯一解，因此无任何配适度指标，故保留该三题进入下一阶段的分析。

表2-42　　激励性法律法规的强制力构面CFA参数估计值及变异数

			非标准化因素负荷	标准误 S. E.	C. R. (t-value)	P	标准化因素负荷	SMC
EGS_1	←	激励性法律法规的强制力	1				0.929	0.863
EGS_2	←	激励性法律法规的强制力	1.015	0.041	24.753	***	0.934	0.872
EGS_3	←	激励性法律法规的强制力	1.020	0.040	25.415	***	0.943	0.889

表2-43　激励性法律法规的强制力构面CFA组成信度、AVE及配适度指标值

C. R. 组成信度	AVE	χ^2	df	χ^2/df	GFI	AGFI	RMSEA	CFI
0.954	0.875	0	0	—	—	—	—	—

表2-44　　激励性法律法规的强制力构面CFA误差变异数

	Estimate	S. E.	C. R.	P
激励性法律法规的强制力	4.246	0.480	8.838	***
e1	0.679	0.098	6.915	***
e2	0.639	0.097	6.572	***
e3	0.553	0.093	5.960	***

2. 利益相关者环保导向的规范力构面验证性因素分析

该构面共有6题①，自由度为21（df=6×7/2），共估计12个参数（6个残差、1个变异数及5个因素负荷量），自由度大于估计参数，属于过度辨识，理论上符合模型正定的要求。执行CFA后，发现SEO_1和SEO_2残差不独立，为

① 该构面原本设计了9题，在项目预试时，SEO_7、SEO_8及SEO_9因不符合相关标准，予以删除，所以该构面只剩下6题。

了不违反残差独立原则，删掉 SEO_1。删除后，重新执行 CFA，模型仍为过度辨识，发现 SEO_5 和 SEO_6 残差不独立，删掉 SEO_6。删除后，重新执行 CFA，模型仍为过度辨识，发现 SEO_3 的标准化因素负荷量较高，删掉 SEO_3。删除后，重新执行 CFA，结果如图 2－5、表 2－45、表 2－46 及表 2－47 所示。各题的标准化系数均超过 0.7 以上且在 1 以下，残差均为正且显著，显见无违反估计。组成信度为 0.907，超过 0.7 的标准；平均变异数萃取量为 0.765，超过 0.5 的标准。一因素三个测量变数为饱和模式，为唯一解，因此无任何配适度指标，故保留该三题进入下一阶段的分析。

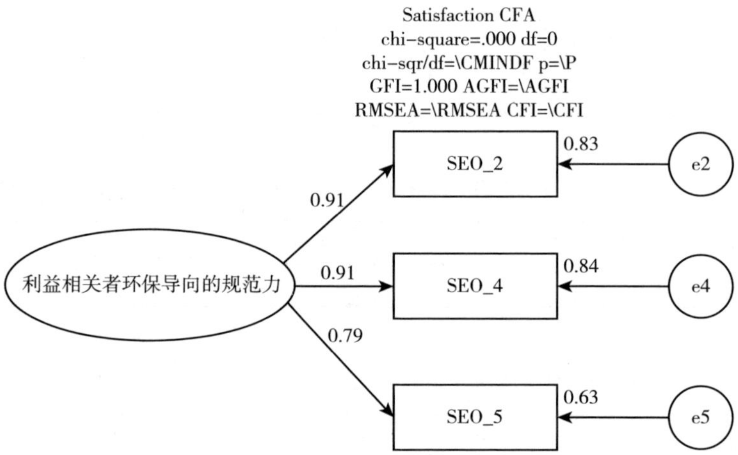

图 2－5　利益相关者环保导向的规范力构面一阶验证性因素分析

表 2－45　利益相关者环保导向的规范力构面 CFA 参数估计值及变异数

			非标准化因素负荷	标准误 S. E.	C. R. (t－value)	P	标准化因素负荷	SMC
SEO_2	←	利益相关者环保导向的规范力	1				0.909	0.826
SEO_4	←	利益相关者环保导向的规范力	1.260	0.070	18.120	***	0.915	0.837
SEO_5	←	利益相关者环保导向的规范力	0.803	0.054	14.906	***	0.794	0.630

表 2-46　利益相关者环保导向的规范力构面 CFA 组成信度、AVE 及配适度指标值

C. R. 组成信度	AVE	χ^2	df	χ^2/df	GFI	AGFI	RMSEA	CFI
0.907	0.765	0	0	—	—	—	—	—

表 2-47　利益相关者环保导向的规范力构面 CFA 误差变异数

	Estimate	S. E.	C. R.	P
利益相关者环保导向的规范力	1.898	0.231	8.226	***
e2	0.399	0.079	5.041	***
e4	0.590	0.124	4.771	***
e5	0.715	0.083	8.658	***

3. 竞争对手的生态创新行为引发的模仿力构面验证性因素分析

该构面共有 3 题，自由度为 6（df = 3 × 4/2），共估计 6 个参数（3 个残差、1 个变异数及 2 个因素负荷量），自由度等于估计参数，属于恰好辨识，理论上符合模型正定的要求。执行 CFA 后，结果如图 2-6、表 2-48、表 2-49 及表 2-50 所示。各题标准化系数均超过 0.7 以上且在 1 以下，残差均为正且显著，显见无违反估计。组成信度为 0.983，超过 0.7 的标准；平均变异数萃取量为 0.950，超过 0.5 的标准。一因素三个测量变数为饱和模式，为唯一解，因此无任何配适度指标，故保留该三题进入下一阶段的分析。

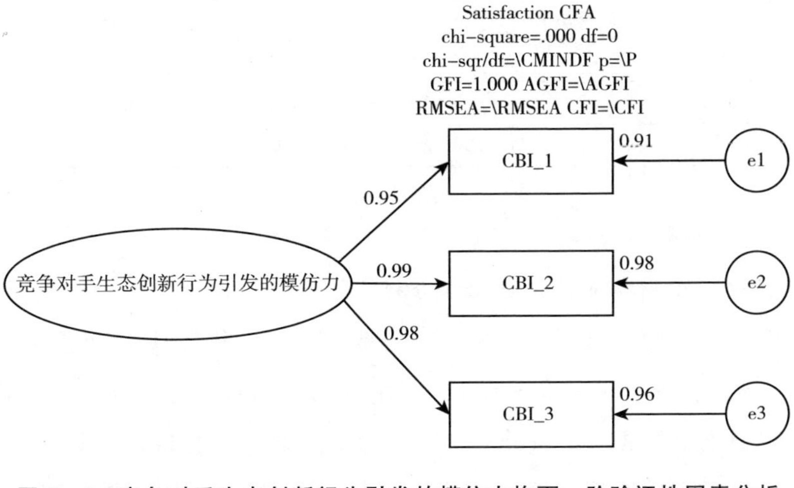

图 2-6　竞争对手生态创新行为引发的模仿力构面一阶验证性因素分析

表 2-48　竞争对手生态创新行为引发的模仿力构面 CFA 参数估计值及变异数

			非标准化因素负荷	标准误 S. E.	C. R. (t-value)	P	标准化因素负荷	SMC
CBI_1	←	竞争对手生态创新行为引发的模仿力	1				0.953	0.908
CBI_2	←	竞争对手生态创新行为引发的模仿力	1.079	0.026	41.156	***	0.991	0.982
CBI_3	←	竞争对手生态创新行为引发的模仿力	1.074	0.028	38.159	***	0.980	0.960

表 2-49　竞争对手生态创新行为引发的模仿力构面 CFA 组成信度、AVE 及配适度指标值

C. R. 组成信度	AVE	χ^2	df	χ^2/df	GFI	AGFI	RMSEA	CFI
0.983	0.950	0	0	—	—	—	—	—

表 2-50　竞争对手的生态创新行为引发的模仿力构面 CFA 误差变异数

	Estimate	S. E.	C. R.	P
竞争对手生态创新行为引发的模仿力	3.541	0.379	9.348	***
e1	0.361	0.040	8.944	***
e2	0.073	0.024	3.018	0.003
e3	0.165	0.028	5.893	***

（二）生态创新

1. 生态管理创新构面验证性因素分析

该构面共有 6 题，自由度为 21（df = 6 × 7/2），共估计 12 个参数（6 个残差、1 个变异数及 5 个因素负荷量），自由度大于估计参数，属于过度辨识，理论上符合模型正定的要求。执行 CFA 后，发现 EMI_5 和 EMI_6 残差不独立，表示两题为相似观点的观察变数，为了不违反残差独立原则，删掉 EMI_5。删除后，重新执行 CFA，模型仍为过度辨识，发现 EMI_4 和 EMI_6 残差不独立，删掉 EMI_4。删除后，重新执行 CFA，模型仍为过度辨识，结果如图 2-7、表 2-51、表 2-52 及表 2-53 所示。各题标准化系数均超过 0.7 以上且在 1 以下，残差均为正且显著，显见无违反估计。组成信度为 0.983，超过 0.7 的标准；平均变异数萃取量为 0.937，超过 0.5 的标准。配适度也在可接受的范围，故保留该四题进入下一阶段的分析。

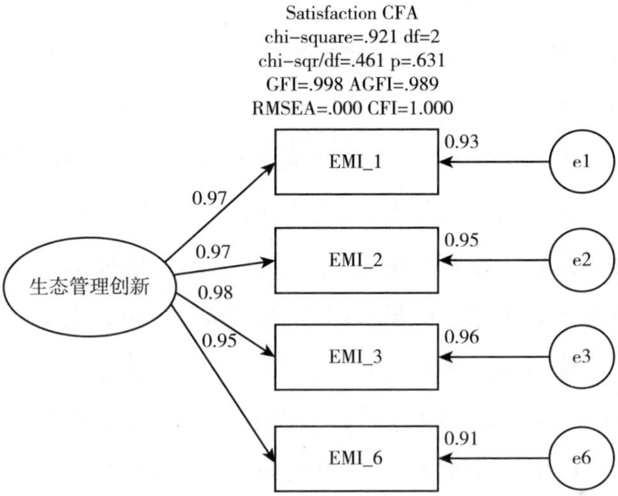

图 2-7　生态管理创新构面一阶验证性因素分析

表 2-51　生态管理创新构面 CFA 参数估计值及变异数

			非标准化因素负荷	标准误 S. E.	C. R. (t-value)	P	标准化因素负荷	SMC
EMI_1	←	生态管理创新	1				0.966	0.933
EMI_2	←	生态管理创新	0.966	0.024	40.180	***	0.973	0.947
EMI_3	←	生态管理创新	0.974	0.023	41.985	***	0.978	0.956
EMI_6	←	生态管理创新	0.995	0.029	34.862	***	0.954	0.910

表 2-52　生态管理创新构面 CFA 组成信度、AVE 及配适度指标值

C. R. 组成信度	AVE	χ^2	df	χ^2/df	GFI	AGFI	RMSEA	CFI
0.983	0.937	0.921	2	0.461	0.998	0.989	0.000	1.000

表 2-53　　生态管理创新构面 CFA 误差变异数

	Estimate	S. E.	C. R.	P
生态管理创新	3. 593	0. 374	9. 598	***
e1	0. 255	0. 032	7. 907	***
e2	0. 187	0. 026	7. 235	***
e3	0. 152	0. 023	6. 493	***
e6	0. 351	0. 041	8. 595	***

2. 生态流程创新构面验证性因素分析

该构面共有 4 题，自由度为 10（df = 4 × 5/2），共估计 8 个参数（4 个残差、1 个变异数及 3 个因素负荷量），自由度大于估计参数，属于过度辨识，理论上符合模型正定的要求。执行 CFA 后，发现 ETI_3 和 ETI_4 残差不独立，表示两题为相似观点的观察变数，为了不违反残差独立原则，删掉 ETI_4。删除后，重新执行 CFA，模型为恰好辨识，结果如图 2-8 及表 2-54、表 2-55 及表 2-56 所示。各题标准化系数均超过 0. 7 以上且在 1 以下，残差均为正且显著，显见无违反估计。组成信度为 0. 961，超过 0. 7 的标准；平均变异数萃取量为 0. 891，超过 0. 5 的标准。一因素三个测量变数为饱和模式，为唯一解，无任何配适度指标，故保留该三题进入下一阶段的分析。

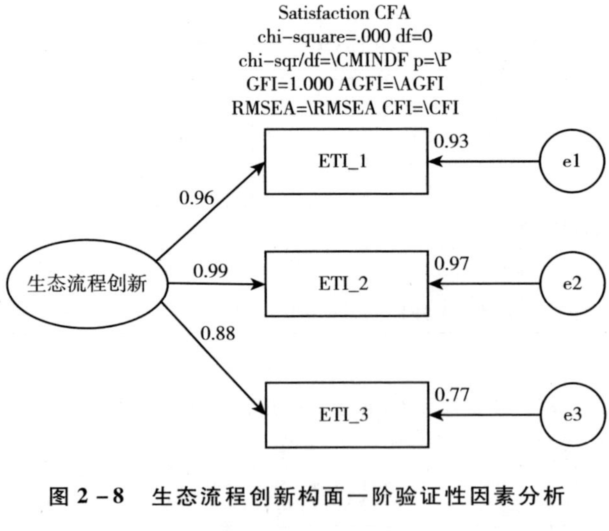

图 2-8　生态流程创新构面一阶验证性因素分析

表 2－54　　生态流程创新构面 CFA 参数估计值及变异数

			非标准化因素负荷	标准误 S. E.	C. R. (t－value)	P	标准化因素负荷	SMC
ETI_1	←	生态流程创新	1				0.964	0.929
ETI_2	←	生态流程创新	0.998	0.025	39.359	***	0.985	0.970
ETI_3	←	生态流程创新	0.805	0.034	23.649	***	0.88	0.774

表 2－55　　生态流程创新构面 CFA 组成信度、AVE 及配适度指标值

C. R. 组成信度	AVE	χ^2	df	χ^2/df	GFI	AGFI	RMSEA	CFI
0.961	0.891	0	0	—	—	—	—	—

表 2－56　　生态流程创新构面 CFA 误差变异数

	Estimate	S. E.	C. R.	P
生态流程创新	2.117	0.223	9.508	***
e1	0.159	0.031	5.195	***
e2	0.064	0.027	2.354	0.019
e3	0.399	0.042	9.397	***

3. 生态产品创新构面验证性因素分析

该构面共有 7 题，自由度为 28（df = 7 × 8/2），共估计 14 个参数（7 个残差、1 个变异数及 6 个因素负荷量），自由度大于估计参数，属于过度辨识，理论上符合模型正定的要求。执行 CFA 后，发现 EPI_6 和 EPI_7 残差不独立，表示两题为相似观点的观察变数，为了不违反残差独立原则，删掉 EPI_7。删除后，重新执行 CFA，模型仍为过度辨识，发现 EPI_1 和 EPI_2 残差不独立，删掉 EPI_2。删除后，重新执行 CFA，模型仍为过度辨识，发现 EPI_5 和 EPI_6 残差不独立，删掉 EPI_6。删除后，重新执行 CFA，模型仍为过度辨识，结果如图 2－9、表 2－57、表 2－58 及表 2－59 所示。各题标准化系数均超过 0.7 以上且在 1 以下，残差均为正且显著，显见无违反估计。组成信度为 0.955，超过 0.7 的标准；平均变异数萃取量为 0.843，超过 0.5 的标准。配适度也在可接受的范围，故保留该四题进入下一阶段的分析。

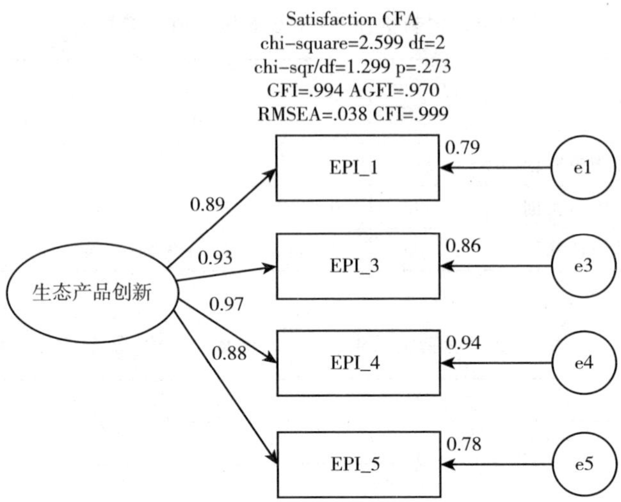

图 2-9　生态产品创新构面一阶验证性因素分析

表 2-57　　生态产品创新构面 CFA 参数估计值及变异数

			非标准化因素负荷	标准误 S. E.	C. R. (t-value)	P	标准化因素负荷	SMC
EPI_1	←	生态产品创新	1				0.886	0.785
EPI_3	←	生态产品创新	1.026	0.047	21.610	***	0.930	0.865
EPI_4	←	生态产品创新	1.114	0.046	24.077	***	0.971	0.943
EPI_5	←	生态产品创新	0.969	0.051	19.061	***	0.883	0.780

表 2-58　　生态产品创新构面 CFA 组成信度、AVE 及配适度指标值

C. R. 组成信度	AVE	χ^2	df	χ^2/df	GFI	AGFI	RMSEA	CFI
0.955	0.843	2.599	2	1.299	0.994	0.970	0.038	0.999

表 2-59　　生态产品创新构面 CFA 误差变异数

	Estimate	S. E.	C. R.	P
生态产品创新	2.310	0.282	8.191	***
e1	0.632	0.071	8.887	***
e3	0.381	0.050	7.636	***
e4	0.176	0.041	4.292	***
e5	0.613	0.069	8.935	***

4. 生态创新二阶构面验证性因素分析

由于在本书的研究中，生态创新为一个二阶构面，被解构为生态管理创新、生态流程创新和生态产品创新三个构面，为保证生态创新解构成三个构面是合理且必需的，参考 Doll、Xia 和 Torkzadeh（1994）建议，需要执行以下几个分析，包括：一因子 CFA 模型（见图 2-10）、三因子无相关 CFA 模型（见图 2-11）、三因子完全有相关 CFA 模型（见图 2-12）及二阶 CFA 模型（见图 2-13）。

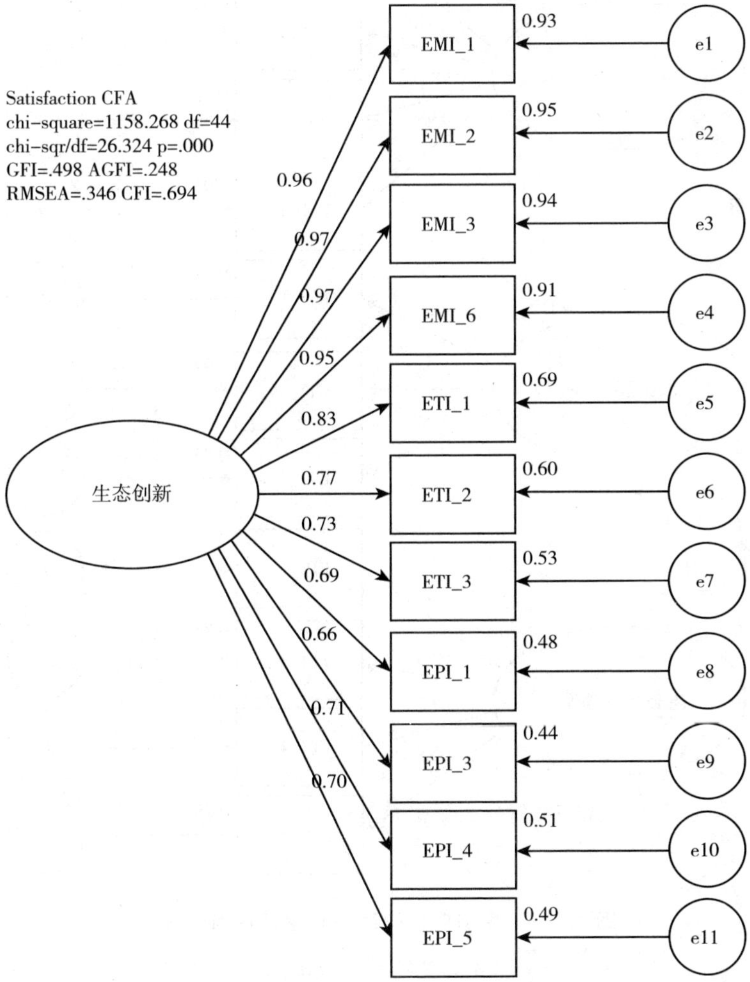

图 2-10　生态创新构面一阶验证性因素分析（单因子模型）

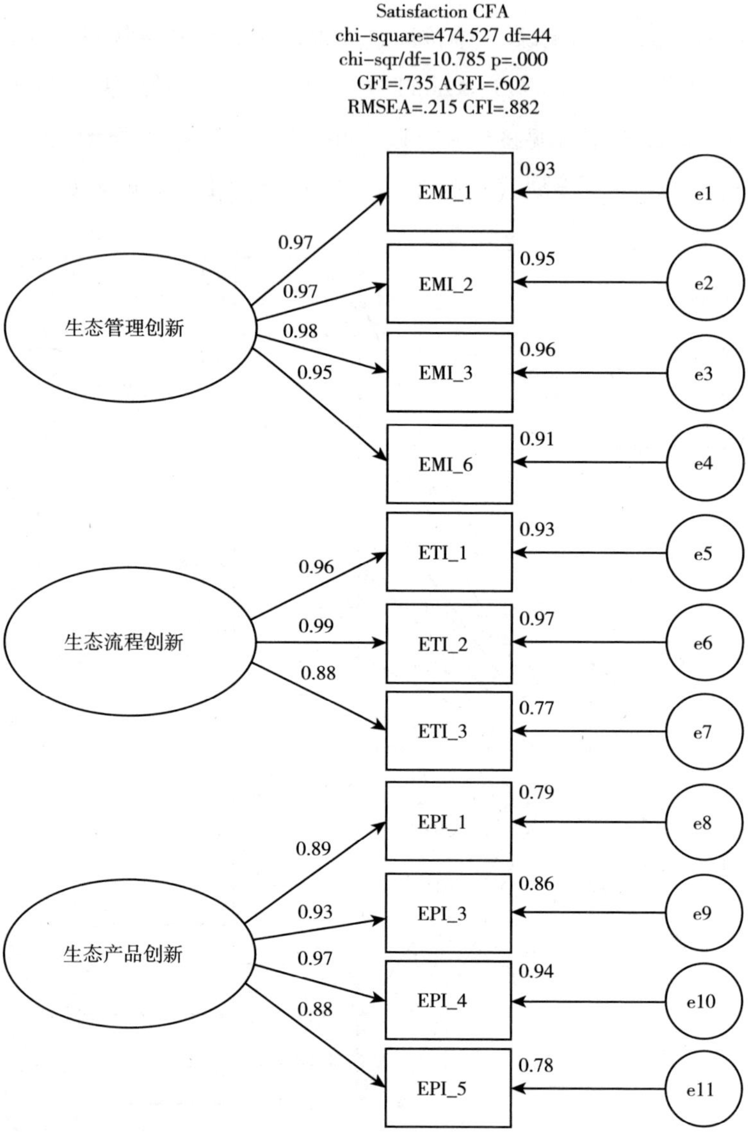

图 2－11　生态创新构面一阶验证性因素分析

（潜在变项完全无相关）

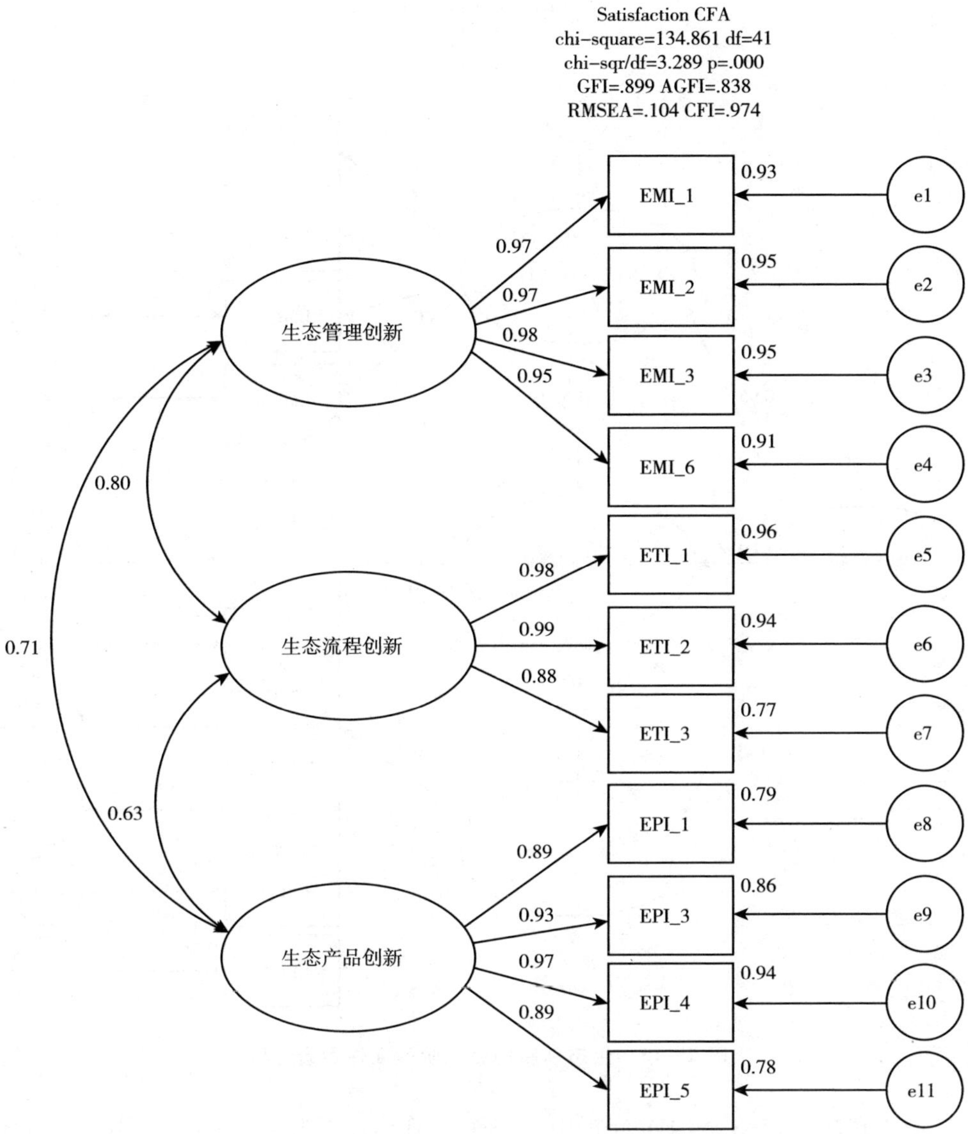

图 2-12 生态创新构面一阶验证性因素分析

（潜在变项完全有相关）

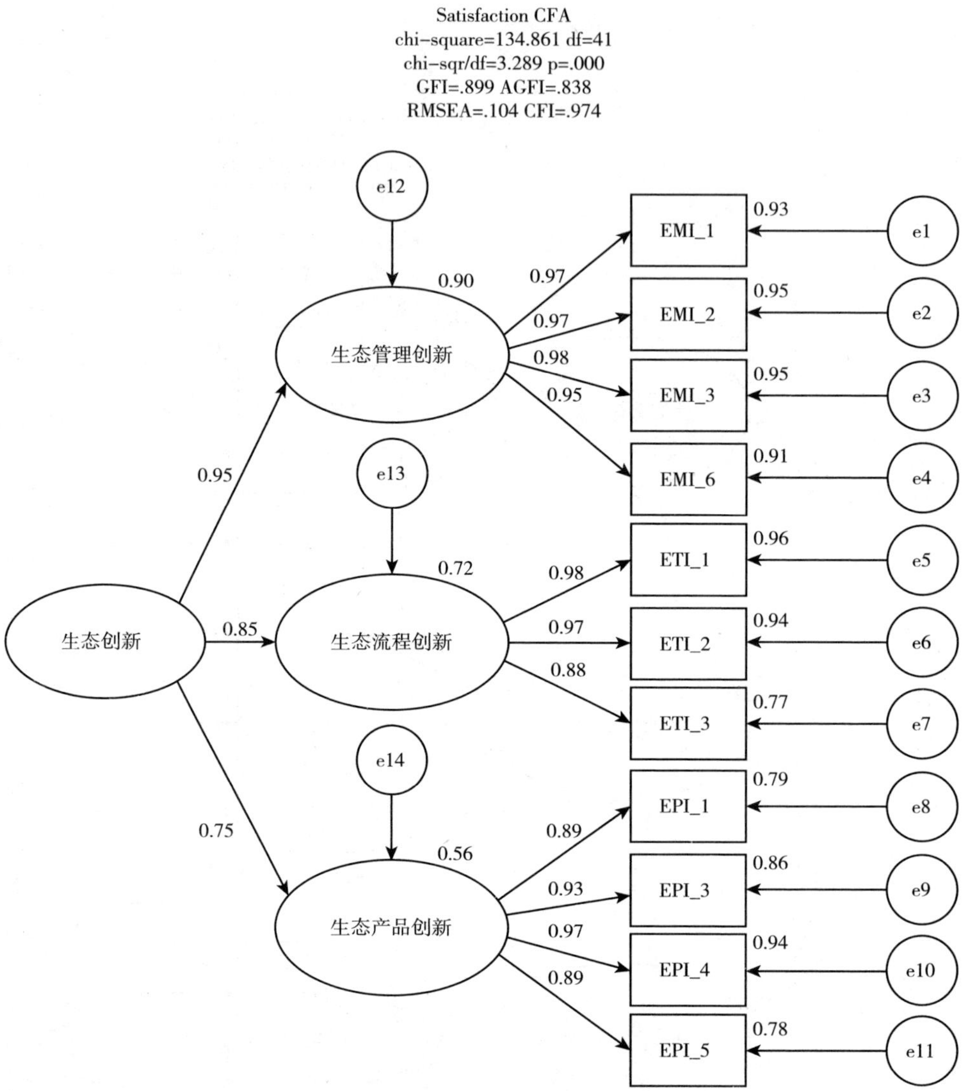

图 2－13　生态创新构面二阶验证性因素分析

由于在之前的一阶 CFA 分析中，三个一阶构面题目均已确立，因此，在二阶 CFA 分析中，对于一阶因素负荷量不再予以介绍。在二阶 CFA 中，二阶到一阶的因素负荷量最好仍能超过 0.7 以上（张伟豪，2011）。执行二阶 CFA 后，结果如表 2－60、表 2－61 及表 2－62 所示。每个构面标准化系数均超过 0.7 以上且在 1 以下，残差均为正且显著，显见无违反估计。

表 2-60 生态创新构面二阶 CFA 参数估计值及变异数

			非标准化因素负荷	标准误 S. E.	C. R. (t-value)	P	标准化因素负荷	SMC
生态管理创新	←	生态创新	1				0.946	0.895
生态流程创新	←	生态创新	0.699	0.051	13.821	***	0.848	0.719
生态产品创新	←	生态创新	0.636	0.057	11.162	***	0.749	0.561

表 2-61 生态创新构面二阶 CFA 组成信度、AVE 及配适度指标值

C. R. 组成信度	AVE	χ^2	df	χ^2/df	GFI	AGFI	RMSEA	CFI
0.887	0.725	134.861	41	3.289	0.899	0.838	0.104	0.974

表 2-62 生态创新构面二阶 CFA 误差变异数

	Estimate	S. E.	C. R.	P
生态创新	3.220	0.402	8.011	***
e12	0.376	0.167	2.254	0.024
e13	0.615	0.103	5.973	***
e14	1.020	0.143	7.127	***

接下来报告各模型的模型配适度作为模型的考虑标准。经整理后，各模型的配适度指标如表 2-63 所示。

表 2-63 生态创新构面二阶验证因素之模型配适指标

生态创新二阶验证因素模式	χ^2 值	自由度 (df)	χ^2/df	GFI	AGFI	RMSEA	CFI
1. 一阶一因子分析	1158.268	44	26.323	0.498	0.248	0.346	0.694
2. 一阶三因子模式（因素之间无相关）	474.527	44	10.785	0.735	0.602	0.215	0.882
3. 一阶三因子模式（因素间有相关）	134.861	41	3.289	0.899	0.838	0.104	0.974
4. 二阶因子模式	134.861	41	3.289	0.899	0.838	0.104	0.974
建议值	越小越好	越小越好	<3	>0.9	>0.9	<0.08	>0.9

通常情况下，由于二阶 CFA 模型巢型于一阶 CFA 有相关的模型之下，亦即二阶 CFA 是比较精简的模型，二阶 CFA 的自由度一般大于一阶 CFA 的自由度，因此二阶 CFA 的卡方值一般大于一阶 CFA 的卡方值。在这种情况下，要判断二阶 CFA 是否可以取代一阶 CFA，根据 Doll 等（1994）的建议计算目标系数 T（target coefficient）。T 值为一阶完全有相关的卡方值除以二阶 CFA 卡方值。T 值越接近 1，表示二阶模型越能取代一阶模型。目标系数可以解释为二阶 CFA 模型解释一阶 CFA 有相关模型的解释能力，一般并没有什么标准认为多少以上称为理想，Doll 等（1994）认为 0.74 其实已经可以接受了。除此之外，二阶到一阶因素的因素负荷量仍是以大于 0.7 以上为理想（0.6 以上为可接受）。

由于本书中生态创新二阶 CFA 只有三个一阶因素，为等值模型，因此二阶 CFA 与一阶完全有相关 CFA 相比，有完全相同的模型配适度，如表 2－63 所示。此时，只要二阶到一阶的因素负荷量大于 0.7，即可判定用二阶 CFA 取代一阶 CFA 模型是合适的（张伟豪，2011）。经二阶 CFA 后，三个解释构面的标准化因素负荷量均超过 0.7 以上且在 1 以下，残差均为正且显著，显见无违反估计。组成信度为 0.887，超过 0.7 的标准；平均变异数萃取量为 0.725，超过 0.5 的标准；配适度也在可接受的范围，故保留该二阶三因素构面模型进入下一阶段分析。

（三）环境绩效

1. 显性环境绩效的节能绩效构面验证性因素分析

显性环境绩效的节能绩效构面共有 4 题，自由度为 10（$df = 4 \times 5/2$），共估计 8 个参数（4 个残差、1 个变异数及 3 个因素负荷量），自由度大于估计参数，属于过度辨识，理论上符合模型正定的要求。执行 CFA 后，分析发现 DEP_1 和 DEP_3 残差不独立，表示两题为相似观点的观察变数，为了不违反残差独立原则，删掉 DEP_3。删除后，重新执行 CFA，结果如图 2－14、表 2－64、表 2－65 及表 2－66 所示。各题标准化系数均超过 0.7 以上且在 1 以下，残差均为正且显著，显见无违反估计。组成信度为 0.946，超过 0.7 的标准；平均变异数萃取量为 0.854，超过 0.5 的标准。一因素三个测量变数为饱和模式，为唯一解，因此无任何配适度指标，故保留该三题进入下一阶段的分析。

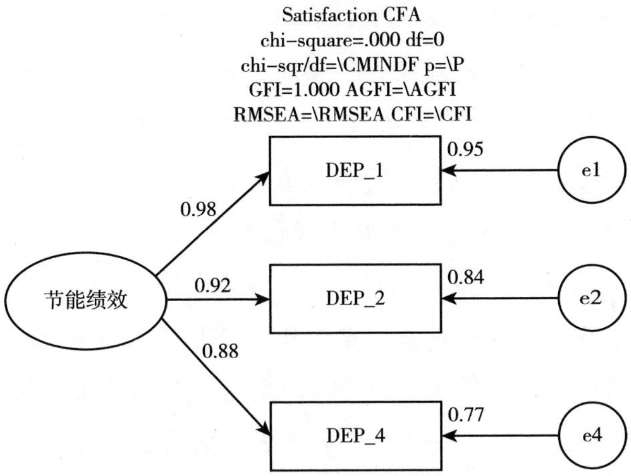

图 2-14 节能绩效构面一阶验证性因素分析

表 2-64 节能绩效构面 CFA 参数估计值及变异数

			非标准化因素负荷	标准误 S. E.	C. R. (t-value)	P	标准化因素负荷	SMC
DEP_1	←	节能绩效	1				0. 976	0. 953
DEP_2	←	节能绩效	0. 870	0. 033	26. 127	***	0. 917	0. 841
DEP_4	←	节能绩效	0. 961	0. 043	22. 553	***	0. 877	0. 769

表 2-65 节能绩效构面 CFA 组成信度、AVE 及配适度指标值

C. R. 组成信度	AVE	χ^2	df	χ^2/df	GFI	AGFI	RMSEA	CFI
0. 946	0. 854	0	0	—	—	—	—	—

表 2-66 节能绩效构面 CFA 误差变异数

	Estimate	S. E.	C. R.	P
节能绩效	2. 723	0. 283	9. 629	***
e1	0. 133	0. 055	2. 429	0. 015
e2	0. 389	0. 055	7. 040	***
e4	0. 754	0. 088	8. 537	***

2. 显性环境绩效的减排绩效构面验证性因素分析

显性环境绩效的减排绩效构面共有 4 题，自由度为 10（df = 4 × 5/2），共估计 8 个参数（4 个残差、1 个变异数及 3 个因素负荷量），自由度大于估计参数，属于过度辨识，理论上符合模型正定的要求。执行 CFA 后，分析发现 DER_2 和 DER_4 残差不独立，表示两题为相似观点的观察变数，为了不违反残差独立原则，删掉 DER_4。删除后，重新执行 CFA，结果如图 2-15、表 2-67、表 2-68 及表 2-69 所示。各题标准化系数均超过 0.7 以上且在 1 以下，残差均为正且显著，显见无违反估计。组成信度为 0.943，超过 0.7 的标准；平均变异数萃取量为 0.846，超过 0.5 的标准。一因素三个测量变数为饱和模式，为唯一解，因此无任何配适度指标，故保留此三题进入下一阶段的分析。

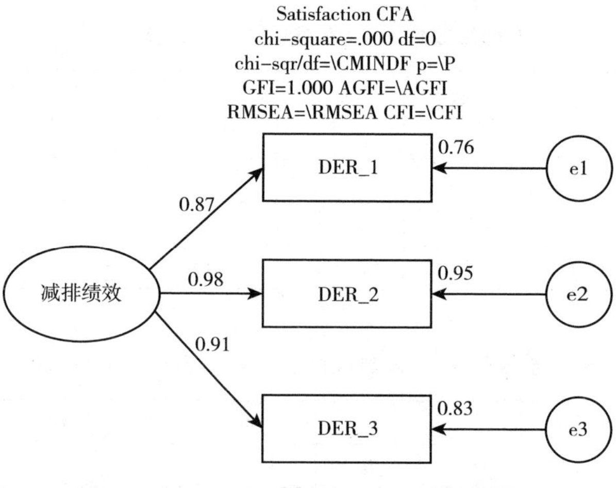

图 2-15　减排绩效构面一阶验证性因素分析

表 2-67　　减排绩效构面 CFA 参数估计值及变异数

			非标准化因素负荷	标准误 S. E.	C. R. (t-value)	P	标准化因素负荷	SMC
DER_1	←—	减排绩效	1				0.871	0.759
DER_2	←—	减排绩效	1.050	0.048	21.777	***	0.975	0.951
DER_3	←—	减排绩效	1.070	0.055	19.559	***	0.910	0.828

表 2-68　　减排绩效构面 CFA 组成信度、AVE 及配适度指标值

C. R. 组成信度	AVE	χ^2	df	χ^2/df	GFI	AGFI	RMSEA	CFI
0.943	0.846	0	0	—	—	—	—	—

表 2-69　　减排绩效构面 CFA 误差变异数

	Estimate	S. E.	C. R.	P
减排绩效	1.968	0.248	7.922	***
e1	0.625	0.073	8.501	***
e2	0.111	0.047	2.375	0.018
e3	0.467	0.066	7.127	***

3. 隐性环境绩效的合法性绩效构面的验证性因素分析

隐性环境绩效的合法性绩效构面共有 7 题，自由度为 28（df = 7 × 8/2），共估计 14 个参数（7 个残差、1 个变异数及 6 个因素负荷量），自由度大于估计参数，模型属于过度辨识，理论上符合模型正定的要求。执行 CFA 后，分析发现 IEP_1 和 IEP_2 残差不独立，表示两题为相似观点的观察变数，为了不违反残差独立原则，删掉 IEP_2。删除后，重新执行 CFA，模型仍为过度辨识，发现 IEP_6 和 IEP_7 残差不独立，因此删掉 IEP_7。删除后，重新执行 CFA，模型仍为过度辨识，发现 IEP_4 和 IEP_6 残差不独立，删掉 IEP_4。删除后，重新执行 CFA，模型仍为过度辨识，发现 IEP_1 和 IEP_6 残差不独立，因此删掉 IEP_1。删除后，重新执行 CFA，结果如图 2-16、表 2-70、表 2-71 及表 2-72 所示。各题标准化系数均超过 0.7 以上且在 1 以下，残差均为正且显著，显见无违反估计。组成信度为 0.895，超过 0.7 的标准；平均变异数萃取量为 0.740，超过 0.5 的标准。一因素三个测量变数为饱和模式，为唯一解，因此无任何配适度指标，故保留该三题进入下一阶段的分析。

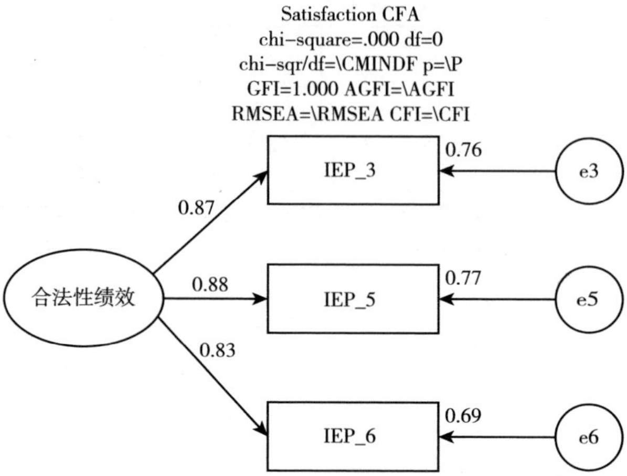

图 2-16　合法性绩效构面一阶验证性因素分析

表 2-70　合法性绩效构面 CFA 参数估计值及变异数

			非标准化因素负荷	标准误 S. E.	C. R. (t-value)	P	标准化因素负荷	SMC
IEP_3	⟵	合法性绩效	1				0.871	0.759
IEP_5	⟵	合法性绩效	0.931	0.061	15.343	***	0.877	0.769
IEP_6	⟵	合法性绩效	1.168	0.080	14.577	***	0.832	0.692

表 2-71　合法性绩效构面 CFA 组成信度、AVE 及配适度指标值

C. R. 组成信度	AVE	χ^2	df	χ^2/df	GFI	AGFI	RMSEA	CFI
0.895	0.740	0	0	—	—	—	—	—

表 2-72　合法性绩效构面 CFA 误差变异数

	Estimate	S. E.	C. R.	P
合法性绩效	1.570	0.206	7.603	***
e3	0.502	0.082	6.117	***
e5	0.411	0.070	5.886	***
e6	0.949	0.129	7.365	***

4. 隐性环境绩效的竞争性环境绩效构面的验证性因素分析

隐性环境绩效的竞争性绩效构面共有8题，自由度为36（df＝8×9/2），共估计16个参数（8个残差、1个变异数及7个因素负荷量），自由度大于估计参数，属于过度辨识，理论上符合模型正定的要求。执行CFA后，分析发现ICP_7和ICP_8残差不独立，表示两题为相似观点的观察变数，为了不违反残差独立原则，删掉ICP_8。删除后，重新执行CFA，模型仍为过度辨识，发现ICP_4和ICP_5残差不独立，删掉ICP_5。删除后，重新执行CFA，模型仍为过度辨识，发现ICP_6和ICP_7残差不独立，删掉ICP_6。删除后，重新执行CFA，模型仍为过度辨识，残差均独立，为了进一步精简模型，删掉ICP_4。删除后，重新执行CFA，模型仍为过度辨识，结果如图2－17、表2－73、表2－74及表2－75所示。各题标准化系数均超过0.7以上且在1以下，残差均为正且显著，显见无违反估计。组成信度为0.965，超过0.7的标准；平均变异数萃取量为0.875，超过0.5的标准。配适度也在可接受的范围，故保留该四题进入下一阶段的分析。

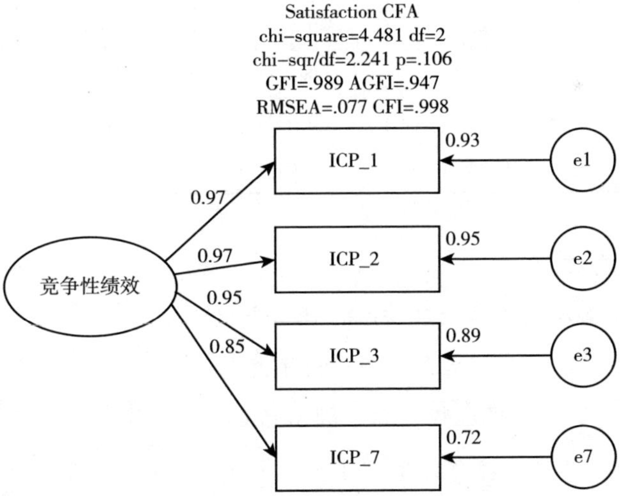

图2－17　竞争性绩效构面一阶验证性因素分析

表 2 - 73　竞争性绩效构面 CFA 参数估计值及变异数

			非标准化因素负荷	标准误 S. E.	C. R. (t - value)	P	标准化因素负荷	SMC
ICP_1	←	竞争性绩效	1				0.967	0.935
ICP_2	←	竞争性绩效	1.003	0.025	39.639	***	0.975	0.951
ICP_3	←	竞争性绩效	0.984	0.030	32.674	***	0.946	0.895
ICP_7	←	竞争性绩效	0.800	0.038	21.086	***	0.848	0.719

表 2 - 74　竞争性绩效构面 CFA 组成信度、AVE 及配适度指标值

C. R. 组成信度	AVE	χ^2	df	χ^2/df	GFI	AGFI	RMSEA	CFI
0.965	0.875	4.481	2	2.241	0.989	0.947	0.077	0.998

表 2 - 75　竞争性绩效构面 CFA 误差变异数

	Estimate	S. E.	C. R.	P
竞争性绩效	2.895	0.302	9.586	***
e1	0.204	0.031	6.497	***
e2	0.154	0.028	5.413	***
e3	0.332	0.041	8.167	***
e7	0.723	0.075	9.664	***

（四）经济绩效

1. 财务绩效驱动因素构面验证性因素分析

财务绩效驱动因素构面共有 6 题，自由度为 21（df = 6 × 7/2），共估计 12 个参数（6 个残差、1 个变异系数及 5 个因素负荷量），自由度大于估计参数，属于过度辨识，理论上符合模型正定的要求。执行 CFA 后，分析发现 DFP_5 和 DFP_6 残差不独立，表示两题为相似观点的观察变数，为了不违反残差独立原则，删掉 DFP_6。删除后，重新执行 CFA，模型仍为过度辨识，发现 DFP_1 和 DFP_4 残差不独立，删掉 DFP_1。删除后，重新执行 CFA，模型仍为过度辨识，结果如图 2 - 18、表 2 - 76、表 2 - 77 及表 2 - 78 所示。各题标准化系数超过 0.7 以上且

在1以下，残差均为正且显著，显见无违反估计。组成信度为0.966，超过0.7的标准；平均变异数萃取量为0.876，超过0.5的标准。配适度也在可接受的范围，故保留该四题进入下一阶段分析。

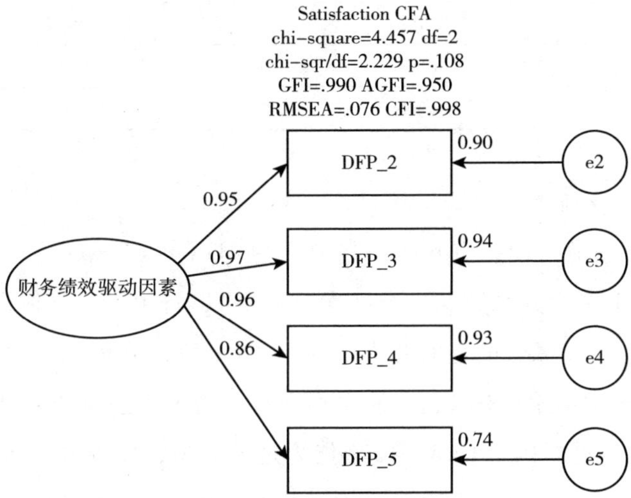

图2-18　财务绩效驱动因素构面一阶验证性因素分析

表2-76　财务绩效驱动因素构面CFA参数估计值及变异数

			非标准化因素负荷	标准误 S. E.	C. R. (t-value)	P	标准化因素负荷	SMC
DFP_2	←	财务绩效驱动因素	1				0.948	0.899
DFP_3	←	财务绩效驱动因素	1.052	0.032	33.173	***	0.968	0.937
DFP_4	←	财务绩效驱动因素	1.038	0.032	32.105	***	0.962	0.925
DFP_5	←	财务绩效驱动因素	0.856	0.041	21.128	***	0.863	0.745

表2-77　财务绩效驱动因素构面CFA组成信度、AVE及配适度指标值

C. R. 组成信度	AVE	χ^2	df	χ^2/df	GFI	AGFI	RMSEA	CFI
0.966	0.876	4.457	2	2.229	0.990	0.950	0.076	0.998

表 2-78　　财务绩效驱动因素构面 CFA 误差变异数

	Estimate	S. E.	C. R.	P
财务绩效驱动因素	2. 226	0. 241	9. 241	***
e2	0. 251	0. 032	7. 775	***
e3	0. 166	0. 028	6. 013	***
e4	0. 194	0. 029	6. 696	***
e5	0. 562	0. 059	9. 491	***

2. 结果性财务绩效构面验证性因素分析

结果性财务绩效构面共有 6 题，自由度为 21（df = 6 × 7/2），共估计 12 个参数（6 个残差、1 个变异系数及 5 个因素负荷量），自由度大于估计参数，属于过度辨识，理论上符合模型正定的要求。执行 CFA 后，分析发现 RFP_5 和 RFP_6 残差不独立，表示两题为相似观点的观察变数，为了不违反残差独立原则，删掉 RFP_5。删除后，重新执行 CFA，模型仍为过度辨识，发现 RFP_4 和 RFP_6 残差不独立，因此删掉 RFP_6。删除后，重新执行 CFA，发现 RFP_3 和 RFP_4 残差不独立，如果删掉 RFP_3 或 RFP_4，模型结果显示违反估计，因此删掉 RFP_2。删除后，模型为恰好辨识，结果如图 2-19、表 2-79、表 2-80 及表 2-81 所示。各题标准化系数均超过 0. 7 以上且在 1 以下，残差均为正且显著，显见无违

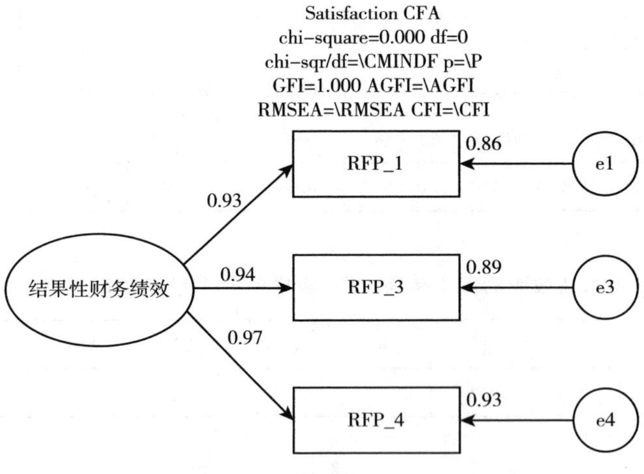

图 2-19　结果性财务绩效构面一阶验证性因素分析

反估计。组成信度为0.963，超过0.7的标准；平均变异数萃取量为0.897，超过0.5的标准。一因素三个测量变数为饱和模式，为唯一解，因此无任何配适度指标，故保留该四题进入下一阶段分析。

表2-79 结果性财务绩效构面CFA参数估计值及变异数

			非标准化因素负荷	标准误 S. E.	C. R. (t-value)	P	标准化因素负荷	SMC
RFP_1	←	结果性财务绩效	1				0.930	0.865
RFP_3	←	结果性财务绩效	0.987	0.037	26.605	***	0.944	0.891
RFP_4	←	结果性财务绩效	1.067	0.037	28.850	***	0.967	0.935

表2-80 结果性财务绩效构面CFA组成信度、AVE及配适度指标值

C. R. 组成信度	AVE	χ^2	df	χ^2/df	GFI	AGFI	RMSEA	CFI
0.963	0.897	0	0	—	—	—	—	—

表2-81 结果性财务绩效构面CFA误差变异数

	Estimate	S. E.	C. R.	P
结果性财务绩效	2.515	0.282	8.902	***
e1	0.392	0.051	7.674	***
e3	0.300	0.044	6.797	***
e4	0.200	0.043	4.610	***

二、多元常态及极端值检定

（一）多元常态检定

一般在CFA分析中，最常用的方法为最大概似法（maximum likelihood，ML），该方法一个主要的限制为样本资料需符合多元常态假设。目前，所有的SEM软件均以ML法作为预设的分析方法，在多元常态的假设下进行模型设定，

配合足够大的样本数，ML 法可以提供近似不偏、一致及准确的参数及标准误的估计（Bollen，1989）。ML 法估计的卡方值在样本愈来愈大时就不再维持集中性卡方分配，取而代之的是右偏的卡方分配（Satorra，1991），因此依靠常态理论的卡方统计常会因为资料的非常态导致卡方值膨胀，使型 I 错误概率变大（张伟豪，2011）。实务上，研究者会因为模型被拒绝而做出错误的推论，没注意到模型不佳是非多元常态所造成的，所以检查样本资料是否符合常态是 SEM 分析中非常重要的工作（张伟豪，2011）。

利用 Amos 输出的常态检定表如表 2－82 所示。该表第一列为变数的名称，第二列为最小值，第三列为最大值，第四列为偏度（skew），第五列为偏度检定的 t 值，第六列为峰度（kurtosis），第七列为峰度检定 t 值。在进行常态检定时，实务上一般以 skew≤｜2｜及 kurtosis≤｜7｜为判断标准（张伟豪，2011）。从该表可以发现，本书所有变数的偏度没有超过｜2｜，峰度也没有超过｜7｜。因此，观察变数全部符合单变数常态分布。

表 2－82　常态检定

Variable	min	max	skew	c. r.	kurtosis	c. r.
ELR_2	1	7	－1.785	－10.612	2.622	7.793
ELR_3	1	7	－1.984	－11.792	3.893	11.572
ELR_4	1	7	－1.852	－11.012	2.920	8.679
EGS_1	1	7	－0.428	－2.541	－1.283	－3.813
EGS_2	1	7	－0.378	－2.249	－1.366	－4.059
EGS_3	1	7	－0.399	－2.371	－1.315	－3.909
SEO_2	1	7	－1.668	－9.913	2.095	6.227
SEO_4	1	7	－1.376	－8.177	0.700	2.080
SEO_5	1	7	－1.735	－10.310	2.632	7.823
CBI_1	1	7	－0.908	－5.398	－0.448	－1.333
CBI_2	1	7	－0.838	－4.983	－0.676	－2.010
CBI_3	1	7	－0.754	－4.480	－0.840	－2.495
EMI_1	1	7	－0.857	－5.097	－0.542	－1.612
EMI_2	1	7	－0.955	－5.674	－0.275	－0.816

续表

Variable	min	max	skew	c. r.	kurtosis	c. r.
EMI_3	1	7	-0. 904	-5. 374	-0. 389	-1. 158
EMI_6	1	7	-0. 780	-4. 636	-0. 677	-2. 013
ETI_1	1	7	-1. 425	-8. 470	1. 605	4. 770
ETI_2	1	7	-1. 485	-8. 829	1. 708	5. 077
ETI_3	1	7	-1. 479	-8. 789	1. 906	5. 664
EPI_1	1	7	-1. 086	-6. 457	0. 416	1. 235
EPI_3	1	7	-0. 975	-5. 797	0. 215	0. 638
EPI_4	1	7	-0. 888	-5. 278	-0. 095	-0. 281
EPI_5	1	7	-0. 851	-5. 061	-0. 142	-0. 422
DEP_1	1	7	-1. 287	-7. 649	0. 787	2. 340
DEP_2	1	7	-1. 389	-8. 257	1. 312	3. 899
DEP_4	1	7	-1. 172	-6. 969	0. 336	1. 000
DER_1	1	7	-1. 295	-7. 696	0. 954	2. 836
DER_2	1	7	-1. 183	-7. 034	0. 774	2. 300
DER_3	1	7	-1. 248	-7. 418	0. 807	2. 400
IEP_3	1	7	-1. 335	-7. 936	1. 512	4. 493
IEP_5	1	7	-1. 335	-7. 936	1. 882	5. 594
IEP_6	1	7	-0. 972	-5. 778	0. 006	0. 018
ICP_1	1	7	-0. 969	-5. 761	-0. 069	-0. 206
ICP_2	1	7	-0. 925	-5. 497	-0. 137	-0. 408
ICP_3	1	7	-1. 001	-5. 951	-0. 029	-0. 085
ICP_7	1	7	-1. 199	-7. 126	0. 544	1. 617
DFP_2	1	7	-1. 231	-7. 315	0. 766	2. 276
DFP_3	1	7	-1. 096	-6. 513	0. 364	1. 083
DFP_4	1	7	-1. 111	-6. 603	0. 380	1. 129
DFP_5	1	7	-0. 837	-4. 978	-0. 050	-0. 148
RFP_1	1	7	-0. 849	-5. 045	-0. 222	-0. 661
RFP_3	1	7	-0. 884	-5. 252	-0. 097	-0. 290
RFP_4	1	7	-0. 890	-5. 287	-0. 292	-0. 868
Multivariate					1239. 535	145. 058

常态检定表最后一行为多元常态检定值 Multivariate，其 kurtosis 的 c. r. 值如果超过 5 就有非多元常态的问题产生（Kline，2005）。本书的研究中，多元常态检定值为 145. 058，不在 Kline（2005）所建议的标准范围之内（c. r. ≤5），所以资料不符合多元常态分布。

尽管当资料违反多元常态分布时，利用最大概似估计法（ML）进行分析，仍可得到不偏的估计值，但可能造成标准误的低估及卡方值的膨胀（张伟豪，2011）。Kline（2005）提出一个解决样本资料并非常态的方法就是利用自助（bootstrap）法。稳妥起见，本书在后续的 SEM 模型评估时，将同时采用 ML 法及 bootstrap 法，并比较其结果差异。

（二）极端值检定

接下来进一步检定是否有极端值（outliers）影响多元常态的评估。SEM 一般提供了两种方法侦测多元极端值：一种方法是为 Mardia's（1970）指标，Kline（2011）建议在 5 以内可视资料符合多元常态，没有极端值。另一个方法是根据马氏距离（mahalanobis distance，D）计算，在大样本常态分配下，D^2 会近似于自由度等于变数的中央卡方分配。D^2 有越低的 p 值表示越会拒绝近似中央卡方分配，因此就越有可能是极端值。一般建议采用比较保守的估计 $p < 0.001$ 为拒绝的标准（Kline，2011）。

利用 Amos 输出的极端值检定报表如表 2 – 83 所示。第一列为样本的编号，第二列为马氏平方距离，第三列和第四列为检定马氏距离是否成立的 P 值。从该表来看，第 7 个观察值 151. 942 与第 17 个观察值 140. 995 看起来差异并不是很大，因此本书主观认定，这些差异值的影响可能有限，故全部予以保留至下一阶段分析。

表 2 – 83　　　　极端值检定表

Observation number	Mahalanobis d – squared	p1	p2
7	151. 942	0. 000	0. 000
17	140. 995	0. 000	0. 000
37	137. 623	0. 000	0. 000

续表

Observation number	Mahalanobis d - squared	p1	p2
26	131. 805	0. 000	0. 000
32	129. 272	0. 000	0. 000
86	127. 819	0. 000	0. 000
8	124. 889	0. 000	0. 000
114	122. 920	0. 000	0. 000
76	120. 226	0. 000	0. 000
78	116. 006	0. 000	0. 000
120	114. 392	0. 000	0. 000
79	112. 672	0. 000	0. 000
33	111. 215	0. 000	0. 000
97	104. 154	0. 000	0. 000
88	102. 182	0. 000	0. 000
29	101. 807	0. 000	0. 000
31	101. 790	0. 000	0. 000
1	100. 844	0. 000	0. 000
89	100. 204	0. 000	0. 000
56	98. 253	0. 000	0. 000
21	97. 902	0. 000	0. 000
95	97. 435	0. 000	0. 000
43	96. 185	0. 000	0. 000
5	94. 576	0. 000	0. 000
118	94. 528	0. 000	0. 000
84	92. 899	0. 000	0. 000
112	92. 447	0. 000	0. 000
27	91. 033	0. 000	0. 000
53	89. 484	0. 000	0. 000
6	89. 481	0. 000	0. 000
116	89. 119	0. 000	0. 000
2	88. 709	0. 000	0. 000

续表

Observation number	Mahalanobis d – squared	p1	p2
83	87. 835	0. 000	0. 000
111	85. 999	0. 000	0. 000
77	85. 972	0. 000	0. 000
20	85. 526	0. 000	0. 000
59	85. 231	0. 000	0. 000
123	83. 514	0. 000	0. 000
85	81. 971	0. 000	0. 000
90	78. 577	0. 001	0. 000
13	78. 127	0. 001	0. 000
35	77. 546	0. 001	0. 000
122	76. 850	0. 001	0. 000
115	75. 032	0. 002	0. 000
4	74. 405	0. 002	0. 000
109	73. 651	0. 002	0. 000
49	71. 984	0. 004	0. 000
15	71. 792	0. 004	0. 000
80	71. 742	0. 004	0. 000
23	71. 416	0. 004	0. 000
16	71. 269	0. 004	0. 000
103	71. 108	0. 004	0. 000
63	70. 966	0. 005	0. 000
11	69. 285	0. 007	0. 000
14	68. 382	0. 008	0. 000
98	67. 928	0. 009	0. 000
108	67. 745	0. 009	0. 000
107	66. 867	0. 011	0. 000
91	65. 691	0. 015	0. 000
102	64. 791	0. 017	0. 000
82	64. 497	0. 019	0. 000

续表

Observation number	Mahalanobis d - squared	p1	p2
22	61. 850	0. 031	0. 000
30	61. 207	0. 035	0. 000
81	60. 832	0. 038	0. 000
25	60. 663	0. 039	0. 000
74	60. 595	0. 039	0. 000
61	60. 190	0. 043	0. 000
42	59. 769	0. 046	0. 000
50	58. 931	0. 053	0. 000
36	58. 895	0. 054	0. 000
96	58. 344	0. 059	0. 000
73	57. 816	0. 065	0. 000
45	55. 170	0. 101	0. 000
100	54. 803	0. 107	0. 000
146	53. 948	0. 122	0. 000
24	53. 889	0. 123	0. 000
105	49. 438	0. 232	0. 000
60	48. 263	0. 269	0. 001
153	46. 981	0. 313	0. 037
10	46. 849	0. 318	0. 037
75	45. 849	0. 355	0. 224
28	43. 328	0. 457	0. 984
57	43. 041	0. 470	0. 991
121	42. 714	0. 484	0. 996
110	41. 704	0. 528	1. 000
126	40. 490	0. 581	1. 000
48	39. 400	0. 628	1. 000
69	38. 596	0. 663	1. 000
40	38. 029	0. 686	1. 000
94	37. 721	0. 699	1. 000

续表

Observation number	Mahalanobis d - squared	p1	p2
154	37.181	0.721	1.000
175	36.609	0.743	1.000
72	36.212	0.758	1.000
62	36.152	0.761	1.000
129	35.929	0.769	1.000
179	35.157	0.797	1.000
142	34.415	0.822	1.000
87	33.013	0.864	1.000
46	31.777	0.896	1.000
119	30.570	0.923	1.000

三、共同方法变异检定

由于人们在接受信息及处理信息时，会以一些准则快速分编、归纳信息，将一些不尽相同的问题归纳为同一类，导致信息处理的概化及后续解读的类化，进而导致受访者对问卷回答的结果呈现出构面之间的相关性膨胀（inflation），此现象称为同源偏差（single source bias），也就是共同方法变异（common method variance，CMV）所导致的偏差（张伟豪，2011）。

本书将执行一因子验证性因素分析（confirmatory factor analysis，CFA）来检验构面之间是否存在共同方法变异的问题。利用 CFA 方法是非常直觉的方法，这是一个非常宽松的检定，由于多因子的 CFA 必定巢型于单因子 CFA 模型之下，因此可以采用卡方差异值检定。检定的假设为：单因子 CFA 模型和多因子 CFA 模型没有什么不同。只要差异达显著，则至少可以证明共同方法变异不明显；如果差异非常显著，则表示这两个模型确实有所不同，没有证据表明共同方法变异的存在；如果差异不显著或者虽然显著但并不是很大，也许共同方法变异就存在（张伟豪，2011）。一般比较保守的做法是采取 P 值 <0.001 以下而非传统的 P 值 <0.05（张伟豪，2011）。

单因子验证性因素分析的结果如图 2－20 所示。χ^2 = 4446.958；df = 560；p = 0.000；GFI = 0.429；AGFI = 0.358；CFI = 0.642；RMSEA = 0.181，许多因素负荷量也未超过 0.7 以上，显示资料的配适度并不好。

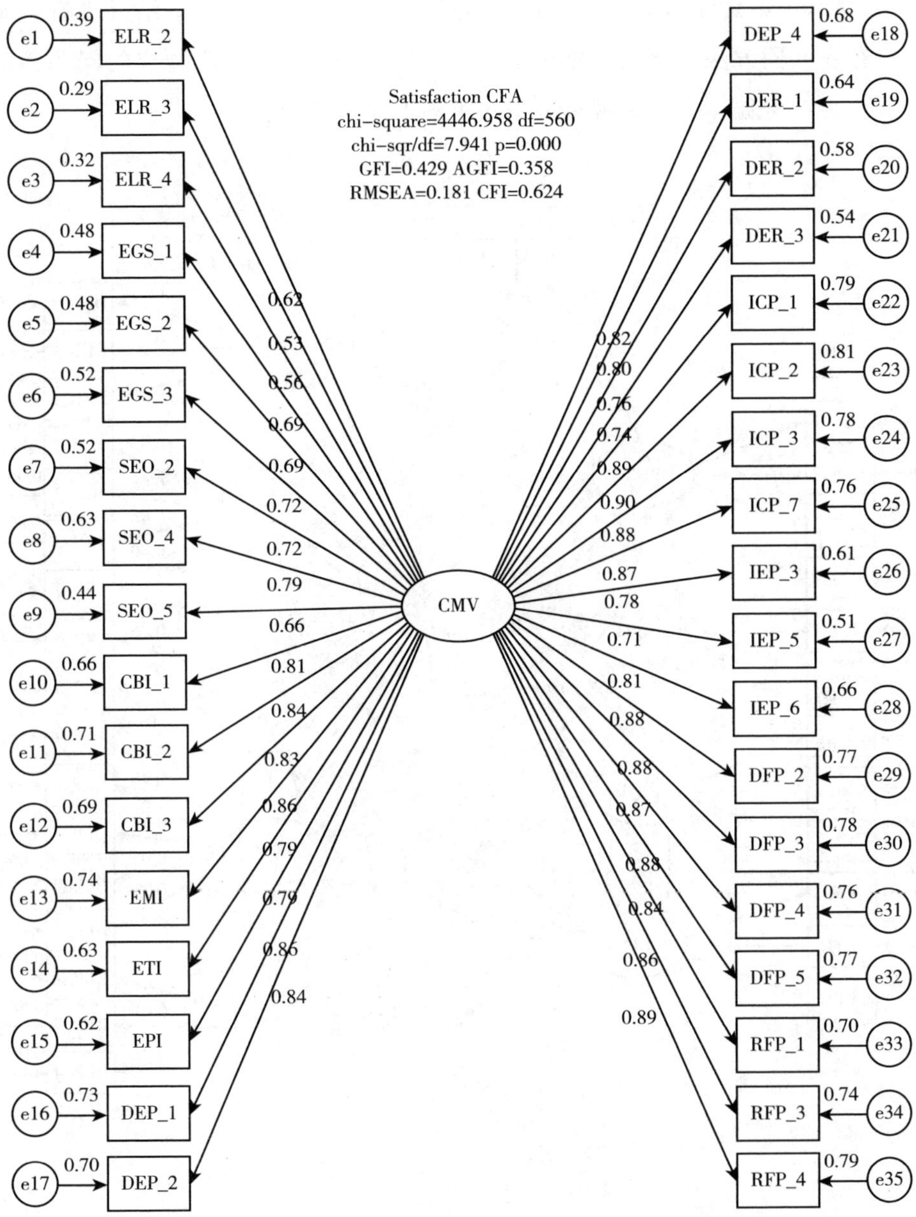

图 2－20　单因子 CFA

多因子验证性因素分析的结果如图 2 - 21 所示。$\chi^2 = 1490.867$；$df = 505$；$p = 0.000$；$GFI = 0.717$；$AGFI = 0.647$；$CFI = 0.909$；$RMSEA = 0.096$。两个模型 $\Delta df = 560 - 505 = 55$，$\Delta\chi^2 = 4446.958 - 1490.867 = 2956.091$，差异显著性 $p < 0.000$，显示拒绝虚无假设，因此两个模型确实有所不同。从该结果来看，研究构面不存在共同方法变异的可能性。因此，不用担心 CMV 所造成的问题，系数估计上不会产生偏差，结果解释上不太可能产生混淆。

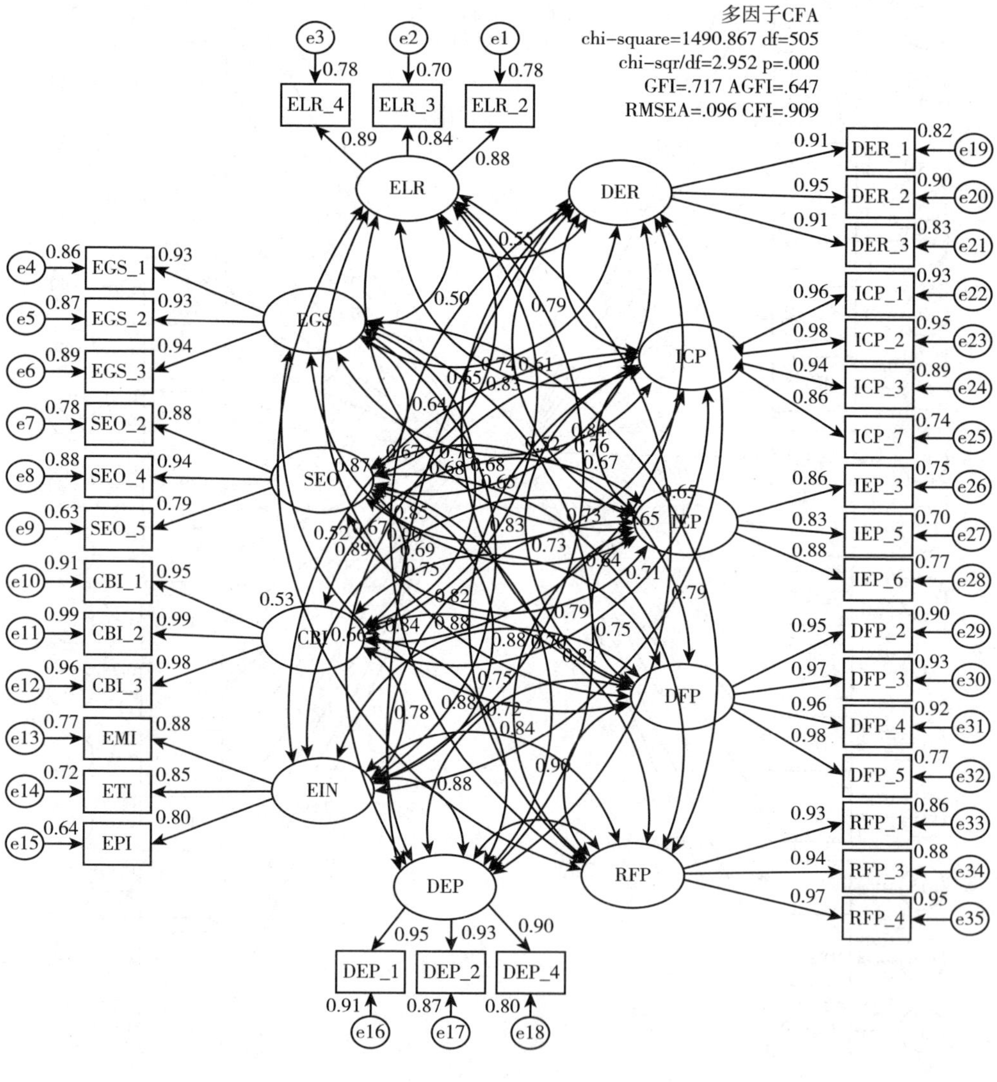

图 2 - 21　多因子 CFA

四、信度与效度分析

(一) 信度分析

本书采用一致性检验法，检验各题项之间的可信度与一致性，以确保问卷信效度。吴明隆和涂金堂（2005）指出，Cronbach's α 的值最好是 0.7 以上，总量表 Cronbach's α 的值在 0.8 以上较佳，0.9 以上更为理想。经二阶 CFA 后，本研究共 11 个构面，分别为 ELR、EGS、SEO、CBI、EIN、DEP、DER、IEP、ICP、DFP 及 RFP，Cronbach's α 值分别为 0.895、0.954、0.897、0.983、0.868、0.943、0.941、0.886、0.964、0.965 及 0.963，均在 0.7 以上。总量表 Cronbach's α 值为 0.985，故达到理想状态。

(二) 效度分析

1. 收敛效度分析

收敛效度分析，又称为内部一致性效度分析，是对同一个构面中变数之间相关程度高低的判断。通常而言，同一个构面的变数之间至少应该达到中度相关。当一个构面符合以下 5 个标准时，可称为具有收敛效度（Hair et al.，2009）：（1）因素负荷量（measurement weight）≥0.7；（2）多元相关系数平方（square multiple correlations，SMC）≥0.5；（3）组成信度（composite reliability，CR）≥0.7；（4）平均变异萃取量（average variance extracted，AVE）>0.5；（5）Cronbach's α≥0.7。

本书 11 个构面收敛效度指标值如表 2－84 所示。组成信度分别为 0.901、0.954、0.907、0.983、0.887、0.946、0.943、0.895、0.965、0.966 及 0.963；平均变异数萃取量分别为 0.752、0.875、0.765、0.950、0.725、0.854、0.846、0.740、0.875、0.876 及 0.897；因素负荷量都大于 0.7 的标准；多元相关系数平方也都大于 0.5 的标准。因此，本书 11 个构面全部具有收敛效度。

表 2 - 84　　各构面收敛效度指标汇总统计

构面	指标	收敛效度				
		标准化因素负荷	SMC	C. R. 组成信度	AVE	Cronbach's α
ELR	ELR_2	0.876	0.767	0.901	0.752	0.895
	ELR_3	0.836	0.699			
	ELR_4	0.889	0.790			
EGS	EGS_1	0.929	0.863	0.954	0.875	0.954
	EGS_2	0.934	0.872			
	EGS_3	0.943	0.889			
SEO	SEO_2	0.909	0.826	0.907	0.765	0.897
	SEO_4	0.915	0.837			
	SEO_5	0.794	0.630			
CBI	CBI_1	0.953	0.908	0.983	0.950	0.983
	CBI_2	0.991	0.982			
	CBI_3	0.980	0.960			
EIN	生态管理创新（EMI）	0.946	0.895	0.887	0.725	0.868
	生态流程创新（ETI）	0.848	0.719			
	生态产品创新（EPI）	0.749	0.561			
DEP	DEP_1	0.976	0.953	0.946	0.854	0.943
	DEP_2	0.917	0.841			
	DEP_4	0.877	0.769			
DER	DER_1	0.871	0.759	0.943	0.846	0.941
	DER_2	0.975	0.951			
	DER_3	0.910	0.828			
IEP	IEP_3	0.871	0.759	0.895	0.740	0.886
	IEP_5	0.877	0.769			
	IEP_6	0.832	0.692			
ICP	ICP_1	0.967	0.935	0.965	0.875	0.964
	ICP_2	0.975	0.951			
	ICP_3	0.946	0.895			
	ICP_7	0.848	0.719			

续表

构面	指标	收敛效度				
		标准化因素负荷	SMC	C. R. 组成信度	AVE	Cronbach's α
DFP	DFP_2	0.948	0.899	0.966	0.876	0.965
	DFP_3	0.968	0.937			
	DFP_4	0.962	0.925			
	DFP_5	0.863	0.745			
RFP	RFP_1	0.930	0.865	0.963	0.897	0.963
	RFP_3	0.944	0.891			
	RFP_4	0.967	0.935			

2. 区别效度分析

区别效度分析，是对不同的两个构面之间的相关在统计上是否存在差异的判断。通常而言，在不同构面的题项之间，应该不具有高度相关；如果高度相关（0.85 以上），则表示这些题项衡量的是高度相似的事情，构面之间缺乏一定的区别度（张伟豪，2011）。本书拟采用信赖区间法来检定构面之间区别效度。

信赖区间法的判断标准是：建立构面之间的皮尔森相关系数的信赖区间，如果该信赖区间没有包含 1，则表示没有包含完全相关，可认定构面之间存在区别效度（Torkzadeh、Koufteros and Pflughoeft，2003）。

Amos 信赖区间的估计需要利用 bootstrap 的方式进行。本书在执行 bootstrap 程序时设定重复抽样 5000 次①，在 95% 的信心水准下，估计结果如表 2－85 所示。Amos 提供三种信赖区间的估计方式：一是点估计值加减两倍标准误（$\varnothing \pm 2\sigma$）②；二是 Bias－corrected percentile method；三是 percentile method。在资料不违反多元常态的情形下，三种方式下估计的信赖区间大致相同。结果表明，三种估计方式下构面与构面之间皮尔森相关系数的信赖区间都未包含 1，说明本书所研究的构面具有区别效度。

① 一般 bootstrap1000 次是最低要求，5000 次是较理想的次数。

② 该部分需要代入 Excel 中自行换算。

表 2-85　　构面之间相关系数信赖区间估计

Parameter			Point Estimate	Ø ± 2σ		Biased - correct		Percentile method	
				Lower	Upper	Lower	Upper	Lower	Upper
EIN	⟷	EGS	0.749	0.663	0.835	0.664	0.830	0.655	0.826
EIN	⟷	SEO	0.880	0.816	0.944	0.814	0.939	0.810	0.935
EIN	⟷	ELR	0.737	0.619	0.855	0.618	0.847	0.607	0.839
EIN	⟷	CBI	0.783	0.695	0.871	0.685	0.860	0.688	0.863
EIN	⟷	DEP	0.872	0.808	0.936	0.808	0.933	0.802	0.929
EIN	⟷	DER	0.788	0.690	0.886	0.679	0.870	0.678	0.869
EIN	⟷	IEP	0.905	0.843	0.967	0.840	0.962	0.840	0.962
EIN	⟷	DFP	0.876	0.814	0.938	0.811	0.930	0.811	0.930
EIN	⟷	RFP	0.837	0.773	0.901	0.771	0.896	0.766	0.892
EIN	⟷	ICP	0.869	0.807	0.931	0.802	0.924	0.802	0.923
EGS	⟷	SEO	0.636	0.532	0.740	0.537	0.736	0.518	0.720
ELR	⟷	EGS	0.505	0.391	0.619	0.404	0.623	0.375	0.602
EGS	⟷	CBI	0.654	0.550	0.758	0.547	0.753	0.544	0.750
EGS	⟷	DEP	0.637	0.549	0.725	0.550	0.721	0.542	0.717
EGS	⟷	DER	0.609	0.507	0.711	0.509	0.706	0.497	0.696
EGS	⟷	IEP	0.687	0.591	0.783	0.588	0.774	0.581	0.768
EGS	⟷	DFP	0.658	0.572	0.744	0.567	0.740	0.566	0.739
EGS	⟷	RFP	0.655	0.565	0.745	0.566	0.739	0.557	0.734
EGS	⟷	ICP	0.684	0.608	0.760	0.599	0.749	0.606	0.753
ELR	⟷	SEO	0.744	0.608	0.880	0.610	0.875	0.598	0.866
SEO	⟷	CBI	0.747	0.657	0.837	0.655	0.830	0.653	0.828
SEO	⟷	DEP	0.703	0.587	0.819	0.584	0.809	0.577	0.805
SEO	⟷	DER	0.674	0.550	0.798	0.544	0.783	0.541	0.782
SEO	⟷	IEP	0.729	0.615	0.843	0.600	0.827	0.600	0.827
SEO	⟷	DFP	0.761	0.673	0.849	0.672	0.840	0.662	0.834
SEO	⟷	RFP	0.714	0.622	0.806	0.625	0.802	0.617	0.796
SEO	⟷	ICP	0.735	0.635	0.835	0.627	0.826	0.628	0.826

续表

Parameter			Point Estimate	Ø ±2σ		Biased - correct		Percentile method	
				Lower	Upper	Lower	Upper	Lower	Upper
ELR	⟷	CBI	0. 522	0. 398	0. 646	0. 401	0. 644	0. 390	0. 635
ELR	⟷	DEP	0. 539	0. 397	0. 681	0. 404	0. 682	0. 385	0. 664
ELR	⟷	DER	0. 547	0. 409	0. 685	0. 399	0. 674	0. 401	0. 675
ELR	⟷	IEP	0. 671	0. 539	0. 803	0. 534	0. 792	0. 515	0. 780
ELR	⟷	DFP	0. 520	0. 392	0. 648	0. 400	0. 650	0. 382	0. 631
ELR	⟷	RFP	0. 527	0. 405	0. 649	0. 415	0. 654	0. 395	0. 634
ELR	⟷	ICP	0. 653	0. 539	0. 767	0. 540	0. 760	0. 523	0. 749
CBI	⟷	DEP	0. 722	0. 626	0. 818	0. 621	0. 808	0. 621	0. 808
CBI	⟷	DER	0. 645	0. 537	0. 753	0. 531	0. 741	0. 535	0. 744
CBI	⟷	IEP	0. 695	0. 603	0. 787	0. 604	0. 782	0. 601	0. 780
CBI	⟷	DFP	0. 767	0. 695	0. 839	0. 689	0. 833	0. 687	0. 832
CBI	⟷	RFP	0. 811	0. 751	0. 871	0. 745	0. 865	0. 747	0. 866
CBI	⟷	ICP	0. 748	0. 664	0. 832	0. 656	0. 825	0. 660	0. 826
DEP	⟷	DER	0. 847	0. 761	0. 933	0. 751	0. 915	0. 745	0. 912
DEP	⟷	IEP	0. 838	0. 772	0. 904	0. 774	0. 899	0. 760	0. 891
DEP	⟷	DFP	0. 803	0. 727	0. 879	0. 724	0. 870	0. 720	0. 867
DEP	⟷	RFP	0. 788	0. 710	0. 866	0. 708	0. 860	0. 704	0. 856
DEP	⟷	ICP	0. 850	0. 780	0. 920	0. 774	0. 911	0. 772	0. 910
DER	⟷	IEP	0. 833	0. 735	0. 931	0. 720	0. 909	0. 715	0. 907
DER	⟷	DFP	0. 685	0. 587	0. 783	0. 583	0. 774	0. 582	0. 772
DER	⟷	RFP	0. 670	0. 570	0. 770	0. 569	0. 762	0. 564	0. 758
DER	⟷	ICP	0. 794	0. 714	0. 874	0. 707	0. 863	0. 705	0. 861
IEP	⟷	DFP	0. 789	0. 717	0. 861	0. 715	0. 856	0. 711	0. 852
IEP	⟷	RFP	0. 752	0. 674	0. 830	0. 673	0. 825	0. 667	0. 820
IEP	⟷	ICP	0. 840	0. 774	0. 906	0. 771	0. 897	0. 763	0. 893
DFP	⟷	RFP	0. 896	0. 848	0. 944	0. 843	0. 937	0. 843	0. 937
ICP	⟷	DFP	0. 826	0. 766	0. 886	0. 763	0. 880	0. 759	0. 878
ICP	⟷	RFP	0. 821	0. 759	0. 883	0. 759	0. 876	0. 757	0. 875

五、SEM 模型评估

（一）Bollen 二阶段检定

Anderson 和 Gerbing（1988）建议采用 SEM 分析的二阶段准则，主要目的在于 CFA 提供的一些讯息可以供研究者评估与修正理论模型，因此可以更进一步地进行理论发展。然而在 SEM 的分析过程中，即使 CFA 没有问题，也不代表 SEM 模型一定没有问题，如外生变数之间高度相关的影响（张伟豪，2011）。因此，Anderson 和 Gerbing（1988）除了建议将结构模型与测量模型分开处理外，还建议在 SEM 模型分析之前检查所有构面之间的相关系数在方向和强度上是否与理论相一致。

如果因果路径上构面之间相关系数过高，通常不会影响模型回归系数的估计；但若在同一层次的构面之间相关系数过高，就会产生共线性问题（张伟豪，2011）。模型构面产生共线性时，通常会有以下现象：（1）构面相关系数 > 0.75；（2）标准化回归系数 > 1；（3）模型标准化回归系数 > 构面相关系数；（4）回归系数与构面相关符号相反；（5）回归系数与理论假设方向相反；（6）标准化回归系数 > 0.2 却不显著；（7）R^2 < 最大标准化回归系数的平方。

Bollen 二阶段检定的步骤为：（1）了解 SEM 分析的可行性。将所有变数（不管是外生潜在变数还是内生潜在变数）一律视为外生潜在变数，并衡量潜在变数之间的变异数及共变异数。如果有相关系数过高时（大于 0.85），表示构面之间存在共线性，很可能会导致 SEM 分析中出现相关系数方向与理论假设不相符的情形，进而导致错误的推论与解释。若大部分相关系数都太低，可能会导致模型解释能力偏低及路径不显著，即使该研究模型具有较好的配适度，也不具有实务上的应用价值。若 SEM 无法正定，可能是由模式配适度不理想导致的，可利用二阶段检定的结果对不理想构面进行判断，并加以处理。（2）检查修正指标是否有过大的修正值。在 SEM 模型分析中，一般认为 MI < 50 时，可以不予理会，当然这最终取决于模型的复杂程度；当 50 < MI < 100 时，可以考虑对模型加以修正；当 MI > 100 时，表明存在很严重的模型设定错误的问题，一定要处理

（张伟豪，2011）。（3）报告模型配适度指标。

Bollen 二阶段检定结果如表 2－86 和表 2－87 所示。模型卡方值为 2207.699，自由度为 802，卡方/自由度为 2.753，GFI、AFGI 为 0.673 和 0.651，RMSEA 为 0.091，CFI 为 0.903，配适度一般，GFI 和 AGFI 较小可能是因为构面较多导致的。从估计的标准化系数来看，所有潜在变数之间的两两相关系数介于 0.50～0.91，大部分都是中度相关。外生潜在变数之间的相关系数都介于 0.50～0.75，表示外生潜在变数之间没有共线性的存在，也没有不相关的变数存在于 SEM 的研究之中。Modification Indices 报表显示，所有的 MI 都小于 50，表示不存在严重的模型设定错误。

表 2－86　　Bollen 二阶段检定模型配适度指标

χ^2	df	χ^2/df	GFI	AGFI	RMSEA	CFI
2207.699	802	2.753	0.673	0.651	0.091	0.903

表 2－87　　Bollen 检定标准化相关系数

变数名称	相关	变数名称	皮尔森相关
EIN	⟷	EGS	0.749
EIN	⟷	SEO	0.880
EIN	⟷	ELR	0.737
EIN	⟷	CBI	0.783
EIN	⟷	DEP	0.872
EIN	⟷	DER	0.788
EIN	⟷	IEP	0.905
EIN	⟷	DFP	0.876
EIN	⟷	RFP	0.837
EIN	⟷	ICP	0.869
EGS	⟷	SEO	0.636
ELR	⟷	EGS	0.505
EGS	⟷	CBI	0.654

续表

变数名称	相关	变数名称	皮尔森相关
EGS	⟷	DEP	0.637
EGS	⟷	DER	0.609
EGS	⟷	IEP	0.687
EGS	⟷	DFP	0.658
EGS	⟷	RFP	0.655
EGS	⟷	ICP	0.684
ELR	⟷	SEO	0.744
SEO	⟷	CBI	0.747
SEO	⟷	DEP	0.703
SEO	⟷	DER	0.674
SEO	⟷	IEP	0.729
SEO	⟷	DFP	0.771
SEO	⟷	RFP	0.716
SEO	⟷	ICP	0.746
ELR	⟷	CBI	0.521
ELR	⟷	DEP	0.538
ELR	⟷	DER	0.546
ELR	⟷	IEP	0.671
ELR	⟷	DFP	0.520
ELR	⟷	RFP	0.526
ELR	⟷	ICP	0.652
CBI	⟷	DEP	0.722
CBI	⟷	DER	0.645
CBI	⟷	IEP	0.695
CBI	⟷	DFP	0.767
CBI	⟷	RFP	0.811
CBI	⟷	ICP	0.748
DEP	⟷	DER	0.847

续表

变数名称	相关	变数名称	皮尔森相关
DEP	⟷	IEP	0.838
DEP	⟷	DFP	0.803
DEP	⟷	RFP	0.789
DEP	⟷	ICP	0.850
DER	⟷	IEP	0.833
DER	⟷	DFP	0.685
DER	⟷	RFP	0.670
DER	⟷	ICP	0.794
IEP	⟷	DFP	0.789
IEP	⟷	RFP	0.752
IEP	⟷	ICP	0.841
DFP	⟷	RFP	0.896
ICP	⟷	DFP	0.826
ICP	⟷	RFP	0.821

（二）违反估计检定

有时在SEM估计时会出现一些参数估计值违反统计所能接受的范围，统称为“违反估计”。违反估计通常包括：（1）负的误差变异数（heywood case）；（2）误差变异数不显著；（3）标准化回归系数接近或超过绝对值1；（4）有过大的标准误①。

利用Amos输出的SEM标准化因素负荷报表及误差变异数报表如表2-88和表2-89所示。结果表明：（1）所有的误差变异数均为正数，没有负数出现；（2）所有的误差变异数均显著，说明每个误差变异数均存在；（3）绝大部分标准化的回归估计值在0.95以下，虽然有小部分超过0.95，但并没有超过1以上；（4）没有过大的标准误。所以本书的研究模型没有违反估计的情形发生。

① 一般在SEM估计中估计参数的标准误差异通常不会太大，如果某个估计参数标准误大于平均标准误的两倍以上，那就可能是过大的标准误。

表 2-88　　SEM 非标准化和标准化回归估计值

			非标准化因素负荷	标准误 S. E.	C. R. (t-value)	P	标准化因素负荷
EIN	←	ELR	0.233	0.074	3.163	0.002	0.192
EIN	←	EGS	0.208	0.040	5.219	***	0.265
EIN	←	SEO	0.374	0.097	3.835	***	0.310
EIN	←	CBI	0.254	0.051	4.955	***	0.295
DEP	←	EIN	0.882	0.053	16.536	***	0.885
DER	←	DEP	0.512	0.097	5.295	***	0.566
DFP	←	DEP	0.199	0.068	2.940	0.003	0.249
DER	←	EIN	0.282	0.096	2.942	0.003	0.313
IEP	←	EIN	0.545	0.063	8.687	***	0.714
IEP	←	DER	0.210	0.063	3.345	***	0.248
ICP	←	EIN	0.951	0.054	17.719	***	0.907
DFP	←	IEP	0.245	0.102	2.391	0.017	0.235
DFP	←	ICP	0.332	0.061	5.474	***	0.437
RFP	←	DFP	1.099	0.065	16.933	***	0.902
EMI	←	EIN	1				0.886
ETI	←	EIN	0.612	0.044	13.971	***	0.849
EPI	←	EIN	0.729	0.056	12.947	***	0.800
ETI_3	←	ETI	1				0.879
ETI_2	←	ETI	1.225	0.051	23.993	***	0.972
ETI_1	←	ETI	1.261	0.052	24.361	***	0.978
EMI_2	←	EMI	1				0.973
EMI_1	←	EMI	1.037	0.026	40.425	***	0.967
EMI_3	←	EMI	1.008	0.023	44.272	***	0.977
EMI_6	←	EMI	1.033	0.028	36.676	***	0.955
EPI_5	←	EPI	1				0.886
EPI_4	←	EPI	1.145	0.048	24.085	***	0.969
EPI_3	←	EPI	1.053	0.049	21.505	***	0.928
EPI_1	←	EPI	1.032	0.053	19.368	***	0.889
DEP_1	←	DEP	1				0.955
DEP_2	←	DEP	0.904	0.033	27.627	***	0.933

续表

			非标准化因素负荷	标准误 S. E.	C. R. (t - value)	P	标准化因素负荷
DEP_4	←	DEP	0.995	0.043	23.137	***	0.888
DER_1	←	DER	1				0.908
DER_2	←	DER	0.980	0.041	23.880	***	0.948
DER_3	←	DER	1.025	0.048	21.318	***	0.908
IEP_3	←	IEP	1				0.860
IEP_5	←	IEP	0.896	0.058	15.390	***	0.833
IEP_6	←	IEP	1.244	0.074	16.802	***	0.875
ICP_1	←	ICP	1				0.965
ICP_2	←	ICP	1.003	0.026	38.535	***	0.972
ICP_3	←	ICP	0.987	0.030	32.520	***	0.946
ICP_7	←	ICP	0.813	0.037	21.879	***	0.860
DFP_5	←	DFP	1				0.875
DFP_4	←	DFP	1.185	0.053	22.461	***	0.954
DFP_3	←	DFP	1.207	0.052	23.137	***	0.965
DFP_2	←	DFP	1.153	0.052	22.162	***	0.949
RFP_1	←	RFP	1				0.926
RFP_3	←	RFP	0.988	0.038	25.972	***	0.940
RFP_4	←	RFP	1.077	0.037	29.381	***	0.972
EGS_1	←	EGS	1				0.927
EGS_2	←	EGS	1.014	0.041	24.645	***	0.932
EGS_3	←	EGS	1.025	0.040	25.814	***	0.946
SEO_2	←	SEO	1				0.888
SEO_4	←	SEO	1.316	0.064	20.509	***	0.933
SEO_5	←	SEO	0.822	0.055	15.033	***	0.795
CBI_1	←	CBI	1				0.952
CBI_2	←	CBI	1.081	0.026	41.527	***	0.992
CBI_3	←	CBI	1.072	0.028	37.763	***	0.979
ELR_2	←	ELR	1				0.890
ELR_3	←	ELR	0.722	0.046	15.665	***	0.831
ELR_4	←	ELR	0.972	0.057	17.205	***	0.879

表 2-89　　变数违反估计检定

变数名称	估计值	标准误	C. R. (t-value)	显著性 p-value
ELR	1.793	0.223	8.030	***
EGS	4.233	0.480	8.827	***
CBI	3.539	0.379	9.343	***
SEO	1.812	0.223	8.125	***
e53	0.437	0.070	6.225	***
e30	0.563	0.082	6.893	***
e34	0.572	0.079	7.234	***
e43	0.509	0.072	7.077	***
e38	0.216	0.048	4.521	***
e48	0.413	0.055	7.450	***
e24	0.720	0.092	7.830	***
e25	0.382	0.053	7.177	***
e26	0.785	0.106	7.438	***
e52	0.462	0.063	7.335	***
e19	0.402	0.043	9.449	***
e18	0.121	0.024	5.080	***
e17	0.100	0.024	4.181	***
e14	0.190	0.026	7.425	***
e13	0.247	0.031	7.927	***
e23	0.598	0.067	8.962	***
e22	0.185	0.038	4.818	***
e21	0.391	0.049	7.918	***
e20	0.617	0.069	8.914	***
e15	0.160	0.023	6.835	***
e3	0.497	0.074	6.754	***
e2	0.420	0.052	8.031	***
e1	0.471	0.074	6.367	***
e6	0.523	0.086	6.044	***

续表

变数名称	估计值	标准误	C. R. （t - value）	显著性 p - value
e5	0. 660	0. 095	6. 978	***
e4	0. 692	0. 096	7. 237	***
e9	0. 714	0. 079	9. 067	***
e7	0. 485	0. 065	7. 490	***
e12	0. 175	0. 027	6. 476	***
e11	0. 063	0. 022	2. 866	0. 004
e10	0. 363	0. 040	9. 035	***
e8	0. 467	0. 086	5. 442	***
e27	0. 251	0. 044	5. 753	***
e28	0. 319	0. 044	7. 289	***
e29	0. 689	0. 080	8. 669	***
e31	0. 457	0. 059	7. 796	***
e32	0. 233	0. 041	5. 681	***
e33	0. 479	0. 061	7. 791	***
e35	0. 541	0. 068	7. 997	***
e36	0. 544	0. 064	8. 477	***
e37	0. 722	0. 095	7. 608	***
e39	0. 216	0. 031	7. 066	***
e40	0. 170	0. 027	6. 229	***
e41	0. 328	0. 040	8. 268	***
e42	0. 673	0. 070	9. 631	***
e47	0. 512	0. 054	9. 475	***
e46	0. 230	0. 030	7. 713	***
e44	0. 243	0. 030	7. 983	***
e49	0. 414	0. 050	8. 305	***
e50	0. 169	0. 035	4. 869	***
e51	0. 317	0. 041	7. 686	***
e45	0. 180	0. 026	6. 892	***
e16	0. 343	0. 040	8. 619	***

（三）SEM 模型估计

应用 SEM 作为理论模型的验证时，较好的模型配适度是 SEM 分析的必要条件（Byrne，2010）。配适度反映了模型所估算出来的期望共变异系数矩阵与样本共变异系数矩阵的一致性程度，配适度越好表示模型与样本越接近（张伟豪，2011）。参考 Boomsma（2000）、Schreiber（2008）等的意见，本书在采用前述的用于检验测量模型配适度指标的基础上，增加非标准配适指标（non - normed fit index，NNFI）、渐增式配适指标（incremental fit index，IFI）和比较配适度指标（comparative fit index，CFI）来检验结构模型的配适度，其评估标准如表 2 - 90 所示。

表 2 - 90　　检测结构模型配适度指标

配适指标	说　明	理想要求标准
NNFI（TLI）	又称为 TLI。Marsh 等（1996）发现 NNFI 几乎不被样本数所影响。NNFI 不一定介于 0 ~ 1。NNFI 接近 1 表示配适度良好，有些学者用 0.8 作为标准，不过 Hu 和 Bentler（1999）建议 NNFI 要大于 0.95，小于 0.9 模型可能需要重新设定	>0.9
IFI	IFI 不受到样本数的影响，因此颇受到研究人员的欢迎。一般来说，IFI 要大于 0.9 为模型可接受	>0.9
CFI	CFI 越接近 1 表示模型的配适度越理想。通常采用 CFI 大于 0.9	>0.9

资料来源：张伟豪．SEM 论文写作不求人［M］．高雄：鼎茂图书出版有限公司，2011：224 - 225.

本书的研究模型配适度指标值如表 2 - 91 所示，除了 χ^2/df 外，其他指标值均不符合配适标准，且模型分析结果显示 p 值显著为 0，表示模型配适度不好。通常 p 值显著的原因有两个：一个是样本数过大造成的；另一个是模型配适度真的不好造成的（张伟豪，2011）。绝大多数的研究人员会直接假设 p 值显著是样本数过大造成的，但 p 值显著也可能是模型的配适度真的不理想造成的（张伟豪，2011）。为厘清此一情形，Bollen 和 Stine（1992）建议利用 Bollen - Stine p - value correction。Bollen - Stine p - value correction 是借助取出放回的重抽样技术对模型卡方值进行修正后再重新计算配适度指标以检验模型配适度的一种方法。

本书利用 bootstrap 重复 5000 次进行矫正后，Bollen－Stine boostrap 报表结果显示：（1） The model fit better in 4963 bootstrap samples；（2） It fit about equally well in 0 bootstrap samples；（3） It fit worse or failed to fit in 37 bootstrap samples；（4） Testing the null hypothesis that the model is correct，Bollen－Stine bootstrap p ＝ 0.008。意思是：在经过 5000 次的 bootstrap 之后，模型有 4963 次配适度良好，有 37 次配适度较差。下一个出现较差的模型的概率是 0.008。因此，拒绝原假设，表示 bootstrap 样本模型卡方值与原始样本卡方值确实有差异，而且有 4963 个模型的卡方值都优于原始模型卡方值，说明最大概似法所估计的 p 值显著，是样本数过大所导致的，而不是模型配适度不好所导致的。

表 2－91　　　　修正之前结构模型配适度指标值汇总

配适指标	理想要求标准	实际值	模式配适判别
χ^2	越小越好	2367.955	—
χ^2/df	<3	2.829	符合
GFI	>0.8	0.655	不符合
AGFI	>0.8	0.610	不符合
RMSEA	<0.08	0.093	不符合
TLI（NNFI）	>0.9	0.886	不符合
IFI	>0.9	0.895	不符合
CFI	>0.9	0.894	不符合

（四） Bollen－Stine p 值矫正

通过前面的分析可知，由于本书的样本数大于 200，导致了模型的 p 值显著为 0，进而导致了模型配适度指标均不理想。为解决此问题，Bollen 和 Stine（1992） 提出可利用 bootstrap 的方法对 p 值予以矫正。Amos 内建 Bollen－Stine p－value correction method 的功能，可执行 p 值矫正，本书将借助这一方法。

如图 2－22 所示，Bollen－Stine p－value correction 分析的卡方值为 1636.665，而原来的卡方值为 2367.955。由于 Bollen－Stine 计算的卡方值变小了，因此所有的配适度指标需要重新计算。借助三星统计服务有限公司执行长张伟豪提供的 Bollen－Stine p－value correction 自动计算模板（如附录 E 所示）进行计算，结果如表 2－92 所示。所有的指标均符合一般的 SEM 分析的准则，表示模型没有问题。

```
                                   |- - - - - - - - - - - - - - - - - - - - - - -
                          803.147  |*
                          941.347  |*
                         1079.548  |***
                         1217.749  |*******
                         1355.950  |**************
                         1494.151  |*******************
                         1632.352  |********************
     N = 5000            1770.553  |*****************
     Mean = 1636.665     1908.753  |***********
     S. e. = 3.866       2046.954  |*******
                         2185.155  |***
                         2323.356  |**
                         2461.557  |*
                         2599.758  |*
                         2737.959  |*
                                   |- - - - - - - - - - - - - - - - - - - - - - -
```

图 2－22　bootstrap 抽样分布

表 2－92　　Bollen－Stine p－value correction 之后结构模型配适度指标值汇总

配适指标	理想要求标准	实际值	模式配适判别
χ^2	越小越好	1636.665	—
χ^2/df	<3	1.955	符合
GFI	>0.8	0.894	符合
AGFI	>0.8	0.878	符合
RMSEA	<0.08	0.067	符合
TLI（NNFI）	>0.9	0.940	符合
IFI	>0.9	0.945	符合
CFI	>0.9	0.945	符合

注：5000 bootstrap samples.

（五）SEM bootstrap 非常态修正

如前所述，在常态性检定时发现，样本资料虽符合单变数常态，但并不符合多元常态的假设。为了解最大概似法是否低估了标准误及高估了卡方值，本书以 bootstrap 的方式重新估计。如果偏误不是很大，则可接受最大概似法估计的结果。

最大概似法与 bootstrap 法估计结果比较如表 2－93 所示。第四列是 bootstrap 估计的标准误，这个值通常应该很小；第五列是最大概似法估计的标准误与 bootstrap 估计的标准误之间的差值，如果很小则表示两种方法估计的标准误差异较小；第六列是 bootstrap 估计的参数值；第七列是最大概似法估计的参数值与 bootstrap 估计的参数值之间的差值，如果很小则表示两种方法估计差异较小。结果表明：两种方法下标准误接近且 bias 很小，说明运用最大概似法估计的结果具有一定的可靠性，虽然样本资料偏离了多元常态可能造成参数计算的偏误，但其结果偏误不大。因此，最大概似法的估计结果是可以接受的。

表 2－93　　ML 法与 bootstrap 5000 次相关估计值比较

Parameter			SE	SE－SE	Mean	Bias	SE－Bias
EIN	←	SEO	0.116	0.001	0.317	0.006	0.002
EIN	←	CBI	0.076	0.001	0.300	0.005	0.001
EIN	←	EGS	0.063	0.001	0.265	0.000	0.001
EIN	←	ELR	0.090	0.001	0.180	－0.012	0.001
DEP	←	EIN	0.026	0.000	0.884	－0.002	0.000
DER	←	EIN	0.182	0.002	0.321	0.008	0.003
DER	←	DEP	0.186	0.002	0.555	－0.011	0.003
IEP	←	EIN	0.106	0.001	0.725	0.011	0.001
ICP	←	EIN	0.023	0.000	0.906	－0.001	0.000
IEP	←	DER	0.117	0.001	0.235	－0.012	0.002
DFP	←	ICP	0.137	0.001	0.416	－0.021	0.002
DFP	←	IEP	0.172	0.002	0.261	0.026	0.002
DFP	←	DEP	0.153	0.002	0.241	－0.009	0.002
ETI	←	EIN	0.032	0.000	0.846	－0.002	0.000

续表

Parameter			SE	SE－SE	Mean	Bias	SE－Bias
EMI	←	EIN	0.025	0.000	0.884	－0.002	0.000
EPI	←	EIN	0.035	0.000	0.796	－0.004	0.000
RFP	←	DFP	0.023	0.000	0.900	－0.002	0.000
ETI_3	←	ETI	0.042	0.000	0.879	0.000	0.001
ETI_2	←	ETI	0.011	0.000	0.972	0.000	0.000
ETI_1	←	ETI	0.010	0.000	0.977	－0.001	0.000
EMI_2	←	EMI	0.009	0.000	0.972	0.000	0.000
EMI_1	←	EMI	0.010	0.000	0.967	0.000	0.000
EPI_5	←	EPI	0.034	0.000	0.885	－0.001	0.000
EPI_4	←	EPI	0.009	0.000	0.970	0.001	0.000
EPI_3	←	EPI	0.019	0.000	0.928	0.000	0.000
EPI_1	←	EPI	0.026	0.000	0.888	－0.001	0.000
EMI_3	←	EMI	0.007	0.000	0.977	0.000	0.000
ELR_3	←	ELR	0.047	0.000	0.833	0.003	0.001
EGS_2	←	EGS	0.030	0.000	0.932	0.000	0.000
CBI_2	←	CBI	0.005	0.000	0.992	0.000	0.000
SEO_4	←	SEO	0.025	0.000	0.931	－0.002	0.000
DEP_1	←	DEP	0.020	0.000	0.956	0.001	0.000
DEP_2	←	DEP	0.023	0.000	0.932	0.000	0.000
DEP_4	←	DEP	0.026	0.000	0.887	－0.001	0.000
DER_1	←	DER	0.037	0.000	0.906	－0.002	0.001
DER_2	←	DER	0.023	0.000	0.948	0.000	0.000
DER_3	←	DER	0.027	0.000	0.907	－0.001	0.000
IEP_3	←	IEP	0.032	0.000	0.859	－0.001	0.000
IEP_5	←	IEP	0.046	0.000	0.830	－0.002	0.001
IEP_6	←	IEP	0.026	0.000	0.873	－0.003	0.000
ICP_1	←	ICP	0.013	0.000	0.965	0.000	0.000
ICP_2	←	ICP	0.009	0.000	0.972	0.000	0.000
ICP_3	←	ICP	0.017	0.000	0.945	－0.001	0.000
ICP_7	←	ICP	0.031	0.000	0.858	－0.002	0.000
DFP_5	←	DFP	0.027	0.000	0.873	－0.001	0.000

续表

Parameter			SE	SE - SE	Mean	Bias	SE - Bias
DFP_4	←	DFP	0.019	0.000	0.954	0.000	0.000
DFP_2	←	DFP	0.011	0.000	0.950	0.001	0.000
RFP_1	←	RFP	0.032	0.000	0.925	-0.001	0.000
RFP_4	←	RFP	0.008	0.000	0.972	0.000	0.000
RFP_3	←	RFP	0.021	0.000	0.941	0.001	0.000
DFP_3	←	DFP	0.016	0.000	0.965	0.001	0.000
EMI_6	←	EMI	0.010	0.000	0.955	0.000	0.000
EGS_1	←	EGS	0.031	0.000	0.927	0.000	0.000
EGS_3	←	EGS	0.023	0.000	0.946	0.000	0.000
SEO_2	←	SEO	0.023	0.000	0.891	0.003	0.000
SEO_9	←	SEO	0.052	0.001	0.795	0.000	0.001
CBI_1	←	CBI	0.015	0.000	0.952	0.000	0.000
CBI_3	←	CBI	0.007	0.000	0.979	0.000	0.000
ELR_2	←	ELR	0.032	0.000	0.892	0.002	0.000
ELR_4	←	ELR	0.048	0.000	0.881	0.002	0.001

注：5000 bootstrap samples.

（六）研究假设检定

本书的研究模式经配适度指标检验，结果表明模型配适度良好，样本资料所构建的生态创新的外部制度驱动及后果的行为模式，可以用来解释实际的观察资料。利用 Amos22.0，采用最大概似估计法，对研究假设进行检定，结果如表 2-94 和图 2-23 所示。假设 H1：约束性法律法规的强制力对企业生态创新行为的影响力为 0.192，达到显著水准（C. R. =3.163 >1.96）；假设 H2：激励性法律法规的强制力对企业生态创新行为的影响力为 0.265，达到显著水准（C. R. =5.219 >1.96）；假设 H3：利益相关者环保导向的规范力对企业生态创新行为的影响力为 0.310，达到显著水准（C. R. =3.835 >1.96）；假设 H4：竞争对手生态创新行为引发的模仿力对企业生态创新行为的影响力为 0.295，达到显著水准（C. R. =4.955 >1.96）；假设 H5：企业生态创新行为对节能绩效的影响力为 0.885，达到显著水准（C. R. =16.536 >1.96）；假设 H6：企业生态创新行为对减排绩效的影响力为0.313，达到显著水准（C. R. =2.942 >1.96）；假设H7：节能绩效对减排绩效的影响力为0.566，达到显著水准（C. R. =5.295 >1.96）；假设H8：企业生态创新行为对合法性绩效的影响力为0.714，达到显著水准（C. R. =8.687 >1.96）；假设H9：减排绩效对合法性绩效的影响力为0.248，达到显著水准（C. R. =3.345 >1.96）；假设H10：企业生态创新行为对竞争性绩效的影响力为0.907，达到显著水准（C. R. =17.719 >1.96）；假设H11：节能绩效对财务绩效驱动因素的影响力为0.249，达到显著水准（C. R. =2.940 >1.96）；假设H12：合法性绩效对财务绩效驱动因素的影响力为0.235，达到显著水准（C. R. =2.391 >1.96）；假设H13：竞争性绩效对财务绩效驱动因素的影响力为0.437，达到显著水准（C. R. =5.474 >1.96）；假设H14：财务绩效驱动因素对结果性财务绩效的影响力为0.902，达到显著水准（C. R. =16.933 >1.96）。

表2－94　研究假设实证结果一览

假设	路径关系			非标准估计值	S. E.	C. R.	P	标准估计值	假设成立
H1	生态创新	←	约束性法律法规的强制力	0.233	0.074	3.163	0.002	0.192	成立
H2	生态创新	←	激励性法律法规的强制力	0.208	0.04	5.219	***	0.265	成立
H3	生态创新	←	利益相关者环保导向的规范力	0.374	0.097	3.835	***	0.310	成立
H4	生态创新	←	竞争对手生态创新行为引发的模仿力	0.254	0.051	4.955	***	0.295	成立
H5	节能绩效	←	生态创新	0.882	0.053	16.536	***	0.885	成立
H6	减排绩效	←	生态创新	0.282	0.096	2.942	0.003	0.313	成立
H7	减排绩效	←	节能绩效	0.512	0.097	5.295	***	0.566	成立
H8	合法性绩效	←	生态创新	0.545	0.063	8.687	***	0.714	成立
H9	合法性绩效	←	减排绩效	0.210	0.063	3.345	***	0.248	成立
H10	竞争性绩效	←	生态创新	0.951	0.054	17.719	***	0.907	成立

续表

假设	路径关系			非标准估计值	S. E.	C. R.	P	标准估计值	假设成立
H11	财务绩效驱动因素	←	节能绩效	0.199	0.068	2.940	0.003	0.249	成立
H12	财务绩效驱动因素	←	合法性绩效	0.245	0.102	2.391	0.017	0.235	成立
H13	财务绩效驱动因素	←	竞争性绩效	0.332	0.061	5.474	***	0.437	成立
H14	结果性财务绩效	←	财务绩效驱动因素	1.099	0.065	16.933	***	0.902	成立

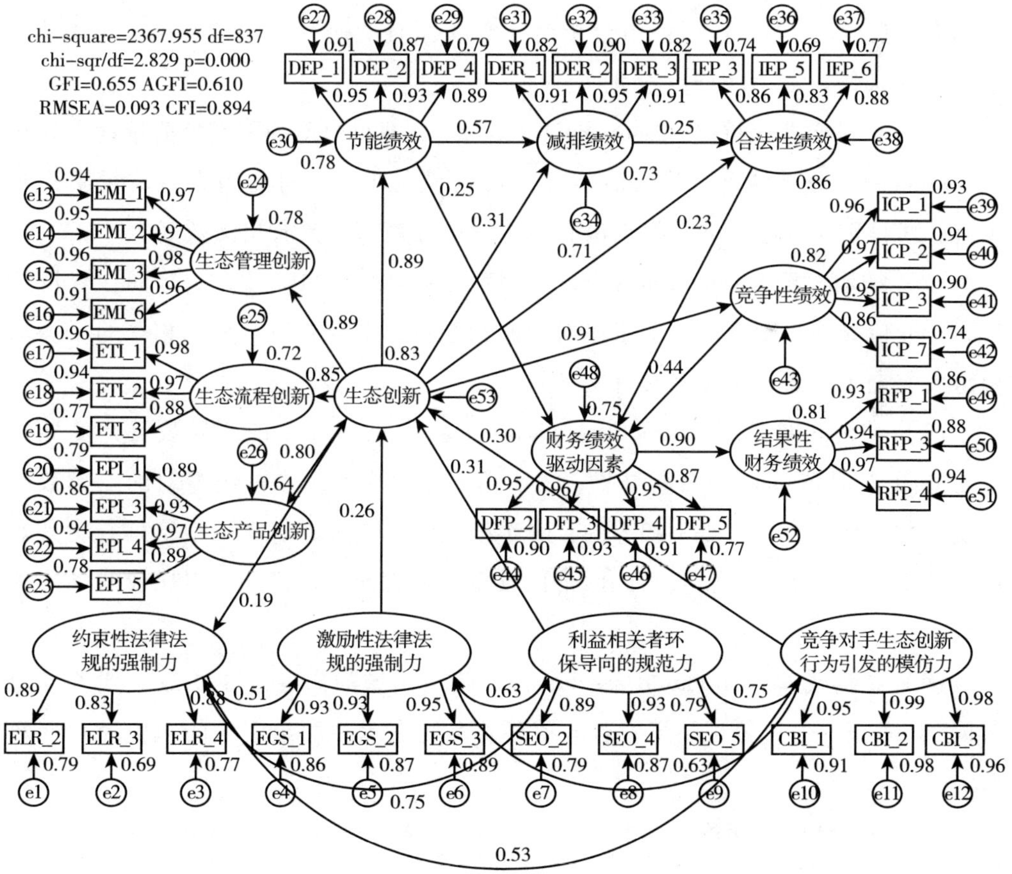

图 2-23　本书研究模式结构方程

（七）交叉效度检定

Cudeck 和 Browne（1983）认为，由于模型设定搜索（model specification searches）① 在 SEM 中是常看到的动作，当模型执行过模型设定搜索后，为了避免模型产生随机偶发概率的错误（captitalization on chance），在宣称研究模型与样本资料相匹配之前，一定要执行交叉效度的验证。

为检验模型的交叉效度，本书先利用 SPSS 20.0 对样本进行随机分组，按 50% 左右的比例随机分成两个样本群，并以这两个样本群考察模型的交叉效度。由于 Amos 的群组比较功能可以轻松完成交叉效度的分析设定，因此本书将利用该功能进行鉴定。交叉效度分析模型属巢型结构的比较，因此以卡方值差异为检定标准。在应用 Amos 进行群组分析时，会在原有的研究模型的基础上，多出 5 个模型（张伟豪，2011）②，分别为：

（1）测量变数权重（measurement weights）。两组模型的因素负荷量设定等同（invariance），分析结果，若 p 值显著，则表示在两组多对的因素负荷量中，至少有一对是不相等的，表示模型没有全等，研究模型不具有交叉效度。

（2）结构权重（structural weights）。两组模型的回归系数设定等同，分析结果，若 p 值显著，则表示在两组多对的回归系数中至少有一对是不相等的，表示模型没有全等，研究模型不具有交叉效度。

（3）结构共变异数（structural covariances）。两组模型的变异数及共变异数设定等同（invariance），分析结果，若 p 值显著，则表示在两组多对的变异数及共变异数中至少有一对是不相等的，表示模型没有全等，研究模型不具有交叉效度。若变异数是等同的，表示此两个比较模型较为同质，符合群组比较的同质性假设。

（4）结构残差（structural residuals）。两组模型的内生潜在变数的残差设定等同（invariance），分析结果，若 p 值显著，则表示在两组多对的内生潜在变数

---

① 模型从 CFA 的估计开始，有些测验题目并无法通过信度、效度的检验，因此会从模型中移除；即使 SEM 模型在 SEM 模型分析时，发现模型与原先假设的情形并不适合，研究者会将模型加以修正，这个过程称为模型设定搜索。

② 张伟豪 . SEM 论文写作不求人［M］. 高雄：鼎茂图书出版有限公司，2011：259。

残差中至少有一对是不相等的，表示模型没有全等，研究模型不具有交叉效度。

（5）测量残差（measurement residuals）。两组模型的测量变数参数设定等同（invariance），分析结果，若 p 值显著，则表示在两组多对的测量变数残差中至少有一对是不相等的，表示模型没有全等，研究模型不具有交叉效度。

（1）~（3）称为温和检定，（4）~（5）为严谨检定。Byrne（2010）认为设定结构残差（4）及测量残差（5）太严苛了，因此建议即使不全等，也无损其交叉效度。

在假设研究模型是正确的情形下，借助 Amos 的群组比较功能，将随机分群的两个群组做比较后，模型比较的结果汇总如表 2－95 所示。

表 2－95　　群组不变性比较结果汇总

Model	χ^2	df	Δdf	$\Delta\chi^2$	P	ΔCFI	ΔTLI	RMSEA
Unconstrained	4560. 071	1627	—	—	0. 000	—	—	0. 091
Measurement weights	4599. 494	1702	30	39. 423	0. 117	0. 000	0. 002	0. 090
Structural weights	4627. 759	1719	17	28. 265	0. 042	－0. 001	0. 002	0. 090
Structural covariances	4643. 056	1729	10	15. 297	0. 122	0. 000	0. 000	0. 090
Structural residuals	4654. 812	1739	10	11. 756	0. 302	－0. 001	0. 001	0. 089
Measurement residuals	4774. 492	1782	43	119. 680	0. 000	－0. 004	0. 000	0. 089

（1）先将两群之因素负荷量设定等同，结构模型中共有 30 个因素负荷量被设定为同等（df = 30），卡方值（χ^2）增加 39. 423（$\Delta\chi^2$ = 4599. 494 － 4560. 071 = 39. 423），检定结果 P = 0. 117，未达到 0. 05 显著水准，表示这 30 个因素负荷量被设定等同是可以接受的，因此 30 个因素负荷量全等。

（2）维持测量模型的限制外，再加 17 个结构路径系数的设定（df = 47 － 30 = 17），卡方值（χ^2）增加 28. 265（$\Delta\chi^2$ = 4627. 759 － 4599. 494 = 28. 265），检定结

果 P = 0.042，达到 0.05 显著水平，表示这 17 个结构路径系数至少有一个是不全等的，因此 17 个路径系数未全等。

（3）维持结构系数模型的限制外，再加 4 个变异系数及 6 个共变异系数的设定（df = 27 - 17 = 10），卡方值（χ^2）增加 15.297（$\Delta\chi^2$ = 4643.056 - 4627.759 = 15.297），检定结果 P = 0.122，未达到 0.05 显著水准，表示这 4 个变异数及 6 个共变异数予以设定同等是可以接受的，因此 4 个变异数及 6 个共变异数全等。

（4）维持变异系数和共变异系数的限制外，再加 10 个结构残差的设定（df = 20 - 10 = 10），卡方值（χ^2）增加 11.756（$\Delta\chi^2$ = 4654.812 - 4643.056 = 11.756），检定结果 P = 0.302，未达到 0.05 显著水平，表示这 10 个结构残差设定同等是可以接受的，因此 10 个结构残差全等。

（5）维持结构残差的限制外，再加 43 个测量残差的设定（df = 53 - 10 = 43），卡方值（χ^2）增加 119.680（$\Delta\chi^2$ = 4774.492 - 4654.812 = 119.680），检定结果 P = 0.000，达到 0.05 显著水平，表示这 43 个测量残差设定同等是不可以接受的，因此 43 个测量残差不全等。

除了统计上的显著性外，仍然要考虑实务上的显著性。Byrne、Shavelson 和 Muthen（1989）研究指出，在全等比较的情形下，如果只有少部分不全等，在跨群组比较时仍可视为是全等的，因为不全等的题目对整体模型的影响将会非常有限，Cheung 和 Rensvold（2002）称其为实务上的显著性（practical significant），他们检验了 20 余种配适度指标，建议模型之间的 ΔCFI ≤ |0.01| 以内，则表示两个模型之间没有实务上的差异。Little（1997）也提出 ΔCFI ≤ 0.05 表示巢型结构模型之间没有差异。根据表 2 - 95 可知，随机分为两个样本群后，模型之间的 ΔCFI、ΔTLI 均符合上述标准，表示两个模型之间没有实务上的差异。

综上所述，研究结果符合 Byrne（2010）所提的温和检定，资料分两群显现为同质，虽然路径系数和测量残差并不全等，但学者一般认为测量残差全等过于严厉，只要群组全等比较达到温和检定，即可认为两群组全等。因此，模型具有稳定性，符合交叉效度的标准。

（八）统计检定力报告

统计检定力及足量的样本数的报告在 SEM 中是非常重要的（Hoyle and Penter，1995），检定力越大则代表对研究的正确性越有信心。MacCallum 等（1996）指出 SEM 为接受—支持类型（accept - support 类型），统计检定力太低会导致无法拒绝虚无假设，可能会得到模型配适度是良好的错误结论。因此，必须通过分析加以检定。

对整体模型的 Power 检定由 MacCallum 等（1996）提出，以 RMSEA 及非集中性卡方分配为基础，检定三种不同的虚无假设。其中的接近配适度假设（close - fit）和精确配适度假设（exact - fit）属接受—支持模型（accept - support），亦即希望结果是不拒绝 H_0。第三种是不接近配适假设（not close - fit），这个假设属拒绝—支持模型（reject - support），亦即希望结果是拒绝 H_0。Power 越大，表示侦测出合理的正确模型的概率越高，或至少是暗示模型共变异系数矩阵与样本共变异系数矩阵越接近。接近配适假设（close - fit）或不接近配适假设（not close - fit）估计的正确性仰赖于 RMSEA 是否接近于非集中性卡方分配（张伟豪，2011）。

MacCallum 等（1996）的 Power 检定取决于几个值的大小，分别为样本数（N）、型 I 错误（α）、模型自由度（df）及对立假设的 RMSEA 值。可以指定 close - fit 对立假设的 H_1 为 RMSEA = 0.08，指 RMSEA 最大不能超过 0.08 的检定；或指定 not close - fit 对立假设的 H_1 为 RMSEA = 0.01，指 RMSEA 最大不能超过 0.08 的检定，进而计算出 power 值（张伟豪，2011）。

在 SEM 分析中，统计检定力与样本数及自由度大小成正比，而样本数大小的计算则在假设 1 - β = 0.8 时，与自由度大小成反比。因此，根据样本数及模型自由度，可计算出统计检定力。一般而言，统计检定力需要达到 0.8 以上（王月莺等，2014）。

本书有效样本数为 212 个，模式自由度为 837 个，以 R 语言程式（见附录 F）① 计算得到不论是在 close - fit 还是在 not close - fit 的检定下，模式统计检定力（Power）都为 1，符合统计检定力的建议值。因此，本书的研究模式能正确拒绝虚无假设。

① 利用 R 语言撰写 Power 计算程式时，主要参考：张伟豪 . SEM 论文写作不求人［M］. 高雄：鼎茂图书出版有限公司，2011：295.

根据实际求得模型自由度，运用R语言程式（见附录G）① 计算得到样本数分别为37及56个（见表2-96）。MacCallum等（1996）提出，由于RMSEA在大样本下才能渐进于卡方分配，即使计算的样本数很小，在SEM的分析中仍必须取得足够的样本量。本书样本数为212个，既超过最小样本数的要求，又符合经验法则的水准（最少需要200个），统计检定力也为1。因此，对本书研究结果的正确性，非常有信心。

表2-96　统计检定力与最小样本数

模型	自由度	样本数	power		Minimum N	
			Close fit	Not close fit	Close fit	Not close fit
本研究模型	837	212	1	1	37②	56③

注：统计检定力及样本数计算是在 $\alpha=0.05$ 下，power（$1-\beta$）$=0.8$ 的设定下，Close fit检定 $\xi_0=0.05$ 及 $\xi_a=0.08$。ξ_0 为RMSEA的虚无假设，ξ_a 为RMSEA的对立假设，在not clsee fit检定下，$\xi_0=0.05$ 及 $\xi_a=0.01$。

第三节　结论与讨论

一、研究结论

本书基于组织社会学的新制度主义理论和自然资源基础观等理论，研究外部制度驱动、生态创新与企业绩效之间的传导路径。在借鉴前人研究的基础之上，形成了13个量表并以此为基础展开了问卷调查获得样本数据。研究过程包括项目预试，一阶CFA、二阶CFA、信度和效度（包括收敛效度与区别效度）分析，多元常态检定、极端值检定、共同方法变异检定、Bollen二阶段检定、违反估计

① 利用R语言撰写SAMPLE SIZE计算程式时，主要参考：张伟豪．SEM论文写作不求人［M］．高雄：鼎茂图书出版有限公司，2011：293.

② 利用R语言程式计算的结果为36.52344。

③ 利用R语言程式计算的结果为55.27344。

检定、交叉效度检定及统计检定力报告等。

采用生态创新二阶构念后，本书的 11 个构面组成信度均在 0.88 ~ 0.97；平均变异数萃取量均在 0.72 ~ 0.95；所有构面的因素负荷量均在 0.70 ~ 0.99 并达到显著，符合 Fornell 和 Larcker（1981）、Hair 等（2009）的标准，所以全部具有收敛效度。

本书采用信赖区间法来检验区别效度。在信赖区间法下，分别采用三种方式估计信赖区间：（1）点估计值 ±2 倍标准误估计；（2）Bias - corrected percentile Method 估计；（3）Percentile Method 估计。三种估计方法下所有标准化相关系数 95% 信赖区间均不包含 1，因此构面之间具有区别效度。

本书的研究符合 Byren（2010）提出的温和检定，资料随机分为两群，虽然路径系数和测量残差不全等，但学者一般认为残差全等过于严厉，群组全等达温和检定即认为两群组全等。模型全等除具有统计上的显著性外，也具有实务上的显著性。

由于本书样本数大于 200，导致结构方程的卡方值过大，且 P 值显著为 0，配适度指标值也不理想。参考 Bollen 和 Stine（1992）的建议，以 bootstrap 方法进行修正，结果表明 p 值显著确实是因为样本数太大造成的，经 Bollen - Stine p - value correction 后，模型的配适度指标值均符合一般要求。

统计检定力的结果也表明，无论是在 close fit 检定下还是在 not close fit 检定下，Power 都为 1；本书样本数为 212 个，远超过最小样本数的要求，也满足经验法则的水准，因此对本书研究结果的正确性非常有信心。

总之，本书的量表具有足够的信度和效度，研究的过程较为严谨，研究结果具有一定的可靠性。研究结果表明：（1）约束性法律法规的强制力对企业生态创新行为有显著的正向影响；（2）激励性法律法规的强制力对企业生态创新行为有显著的正向影响；（3）利益相关者环保导向的规范力对企业生态创新行为有显著的正向影响；（4）竞争对手生态创新行为引发的模仿力对生态创新行为有显著的正向影响；（5）生态创新对节能绩效有显著正向的影响；（6）生态创新对减排绩效有显著的正向影响；（7）节能绩效对减排绩效有显著的正向影响；（8）生态创新对合法性绩效有显著的正向影响；（9）减排绩效对合法性绩效有显著的正向影响；（10）生态创新对竞争性绩效有显著的正向影响；（11）节能绩效对财务绩效驱动因素有显著的正向影响；（12）合法性绩效对财务绩效驱动因素有显著的正向影响；（13）竞争性绩效对财务绩效驱动因素有显著的正向影响；（14）财务绩效驱动因素对结果性财务绩效有显著的正向的影响。

二、进一步讨论

通过前面的理论框架可知，生态创新对减排绩效和合法性绩效既有直接影响，也有间接影响，即，存在着一定的中介效果，本书将进一步对此进行检定。

传统的检定中介效果的方法（如 Sobel test），仅是简单的 Z 检定，中介效果通常不符合常态分配，±1.96 实务上并不代表一定显著（Hayes，2009），对于该问题，MacKinnom（2008）提出了两个解决方案：（1）利用 bootstrap 的技术，重新估计间接效果的标准误及置信区间；（2）利用 bootstrap 的技术，估计间接效果的标准误及非标准化系数，再计算间接效果的显著水平（Z 值）。本书将参考 MacKinnon（2008）的方法，进行中介效果检定。由于生态创新到合法性绩效之间存在远程中介，有两条间接路径，即"生态创新—节能绩效—减排绩效—合法性绩效"和"生态创新—减排绩效—合法性绩效"。Amos 内定的功能无法计算特定的中介效果的非标准化系数、标准误及置信区间，本书借助 Amos 中的语法档，自编程序（见附录 H）进行中介效果检定，结果如表 2－97 所示。

生态创新对减排绩效和合法性绩效影响中存在的中介效果分析如下：（1）总效果 Z 值都大于 1.96，且点估计值的 95% 的置信区间都不包含 0，说明总效果显著存在。（2）间接效果 Z 值都大于 1.96，生态创新对减排绩效的间接效果的点估计值的 95% 的信赖区间都不包含 0，说明间接效果显著存在；生态创新对合法性绩效的 Bias－Corrected 95% 的信赖区间不包含 0，但 Percentile 95% 的信赖区间包含 0，说明间接效果存在，但实务上不一定显著。（3）生态创新到减排绩效的直接效果 Z 值超过 1.96，但 95% 的信赖区间都包含 0，说明直接效果不具有实务上的显著。生态创新到合法性绩效的直接效果 Z 值显著，且 95% 的信赖区间不包含0，说明直接效果显著存在。因此，生态创新到减排绩效之间存在完全中介效果，生态创新到合法性绩效之间存在部分中介效果。

表2-97　　中介变量报告

变量	点估计值	系数相乘积 Product of Coefficients		Bootstrapping			
				Bias - Corrected 95% CI		Percentile 95% CI	
		SE	Z	Lower	Upper	Lower	Upper
Total Effects							
生态创新→减排绩效	0.734	0.072	10.194	0.590	0.872	0.590	0.872
生态创新→合法性绩效	0.699	0.065	10.754	0.573	0.830	0.576	0.832
Indirect Effects							
生态创新→减排绩效	0.452	0.159	2.843	0.154	0.771	0.140	0.755
生态创新→合法性绩效	0.154	0.078	1.974	0.012	0.331	-0.009	0.309
Direct Effects							
生态创新→减排绩效	0.282	0.163	1.730	-0.055	0.586	-0.034	0.605
生态创新→合法性绩效	0.545	0.092	5.924	0.392	0.759	0.392	0.759

注：5000 bootstrap samples.

本章小结

本章基于第一章的理论分析，从“研究架构”开始，经过了问卷预试、一阶CFA、二阶CFA、多元常态及极端值检定、共同方法变异检定、收敛效度检定、区别效度检定、Bollen二阶段检定、违反估计检定、配适度报告、研究假设检定、Bollen-Stine p值矫正、bootstrap非常态修正、交叉效度检定、统计检定力报告、中介效应检定等，最终形成了研究结论，整个分析流程如图2-24所示。

由于本书研究模式的p值显著为0，参考Bollen和Stine（1992）建议，对最大概似法估计的p值采用bootstrap的方式予以修正。修正后，模型配适度指标均符合一般的要求。

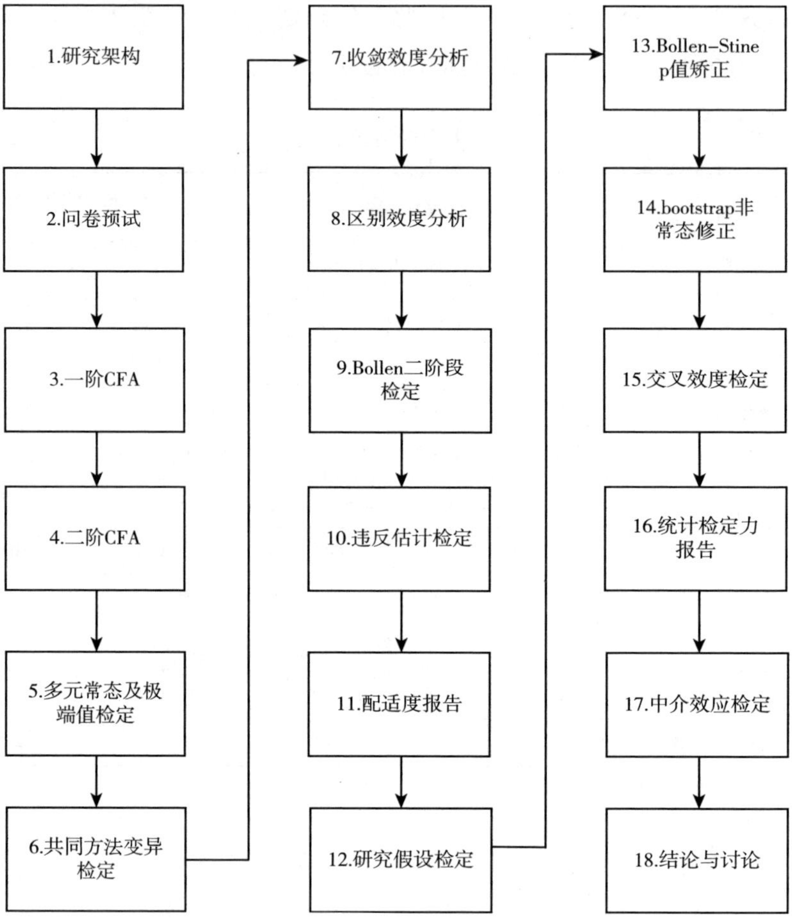

图 2－24　分析流程图

由于本书的研究资料不符合多元常态分布，为了稳妥起见，本书在采用 ML 法的同时，以 bootstrap 的方式重新估计，两者结果偏误不大，因此最大概似法的估计结果是可以接受的。

第三章

生态创新环境下企业绩效评价基本框架构建

本章将以生态创新环境下企业绩效评价的价值取向为研究起点，以生态创新环境下企业绩效评价的总体思路为研究指导，结合前两章所论述的生态创新环境对企业二元性绩效的传导机理，建立企业绩效评价的基本模型，为第四章绩效评价指标体系的构建奠定基础。

第一节 生态创新环境下企业绩效评价价值取向

一、价值取向的内涵及其对企业绩效评价的作用

（一）价值取向的内涵

对于价值取向内涵的界定，目前国内外尚未统一。比较有代表性的观点有：OECD（1990）认为是人们在一定的场合以一定的方式采取一定行动的价值趋向；彭国甫（2004）认为是理性层面的行为取向。前一种观点强调了价值取向的“趋向性”特征，正是因为具有这种“趋向性”特征，使价值取向在人的行动、选择和决策过程中具有导向功能，能够引导主体朝着既定的价值目标出发。后一种观点强调了价值取向的“理性”特征，正是因为具有这种“理性”特征，使价值取向主要表现为理性选择，而非感性选择。

本书认为，要想全面把握价值取向的内涵，应该注意以下几点：（1）作为意识范畴的价值取向，它并非凭空产生，而是源于客观环境（经济环境、政治环境、法律环境、文化环境等）对主体的价值认知和事实认知所产生的影响；（2）价值取向具有能动性的特点，是主体在一定客观环境影响下理性的行为方向选择；（3）价值取向一旦形成，便具有反作用的功能，可以引导、调节主体的行为方向；（4）当外在的客观环境发生变化时，主体的价值认知和事实认知也会随之发生变化，进而影响价值取向的变化；（5）价值取向具有相对独立性，一旦形成之后便相对稳定，在一段时间内，旧的价值取向和新的价值取向将共存。

（二）价值取向对企业绩效评价的作用

价值取向影响和制约着企业的绩效评价，这种影响和制约主要体现在两个方面：一是价值取向引导和调整企业绩效评价目标。价值取向作为一种理性的行为方向选择，一旦形成，便会对企业绩效评价目标产生导向作用。当然，这种导向作用并非直接产生，只有当价值取向内化为评价主体的思想观念和行为准则时，才会对绩效评价目标产生导向作用。正因为如此，随着环境的变迁，尽管新的价值取向会逐渐产生并对原有的价值取向产生一定的冲击，但是如果新的价值取向没有被评价主体内化为自己的思想观念和行为准则，则评价主体的绩效评价目标仍会受到旧的价值取向的引导，不会发生实质性调整。反之，当评价主体将新的价值取向内化为自己的思想观念和行为准则时，绩效评价的目标也会被随之做出相应的调整。二是价值取向稳定和变革企业绩效评价指标。因为价值取向具有引导和调整企业绩效评价目标的作用，而绩效评价的目标决定了绩效评价指标的选取，当价值取向保持稳定时，绩效评价目标将不会受到实质性的调整，绩效评价指标体系也相对稳定；当价值取向发生变革并被评价主体内化为自己的思想观念和行为准则时，绩效评价目标将会受到实质性的调整，绩效评价指标体系也会发生变革，即价值取向从根本上影响和制约着企业绩效评价指标体系的变迁及其改革和发展的方向。

由此可见，价值取向构成了企业绩效评价的隐形层面和深层结构，是企业绩效评价的灵魂（彭国甫，2004），故而本书将之作为企业绩效评价框架构建的研究起点。只有研究企业绩效评价的价值取向，才能准确把握住企业绩效评价的隐形层面和深层结构，才能科学地界定企业绩效评价的目标，才能合理地建立企业绩效评价指标体系进而顺利地实施企业绩效评价。

二、企业绩效评价价值取向模式的历史演进

绩效评价是企业价值管理的重要工具之一，企业的价值取向从根本上决定了企业绩效评价的价值取向。从历史和现实看，企业的价值取向存在两种模式：股东价值取向模式和利益相关者价值取向模式，且经历着股东价值取向模式向利益相关者价值取向模式的演变（李心合，2004）。与企业的价值取向模式相一致，企业绩效评价的价值取向也存在两种模式：股东价值取向模式和利益相关者价值取向模式。

（一）股东价值取向模式

李心合（2004）将股东价值取向模式的理论基础归纳为“资本强权理论”和“股东利益与社会利益统一理论”。所谓“资本强权理论”是指，由于股东是企业风险的最大承担者[①]，因而股东应该拥有企业所有权；该所有权赋予了股东（资本所有者）控制其他要素所有者的权利以及分享企业剩余收益的权利。该理论奠定了以委托代理为核心的主流企业理论。遵循该理论以及主流的企业理论，现代企业的价值管理往往以股东财富最大化为目标。

“股东利益与社会利益统一理论”认为，追求股东财富最大化的过程与追求每一社会成员财富最大化的过程是相统一的。正如该理论的拥护者斯蒂芬·A.罗斯等在他们所著的《公司理财》[②] 中所认为的那样：“由于股东是剩余所有

① 股东之所以是企业风险的最大承担者，相关的学者从不同的角度予以了阐述，概括而言包括资本的专用性（Alchian and Woodward，1987）、非流动性（Fitzroy and Mueller，1984）、稀缺性（AI·埃巴，2001；周其仁，1996）和信号显示功能（张维迎，1995）等特点，具体内容参见：李心合．公司价值取向及其演进趋势［J］．财经研究，2004，30（10）：132－144。

② 斯蒂芬·A. 罗斯，等著．公司理财［M］．方红星，等译．北京：机械工业出版社，2011.

者，这意味着只有在偿付了职工、供应商和债权人以及其他任何具有法定索取权的人的应得之后，剩余的才属于他们；如果这些集团中任何一个没有得到偿付，股东就将一无所有。因此，如果股东成功地拥有剩余，而且其比例正在增长，那么其他所有人当然也成功了”。如果用一个例子来描述罗斯等的观点的话，可以把企业创造的价值比作一个蛋糕，当蛋糕做大了时，按照既定的比例，每一个与企业缔结了显性契约的具有法定索取权的人从蛋糕中分得的分量就相应地增加了。

股东价值取向模式的优点主要体现在以下两个方面：（1）追求股东财富最大化的企业，必然注重收入、费用、利润等指标的考核，在优胜劣汰的竞争环境下，会促使企业不断地提高效率，以最少的投入获得最大的产出；（2）在股东价值取向模式下，企业财务目标函数单一，便于企业做出决策。

股东价值取向模式的缺点主要体现在以下两个方面：（1）在股东价值取向模式下，站在企业的角度，主要基于成本—收益的原则考虑问题，未能充分考虑企业行为存在负的外部性而产生的“社会成本”。假设某项目未来现金流入的现值为100万元，现金流出的现值为80万元，净现值为20万元；同时，假设该项目会对环境产生一定的负面影响，货币化的负面影响的现值为50万元[①]。如果仅仅只是站在股东的角度考虑问题，则该项目净现值大于零，是可行的。如果将对环境的负面影响纳入考虑，则该项目净现值小于零，是不可行的。正是因为忽略了社会成本的因素，在人们意识尚未觉醒的早期宽松的外部制度环境下，企业在追求股东财富最大化的同时往往导致了环境问题的持续恶化。随着人们环保意识的觉醒和外部制度环境的变迁，企业在追求股东财富最大化时，必须考虑其行为对环境所产生的负面影响。（2）在股东价值取向模式下，可能会导致股东与债权人、员工以及政府等具有法定索取权人之间的利益的博弈。如果把企业创造的价值比作一块蛋糕的话，当蛋糕既定时，债权人、员工以及政府从蛋糕中划得的比例增加了，则剩余给股东的比例就减少了。因此，为了维护股东的价值，在人才市场流动性较差且员工权益得不到很好的保护时，员工往往成为弱势的一方；

① 假设可以将企业对环境的负面影响通过货币来计量。

在法律监管不到位时，企业可能会偷税漏税损害国家的利益或通过假破产来损害债权人的利益。

（二）利益相关者价值取向模式

利益相关者价值取向模式的理论基础有共同所有权理论和托管责任理论（李心合，2004）。共同所有权理论认为，公司并非仅仅归股东所有，而应该归利益相关者共同所有，因为不仅仅只有股东向公司进行了特殊投资，员工、债权人、供应商、客户等都做出了特殊的投资，都面临着被套牢的风险。按照“风险承担者应该获得风险控制权的逻辑”，那些向企业投入了专用性资产并面临着套牢风险的利益相关者都应该享有企业的剩余控制权和剩余索取权。

托管责任理论认为，公司是一个社会组织，应该承担社会责任，公司的管理模式是一种“托管制模式”而非“股份代理制模式[①]”。在该模式下，公司董事会成员是公司资产的受托管理人，而非股东的代理人，他们的职责是保护公司资产并公正地平衡各种关系。因此作为受托者的管理层，其目标不仅仅只是涉及股东的经济利益，而是与公司更广泛的利益连在一起。

利益相关者价值取向模式的优点有：（1）充分考虑了利益相关者的利益，有利于企业社会责任的承担；（2）有利于企业合法性的提升，促进企业和社会和谐发展。

在利益相关者价值取向模式下，主张以利益相关者利益最大化作为绩效评价的目标，该目标看起来似乎把股东以外的其他利益相关者的利益都纳入了评价范畴，似乎比传统的股东财富最大化目标更为合理，但一些学者（周清杰和孙振华，2003；傅元略，2007）认为，该模式在理论上还存在一些困惑，在实践操作中也还存在一定困难：（1）如何界定利益相关者？（2）各利益相关者的利益如何确定？（3）在这么多利益相关者中，是否存在着主次之分？（4）如果存在的话，谁的利益最重要？（5）利益相关者利益最大化，意味着多方利益最大化，如何协调多方的利益并使之最大？（6）多元化的目标有可能使股东所关心的利

① 股份代理制模式与股东价值取向模式相适应。

益与管理者所关心的利益之间发生严重的冲突，从而使多元的目标无法实现。（7）在多元化的目标下，管理者可能会在响应一些利益相关者的利益诉求时损害另一些利益相关者的利益，由此产生的道德风险如何解决？就一定的程度上而言，对所有的利益相关者都负责相当于对谁都不负责。（8）如果在做出决策时，高层管理者需要对各利益团体的可能相互冲突的意见进行整合，既是一件困难的事情，也是一件影响决策效率的事情。

三、生态创新环境下两种价值取向模式对立、统一与调和

股东价值取向模式和利益相关者价值取向模式之间存在着矛盾性，两者既对立又统一；在生态创新环境下，两者可以在一定程度上实现调和。

（一）两种价值取向模式的对立

两者之间的对立主要体现在两个方面：一是由于完美无瑕的外部制度环境并不存在，且制度执行环节还存在许多有待进一步改进的地方，在股东单边治理盛行的内部财务治理机制下，“理性经济人”并不能总是保持真正的理性，在追求股东财富最大化的同时，可能会产生一定逆向选择和道德风险，进而损害其他利益相关者的利益。例如，据网络报道，国内一些民营企业为了获取更高的利润竟然利用医疗垃圾制作一次性的塑料碗筷。他们的理由是：回收旧矿泉水瓶制作一次性塑料碗筷每月只能挣几千元，但利用医疗垃圾制作一次性碗筷每月能挣3万~5万元①。很显然，他们为了追寻股东财富的最大化而置消费者的生命安全于不顾。二是一些可能会提高利益相关者利益的活动，似乎与股东财富最大化目标相违背。例如，参加社区组织的公益活动、为提升员工的幸福指数而进行心理辅导、为降低“三废”的排放而投入大量的资金购买末端治理设备等，这些活动往往会耗费财力、精力且似乎不仅不能增加股东财富，甚至还可能降低股东财富。

---

① 资料来源：这些餐具是医疗垃圾做的？真是触目惊心［Z/OL］.（2016－04－12）［2017－6－30］. http：//www.sohu.com/a/68898899_349416。

（二）两种价值取向模式的统一

两种价值取向模式统一于企业责任。企业的责任既包括经济责任，也包括社会责任。制度学派认为，企业面临着两种不同的环境——技术环境和制度环境。因此，企业既是技术环境的产物，也是制度环境的产物。这两种环境对企业的要求是不一样的。技术环境要求企业有效率，按最大化原则组织生产，实现企业利润或股东财富最大化，即通常所说的企业必须承担的经济责任。而制度环境要求企业不断接受和采纳外界公认或赞许的形式、做法或“社会事实”，即承担社会责任，以获得生存所必需的合法性。

与制度的三大基础要素相对应，可以将企业的社会责任进一步区分为法律责任、道德责任与认知责任①，如图 3－1 所示。

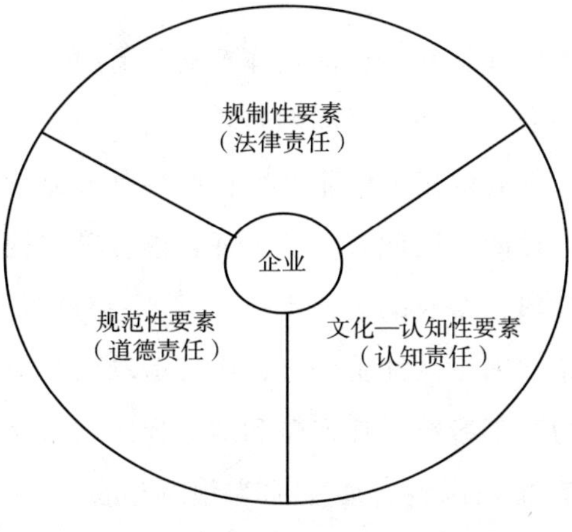

图 3－1　外部制度环境制约下的企业广义社会责任

法律责任源于规制性要素的制约。规制性要素主要包括一系列的法律、法规和规章制度，建立在强制性的基础之上，具有“硬约束”的特点。当企业违反法律责任时，便会受到法律的制裁。遵守法律、法规和相关规章制度的约定，积

① 许多文献中用慈善责任、自愿责任等来概括此类责任，本书认为此种责任主要源于企业对一些共同信仰的认知，尽管很多时候此种责任以慈善的形式表现出来，但其涵盖的范围应该不仅仅只是慈善方面。此外，只有当企业认知水平达到一定的高度时，才会履行此种责任；如果认知水平没有达到一定的高度，并不存在自愿与否的说法。因此，本书将其定义为“认知责任”。

极承担法律责任，可以使企业获得基本的合法性，Suchman（1995）将之称为一种实用合法性。

道德责任源于规范性要素的制约。规范性要素是社会上对企业应该如何行为的期待或预言，是一种约束性的期待，具有“软约束”的特点。当企业违反道德责任时，会受到道德伦理的支配。主动承担道德责任，积极将外部约束性的期待或预言内化到企业的日常行为中，可以使企业获得较高层次的合法性，Suchman（1995）将之称为一种道德合法性。

认知责任源于文化—认知性要素的影响。文化—认知性要素主要包括共同的信念、共同的行动逻辑，是一种构建式的图式，具有“零约束”的特点。积极承担认知责任，遵守“共同的情景界定、参照框架，或被认可的角色模板或结构模板”，可以使企业获得深层次的合法性，Suchman（1995）将之称为一种认知合法性。

法律责任、道德责任和认知责任的具体范畴具有时空变幻性，即三者的具体范畴随着空间的变化而变化，随着时间的转移而转移。

从横向来看，由于不同的国家的企业所面临的外部制度环境是不一样的，受到的影响和约束是不一样的，因此有一些责任可能在某个国家属于企业的法律责任，而在另一个国家却属于企业的道德责任；或者一些责任在某个国家属于道德责任，而在另一个国家却属于认知责任。以中美劳动法中对医疗保险和养老保险的规定为例，在中国为职工缴纳医疗保险和养老保险属于企业的法律责任，必须缴纳；而在美国却具有非强制性，雇主作为福利给员工缴纳医疗保险和养老保险。再如，美国企业慈善活动往往以慈善基金的形式运作，受到政府与民众的舆论制约，对企业具有软约束性；而中国企业的慈善活动，尽管也受到舆论的关注，但仅限于对行为者的美誉，不形成对行为者的约束。正因为如此，美国企业的慈善基金开始致力于解决一些问题产生的根源，而不是偏向于解决问题本身，即“授之以渔”；而中国企业的慈善活动往往限于短期的行为，即“授之以鱼”（王伟玲，2011）。

从纵向来看，即使是同一企业，由于它所处的外部制度环境也总是在不断变迁的，因此一些责任以前可能属于企业的认知责任，随着制度的变迁，变成了企业的道德责任；或者一些道德责任随着制度的变迁变成了企业必须承担的法律责任。例如，在资本主义的早期社会，慈善捐赠属于一种认知责任；但20世纪初美国经济的高速发展使财富高度集中并因此而引发了一定的社会问题，在美国特有的思想文化观念的影响下以及政府和人民的双重压力下，少数垄断财团开始拿出自己的钱财回报社会，以缓解社会压力和改善自身的不佳形象（王伟玲，2011），认知责任向道德责任演变。再如，2013年2月27日，我国环保部发布了被认为是“史上最严环保新政”的《关于执行大气污染物特别排放限值的公告》。该公告决定，在“十二五”期间，对特定区域的特定行业和特定项目实施特别排放限值。所谓特别排放限值，即在正常达标排放的基础上实行更严格的要求。因此，对于这些受到特别要求的企业而言，在该公告发布之前，正常达标排放属于其法律责任，在达标的基础上进一步减排则属于道德责任；在该公告发布之后，按该公告的要求，在达标的基础上，进一步减排到排放限制的要求，则属于一项法律责任。从法律的起源来看，许多法律规则也是从道德规范发展而来的（崔新建，2007），如果一些道德责任必须被企业内化，则道德规范上升为法律规则。

理论上而言，在时空相对固定时，三者之间的范畴是显性区分的，但在一些因素的制约下，实践中三者之间的范畴可能[①]具有一定的隐形交叉性，如图3－2所示。

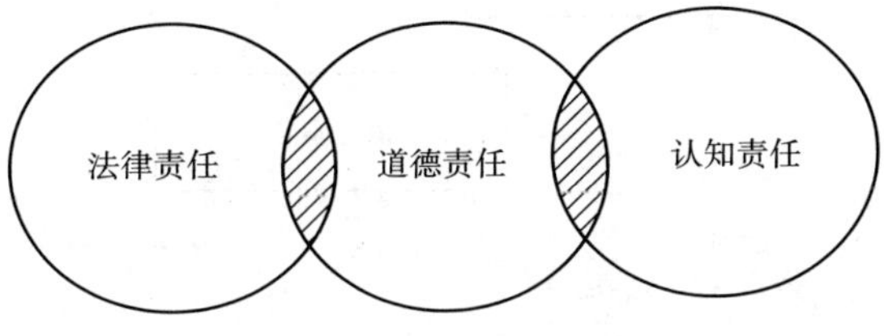

图3－2　三种责任范畴可能存在的隐形交叉图

法律责任和道德责任的隐形交叉主要源于实践中的法律“软约束”。由于完

① 强调“可能”，是因为这种交叉性在一些国家可以观察得到，是否存在于所有的国家，因为没有调查，所以不敢断言。

美无瑕的法律并不存在，或者说尽管有些国家的法律、法规和规章制度较为完善，但是由于在执行的过程中存在诸多有待进一步改进和完善的地方，因此，对一些企业而言，很多法律形式上的“硬约束”变成了的实质上的“软约束”，主要依靠企业的道德自律来承担。例如，尽管我国对高污染企业“三废”的排放有明确的法律规定，但是由于监管手段、惩罚力度、管理体制等诸多的原因，导致一些企业偷偷超标排放却逍遥法外，因此名义上的法律责任变成了实质上的道德责任。

道德责任与认知责任的隐形交叉主要源于信息的非对称性下企业的自我“漂绿”行为而导致的道德“零约束”。以 LV 为例，其推出皮草产品时，遭到一群动物福利主义者的抗议。他们以赤身裸体的方式宣称“我宁愿裸体也不穿皮草”。为此 LV 采取了一系列的“漂绿”行为，包括延迟产品上架时间、宣布用耗油最省的轮船运输代替空运、宣布制作工艺完全排除污染性胶水、减少纸板包装等。在这种强大的漂绿宣传的掩盖下，LV 时尚皮草部当年业绩上升了 10%①。

法律责任、道德责任和认知责任贯穿于企业的生产经营活动之中，三者是相互联系的，且三者之间的联系由两个看似矛盾的关系组成：路径依赖性和嵌入性，如图 3－3 所示。

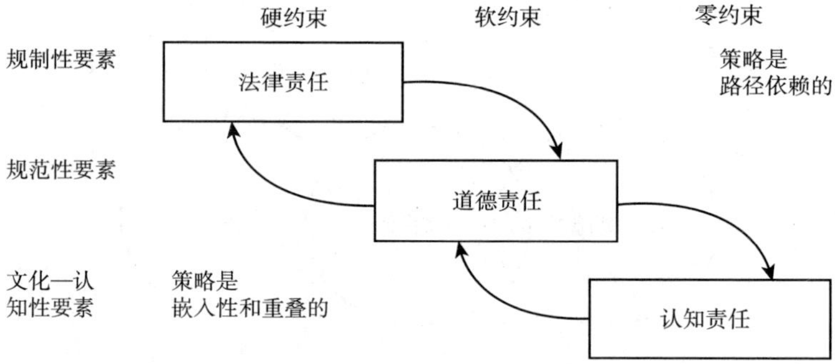

图 3－3　企业三种责任的路径依赖与嵌入性关系

一方面，路径依赖可能需要责任的累积和递进。积极承担法律责任的企业，

① 案例资料来源于百度百科——“漂绿”中所举例子。该例子源于 1992 年，绿色和平发布的绿色和平“绿洗”指南。

会更好地定位于道德责任，很难想象一个连基本的法律责任都不遵守的企业，可以承担好道德责任；而较早地承担道德责任，则有助于向认知责任的迈进。以企业对员工的责任为例，只有能按照法律规定保证员工工作环境安全并按合同约定按时支付薪酬的企业，才可能会更进一步关爱员工的身心健康；只有关爱员工身心健康的企业，才可能会进一步关怀需要帮扶的员工家属的身心健康。

另一方面，嵌入性会使没有后一种责任的履行，前一种责任的履行会变得困难。法律责任以法制为基础、道德责任受到道德的支配，认知责任源于信念。信念是道德的源泉，没有信念的企业，道德是不可能很高尚的；没有信念的企业，很难道德自律，即便可以，也很难持久。因此，如果企业有着崇高的信念，积极履行认知责任，在信念的引领下，道德责任的履行结果也会更好；道德是法制的基础，一个没有道德的企业，法律不可能起真正的作用。法律只对“君子”管用，对“小人”不管用。因此，如果企业有着良好的道德，积极履行道德责任，在道德的基础下，法律责任的履行效果也会更好。

经济责任是企业的根本责任，是企业存在的前提（崔新建，2007）。亚当·斯密（Adam Smith）在所著的《国富论》中提及，作为“经济人”的企业的基本责任就是有效配置社会资源，通过向社会提供产品和劳务以获得最大化利润。衡量社会资源配置有效性的一个标准就是效率。如果企业不积极承担经济责任，不服从效率机制的制约，以最小的投入来获得最大的产出，将会在优胜劣汰的竞争法则中被淘汰。

社会责任是企业生存和发展的保障。Scott 等（2007）认为“组织如果想要在它们的社会环境中生存下来并兴旺发达，除了需要物资资源和技术信息之外，还需要其他东西。特别是它们还需要得到社会的认可、接受与信任”。这里的“认可、接受与信任”就是社会学家们所指的合法性。合法性机制①的存在，使如果企业的行为有悖于这些责任要求，就会出现合法性的危机，会引起社会的公愤，进而给企业的发展带来极大的困难。

如果无视企业所赖以存在的制度环境以及制度环境下合法性机制的作用，单

① 所谓合法性机制，周雪光在所著的《组织社会学十讲》中将其定义为：诱使或迫使组织采纳具有合法性的组织结构和行为的观念理念。

纯从技术环境的角度来看待企业，强调经济责任的重要性，则只看见了企业作为“经济人”的一面，忽视了企业作为“社会人”的一面，容易陷入主流的新古典经济学的逻辑传统和学术范式之中。主流的新古典经济学的内在逻辑是纯经济性的（李心合，2009），考虑了企业应承担的法律责任[①]，但对道德责任和认知责任的考虑几乎是零嵌入性的。反之，如果无视企业所赖以存在的技术环境，单纯从制度环境的角度来看待企业，强调企业道德责任和认知责任，将会使企业这些责任的承担成为无源之水、无本之木。

企业经济责任的承担强调股东价值取向模式；企业社会责任的承担强调利益相关者价值取向模式。尽管两种价值取向模式源于不同的责任认知，但两种价值取向模式统一于企业责任的框架之下，如图 3－4 所示。

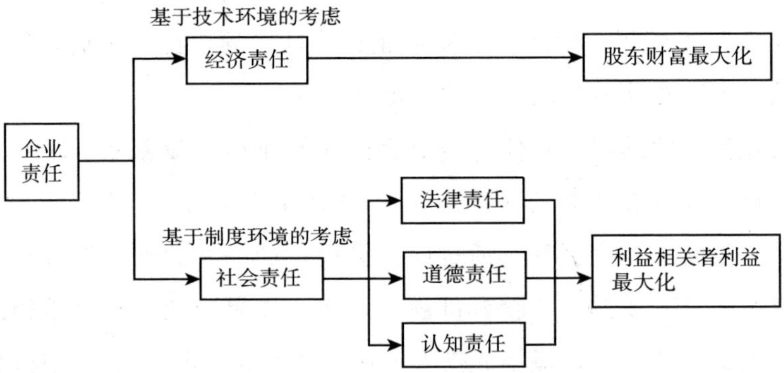

图 3－4　统一于企业责任框架的价值取向模式

（三）两种价值取向模式的调和

在生态创新环境下，两种价值取向模式可以实现一定程度的调和。以生态保护为例，越来越多的企业开始意识到环境所施加的限制，注意到企业和自然环境之间的相互作用，将未来的战略和竞争优势扎根于促进环境可持续的经济活动的能力中，通过实施以追求“二元性”绩效（环境绩效和经济绩效）为目标的生

① 新古典经济学的代表人物之一米尔顿·弗里德曼曾在他的著作中所言：企业只有一个社会责任——使用它的资源，按照游戏的规则，从事增加利润的活动。本书认为此处的“游戏规则”代表了对法律责任的考虑。

态创新来使经济责任和环境责任相融合。例如，A 股上市公司“华孚色纺”积极通过清洁生产，实现经济与资源环境的协调发展。2013 全年，公司各下属工厂持续实施清洁生产方案 156 项，全年累计投资合计约 825 万元，年节约费用（或增加收入）合计为 1023 万元。全年节约主要原料和辅助材料 1453 吨，节电 1022 万千瓦时，节汽 3245 吨；减少废水排放 45 万吨，减少 COD 排放 265 吨。从而为推动产业升级和区域环境发展做出了切实努力①。

第二节

生态创新环境下企业绩效评价总体思路

一、谁来评价

谁来评价，即评价主体的问题。评价主体不同，评价的范围、评价目标、评价指标等都会受到影响（陈共荣和曾峻，2004）。理论上，各利益相关者都可以成为企业绩效评价的主体，但各利益相关者的利益诉求是不同的，有时甚至是对立的，单纯站在某个利益相关者的角度来进行绩效评价，可能无法引导企业和谐发展。

实践中，可以考虑由政府作为评价主体。一方面，政府承担着促进经济可持续发展兼顾维护社会公平的使命，可以较好地权衡各利益相关者的利益，政府有关部门长久以来也承担着引导企业，特别是中央企业和国有企业健康发展的职能；另一方面，在推动企业经济责任和社会责任承担过程中，政府有责任设计一套合理的规制来实现两者之间的调和。据前面的分析可知，生态创新可以在一定程度上实现经济责任和社会责任的调和，可以达到经济绩效和环境绩效双赢的目标，因此，政府有责任对企业生态创新能力进行评价，并根据评价的结果进一步

① 资料来源：责任成就华孚伟业：2013 华孚色纺股份有限公司社会责任报告［R/OL］.（2014-02-28）［2017-12-30］. http://www.cninfo.com.cn/cninfo-new/disclosure/szse_sme/bulletin_detail/true/63617403?announceTime=2014-02-28。

修订和完善相关的规制，进而促使企业生态创新能力和生态创新绩效进一步提升。

二、评价什么

评价什么，即评价客体的问题。作为一个独立的法人，企业从诞生之日起，就面临着生存、发展和壮大的使命，既受到技术环境下的效率机制的制约，又受到制度环境下的合法性机制的制约；既承担着一定的经济责任，又承担着一定的社会责任。如前所述，经济责任是企业的根本责任，社会责任是企业生存和发展的保障。理论上，更应该全面评价企业经济责任和社会责任的承担效果。

但是，社会责任的范畴太广，不利于突出责任的重点。考虑到当前我国经济发展过程中，环境问题日益严重，但在环境问题的利益诉求上，缺乏一种“自我性维护”的利益主体和维护机制，主要依靠政府、行业协会以及环保 NGO 组织等代为维护，因此本书拟重点评价社会责任中环境责任的承担。

环境责任属于社会责任的一部分，包含于法律责任、道德责任和认知责任之中，四者关系如图 3－5 所示。法律明确规定的有关环境保护的责任，属于法律责任；超出法律责任以外的受到道德观念约束的环境责任，属于道德责任；超乎道德的环境责任，则属于认知责任。三个层次的环境责任范畴具有时空变幻性，在时空固定时，具有一定的交叉性[①]。三者之间存在路径依赖性和相互嵌入性，因此，在具体评价时，将三个层次的环境责任全部纳入评价的范畴。

经济责任的承担最终体现为一定的经济绩效；环境责任的承担最终体现为一定的环境绩效。如前所述，尽管这两者之间存在一定的对立性，但越来越多的企业开始重视环境问题，通过实施生态创新来达到经济绩效和环境绩效的双赢。即，在生态创新的环境下，可以实现两者的调和。因此，评价的客体之一是环境绩效和经济绩效。根据前面的理论分析和实证分析可知，环境绩效和经济绩效的统一是建立在企业生态创新基础之上的，生态创新能力的提升是环境绩效和经济

① 图中虚线覆盖的部分表示不同层次环境责任的交叉重叠。

绩效提升的根本保障，因此应该将“生态创新能力”也纳入评价的客体。综上所述，评价客体最终体现为“生态创新能力＋环境绩效＋经济绩效”。与前面相一致，生态创新能力主要包括生态管理创新能力、生态流程创新能力和生态产品创新能力；环境绩效主要包括显性环境绩效和隐性环境绩效；经济绩效主要包括财务绩效驱动因素和结果性财务绩效。

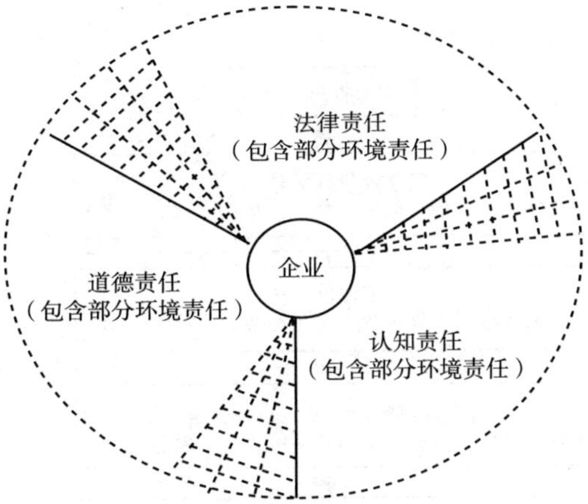

图3－5　环境责任和三类社会责任之间的关系

三、评价目标

评价总目标为：促进企业更好地履行环境责任和经济责任，通过生态创新实施达到环境绩效和经济绩效的双赢。

评价具体目标为：（1）促使企业将外部环境责任的承担内化到企业日常的经营活动当中；（2）促使企业注重对节能绩效和减排绩效的考核；（3）促使企业重视环境声誉，通过一系列的渠道和方式来提升外部合法性；（4）促使企业通过一系列措施来维护通过生态创新所获取的竞争性优势；（5）促使企业注重将合法性绩效和竞争性绩效转化为财务绩效驱动因素；（6）促使企业将财务绩效驱动因素转化为结果性财务绩效。

四、评价过程

根据评价的目标，拟进行多指标综合评价。多指标的综合评价既是一个物理的过程，也是一个定量的思维过程（苏为华，2000）。一般而言，完整的多指标综合评价包括以下几个阶段，如图3－6所示。

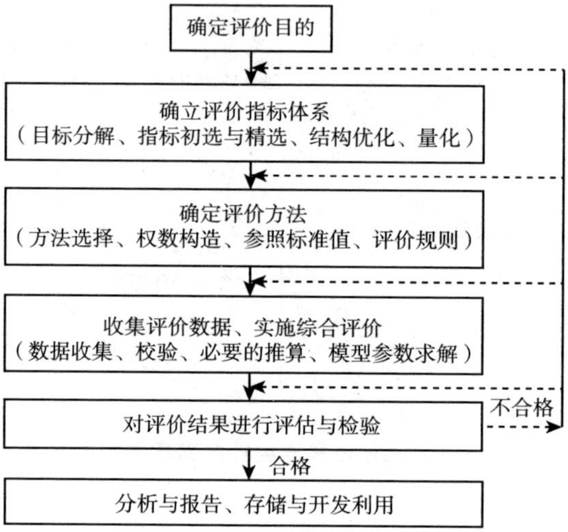

图3－6　多指标综合评价的物理过程

资料来源：苏为华．多指标综合评价理论与方法研究［D］．厦门：厦门大学，2000：8。

综合评价方法有很多，既包括德尔菲法、效用函数综合评价方法、综合指数法等常规的方法，也包括主成分分析法、因子分析法、聚类分析法和判别分析法等多元统计方法；既包括DEA法、AHP法、ELECTRE法、TOPSIS法等运筹方法，也包括模糊评判法、灰色评价法、信息熵评价法、神经网络评价法、遗传算法等其他方法。本书将采用效用函数综合评价方法。之所以选择效用函数综合评价方法，是因为该方法既是一种基础的评价方法，也是一种非常实用、有效的综合评价方法，其评价效率和准确性绝不逊于那些数学过程复杂得令人眼花缭乱的方法（苏为华，2000）。

所谓效用函数综合评价方法，就是按照一定的方法将每一个评价指标量化成对评价问题进行测量的一个同度量化值，即效用函数值，然后再按一定的合成模型，加权合成后求得总评价值。其一般的公式为：

$$F=\xi(w_i, y_i / i=1, 2, ..., p) \tag{3-1}$$

其中，w_i为单项评价指标x_i的权数；$y_i=f_i(x_i)$为x_i的效用函数评价值，也被称为“同度量化值”或“无量纲化值”；f_i为x_i的效用函数，也称为“同度量化函数”或“无量纲化函数”。因此，在综合评价指标体系已经确定的前提下，关键是指标权重的确定、效用函数的确定以及合成方法的选择。本书将在第四章详细介绍综合评价指标体系的构建，在第五章详细介绍指标权重的确定、指标的无量纲化以及指标合成方法的选择。

第三节 生态创新环境下企业绩效评价模型构建

一、构建思路

根据前面确定的评价主体、评价客体、评价目标以及生态创新、环境绩效和经济绩效三者之间的传导路径，拟建立一个多维度、多层次、内在逻辑关系明确的评价模型。

二、模型构建

首先，根据评价的目标以及评价的对象，确定评价的维度。据前面的分析可知，评价的对象主要包括：生态创新能力、环境绩效和经济绩效。环境绩效又可以进一步分为显性环境绩效和隐性环境绩效；经济绩效又可以进一步分为财务绩效驱动因素和结果性财务绩效。因此，评价的维度相应地确定为这五个层面。

其次，根据生态创新能力、环境绩效和财务绩效三者之间的传导路径，明确各维度之间的内在逻辑关系，并确定各维度的层次性。前面的研究表明，生态创新是驱动企业实现环境绩效和经济绩效双赢的源动力；环境绩效在生态创新与经济绩效之间有一定的传导作用；财务绩效驱动因素在环境绩效与结果性财务绩效之间有一定传导作用。因此将能力（包括生态管理创新能力、生态流程创新能力和生态产品创新能力）维度确定为评价的第一层次；环境绩效（包括显性环境绩效和隐性环境绩效）维度确定为评价的第二层次；财务绩效驱动因素维度确定为评价的第三层次；结果性财务绩效维度确定为评价的第四层次。对能力的评价作为起点，对结果性财务绩效评价为终点，上一层次的评价为下一层次的评价做铺垫。综上所述，评价模型可以确定为一个五维度四层次的模型，如图 3－7 所示。

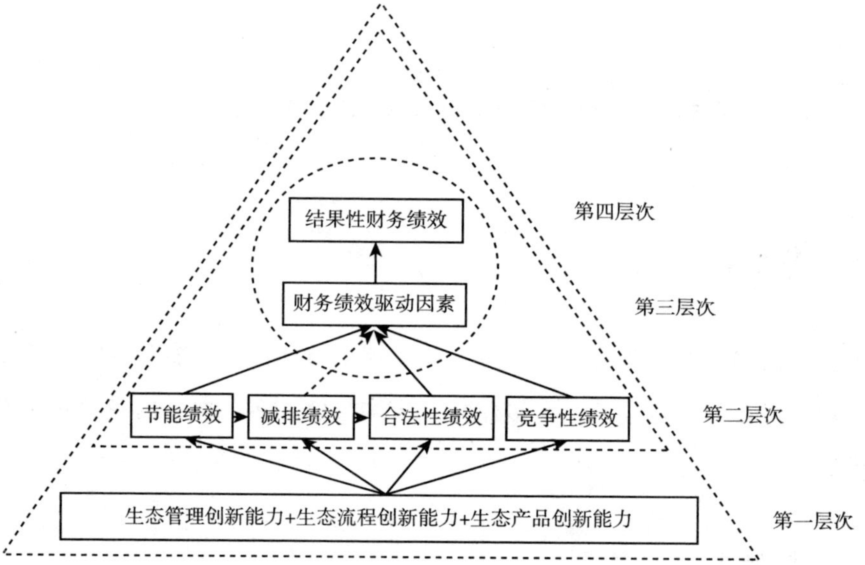

图 3－7　生态创新绩效评价层次模型

三、模型转换

考虑到现代企业的绩效评价不仅具有评价的功能，也是企业战略管理的工具，因此结合企业的战略规划，以企业原有的战略为中心，嵌入生态创新战略，以驱动企业的显性环境绩效和隐性环境绩效，进而提升财务绩效驱动因素，最终反映在企业的结果性财务绩效上。内环引领或驱动外环，进而实现环境绩效和经济绩效的共赢，如图 3－8 所示。

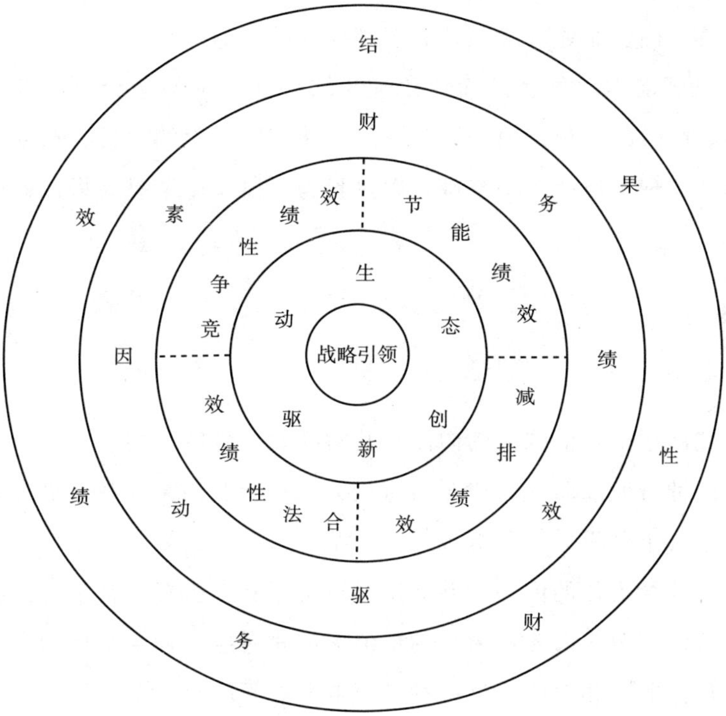

图 3－8　嵌入战略的生态创新绩效评价模型

四、模型特点

以上模型主要有以下特点：

（1）各层次既可独立发挥作用，又存在严密的内在逻辑关系。第一层次可以独立适用于对企业生态创新能力的评价；第二层次可适用于对企业环境绩效评价；第三层次可适用于对企业过程性绩效评价；第四层次适合对企业结果性财务绩效评价；下一层次能力或绩效推动上一层次能力或绩效。

（2）多维度、多层次性，既可以满足整体评价的需要，又可以适应不同的评价需求。不同的利益相关者，评价的目的不同，关注的重点不同。企业管理者可能在某一时期特别关注企业生态创新能力的提升；而政府、企业所在的社区或环保主义者可能非常关注企业的环境绩效；投资者可能重点关注企业的财务绩效。因此，本评价模型既可满足不同的利益相关者的评价需求，也可以用于对企业的综合评价，确保企业环境绩效和经济绩效的双赢。

（3）实现了能力评价、过程性评价和结果性评价的结合。模型中的第一层次注重对企业能力的评价，第二、第三层次注重对过程的评价，第四层次注重对结果的评价，体现了以能力为基础、以过程为手段、以结果为目标的评价理念。

本章小结

本章首先阐述了价值取向的内涵及其对绩效评价的作用，然后对存在的企业绩效评价的两种价值取向——股东财富最大化和利益相关者利益最大化的理论基础、优缺点进行了分析。在此基础之上，结合组织社会学的新制度主义理论，重新界定了企业社会责任的内涵，并提出经济责任和社会责任都是企业必须承担的责任，经济责任与股东财务最大化的价值取向相对应；社会责任与利益相关者利益最大化的价值取向相对应，这两种价值取向之间既对立又统一，在生态创新环境下，可以实现调和。在此基础上，进一步明确了评价主体、评价客体、评价目标和评价方法，并构建了生态创新环境下企业绩效评价的模型，对模型的特点进行了阐述。

第四章

生态创新环境下企业绩效评价指标体系构建

本章将首先对国内外企业绩效评价指标体系的历史演进进行梳理，为指标体系的构建提供历史借鉴。然后在第三章建立的框架之下，对指标体系的构建进行探讨。

第一节 企业绩效评价指标体系历史演进

一、国外企业绩效评价指标体系的历史演进

西方国家企业绩效评价指标体系的历史演进大致可以分为四个阶段：（1）成本模式占主导的阶段（19 世纪初至 20 世纪初）；（2）财务模式占主导的阶段（20 世纪初至 20 世纪 80 年代）；（3）对财务模式的改进阶段（20 世纪 90 年代至 20 世纪末）；（4）社会责任理念持续融入阶段（21 世纪初至今）。

（一）成本模式占主导的阶段

19 世纪初期，美国的纺织业、铁路业、钢铁业和商业的管理者设计了一些较为简单的成本指标（例如，每码成本、每公里成本和每吨成本等）来评价企业内部生产效率。尽管这些指标比较简单且是一种事后的评价，但这与当时企业

的产品和业务较为单一、企业间竞争并不激烈的环境是相容的。此后，随着资本主义商品经济的发展，简单的成本指标已经不能满足管理的需要，人们开始区分直接成本和间接成本，使成本计算和成本控制更趋合理。但是，此时的成本计算和成本控制仍然只是局限在事后阶段。19 世纪末 20 世纪初，随着资本主义商品经济进一步发展、企业产品品种的增加以及企业之间竞争的加剧，单一的事后成本管理已经不能满足这一时期管理的需求。科学管理之父泰罗通过对工作效率的研究提出了新的成本控制理念，即通过建立单位产品的原材料消耗和人工消耗的数量标准来进行事前、事中成本控制。之后，该理念被运用于实践，且工程师与会计师联手将数量标准转换为价格标准（例如，单位产品的人工成本、单位产品的原材料成本等），进而建立了标准成本制度。标准成本制度的建立，大大地提高了劳动生产率，标志着企业成本管理由消极、被动的事后评价向积极、主动的事前预算和事中控制的转变。制定标准成本，预算成本控制，成本差异分析成为该时期企业绩效评价的主要手段，且此种手段仍是目前成本控制的主要方式（温素彬，2005）。

（二）财务模式占主导的阶段

20 世纪初，随着资本市场的发展以及所有权和经营权的进一步分离，作为委托者的外部利益相关者——投资者和债权人，开始关注企业的财务状况和经营成果。1903 年，杜邦火药公司第一次开始使用“投资报酬率”这一指标评价公司业绩[①]。杜邦公司的财务主管唐纳森·布朗（Donaldson Brown）在实践中发明了至今仍在被广泛学习和使用的“杜邦分析系统”。该分析系统在当时的企业管理中发挥了巨大的作用，促使了财务指标在绩效评价中的主导地位（王化成和刘俊勇，2004）。1929～1933 年爆发的经济危机导致很多企业一夜之间濒临倒闭，这使企业的投资者和债权人更加关注企业的财务状况和经营成果。作为受托者的管理层为了更好地履行对投资者和债权人的受托责任，也将更多的注意力放到对财务状况和经营成果的评价上。Melnnes 通过对 30 家美国跨国公司 1971 年的业

---

① A. 丹尼尔. 管理思想的演变［M］. 北京：中国社会科学出版社，1997：278。

绩进行分析后发现这些公司最常用的绩效评价指标是投资报酬率；Persen 和 Lezzig（1979）通过对 400 家跨国公司进行问卷调查后发现用于企业绩效评价的指标还有销售利润率、每股收益率以及现金流量等指标。这些分析和调查的结果表明，当时绩效评价中占主导地位的是以投资报酬率、销售利润率等为代表的财务指标。

财务指标之所以在这一时期的绩效评价中占主导地位，除了受到外部利益相关者的影响之外，还受到当时外部制度环境的影响。1929～1933 年的经济危机之前，企业对外披露的财务报告的内容以及对外披露的格式没有相关规定。经济危机之后，为了加强对投资者的保护，来自企业外部的各种规范和会计准则越来越多（例如，1933 年美国颁布的证券法、1934 年美国颁布的证券交易法等），这些要求导致企业将越来越多的注意力集中在对外财务报告的编制上，而不是放在有利于企业内部管理决策和控制服务改善的信息方面（Atkinson et al.，1997），这也是业绩评价中广泛使用财务指标的一个重要的原因（王化成和刘俊勇，2004）。

此外，财务指标自身所具备的优点，也决定了它在绩效评价的历史舞台上会占有很重要的一席之地。众所周知，计算财务指标所需要的数据主要源于会计数据。会计数据最大的优点是易于获取，这使财务指标的计算相对简单；并且，由于会计数据受到公认会计原则的制约，可比性强。会计数据的这些特点使以财务指标为主的绩效评价具有很强的可操作性。

（三）对财务模式的改进阶段

进入 20 世纪 70～80 年代以后，随着卖方市场向买方市场的转变以及市场竞争的加剧，企业管理的重心也逐步由成本管理向客户管理发展，财务指标自身所固有的局限性开始日益暴露出来。这些局限性主要体现在以下四个方面：

第一，财务指标只是结果性指标，单纯地以财务指标进行绩效评价，忽略了对过程的控制。因为计算财务指标所需数据主要取自财务报表，而财务报表是结果性的报表，等到结果已经出来时再进行评价，只是一种事后的评价，忽略了对驱动结果的过程评价，使绩效评价的作用大打折扣。这就好比家长对孩子的学习成绩进行考核一样，如果平时不管不问，等到期末考试成绩出来后再进行评价，无论如何也无法改变既定的成绩；反之，如果家长平时注重对孩子学习过程的控制，如关注孩子每天有没有按时完成作业，有没有做好课前预习、课后复习等事项，如果这个过程控制好了，结果就可能不会太差。

第二，财务指标中的利润指标没有考虑到权益资金的资本成本，不利于引导企业的科学决策。例如，某企业资本成本总额 100 万元，其中债务资金 20 万元，权益资金 80 万元。假设投资当年获得净利润 5 万元。从会计的角度来讲，企业盈利了。但是，如果把权益资金的资本成本考虑进来，结果未必如此。由于在净利润指标的计算过程中，只扣除了支付给债权人的资本成本（主要体现在财务费用部分），而没有扣除应该支付给投资者（股东）的资本成本，使该指标的科学性大打折扣。事实上，假设投资者期望的投资报酬率为 10%，以此作为权益资金的资本成本，则在考虑了权益资金的资本成本后，企业当年创造的价值为 -3 万元①。

第三，单纯地以财务指标进行考核，容易导致企业的短期行为，不利于企业的长期可持续发展。当以投资报酬率等财务指标作为绩效考核的主要指标时，必然引导企业向利润最大化的方向发展，而利润最大化的目标并非企业财务管理的最优目标。因为该目标并未给出一个具体的时间期限，是现在利润最大化，还是明年的利润最大化，或者是以后年度的利润最大化。在这一种模糊理念的指导下，当绩效评价的结果与管理层的薪酬挂钩时，可能会导致管理层采取一些有利于自身利益但不利于企业长期可持续发展的短期行为。

第四，财务指标容易被操纵，使财务指标的真实性蒙上阴影。由于计算财务指标数据取自会计报表，而会计报表又受到公认会计原则的制约，在以原则为导向的准则体系下，会计报表数据存在一定的调节空间。此外，有些企业在利益的驱动下，为了使财务指标数值符合预期，不惜通过各种手段来粉饰报表。美国的安然、欧洲的帕玛拉特以及中国的绿大地等都是通过会计数据造假来粉饰报表的典型代表。

---

① -3 万元 = 5 - 80 × 10%。

基于上述财务指标的局限性，传统的以财务指标为主的绩效评价模式越来越不能引导企业朝着正确的方向发展，财务指标受到的批评也越来越多，理论界和实务界都希望对此进行改进。概括而言，改进的思路主要有以下三种：

第一种思路是：在原有财务指标的基础上进行调整，降低会计扭曲，还原经济实质。在这一思路下，经济增加值（economic value added，EVA）于1991年被美国思腾思特公司创造出来，成为价值模式的代表。EVA是从税后净营业利润中扣除企业使用的所有资金[①]的资本成本后的真实经济利润。其背后的逻辑是：企业所用的每一分钱——无论是权益资金还是债务资金，都付出了一定的代价，都有其成本。只有当企业创造的利润超出这些成本后仍有剩余，才是真正为投资者创造了财富。1993年，EVA在《财富》杂志的封面故事中被称为“当今最为炙手可热的财务理念”，并作为公司治理和业绩评估的标准在全球范围内迅速广泛传播。

第二种思路是：放弃财务指标，改用非财务指标[②]。此种思路的逻辑是：既然财务指标存在一定的缺陷，且为结果性指标，那么放弃结果性的财务指标，全部改用过程性的非财务指标，过程控制好了，结果自然而然也就好了。但是，企业实践表明，存在为数不少的企业，过程控制的很好，各项指标都符合预期，但财务结果却不尽如人意。这就好比一个学生平时每门功课都非常优秀，但在高考时临门一脚却射偏了。导致此种现象的主要原因可能存在两个方面：一方面，受到“有限理性”的制约，随着外部环境的改变，曾经视为驱动绩效的因素不能再有效地发挥作用；另一方面，利益相关者之间的平衡被打破了，但结果未体现出新的利益平衡，也就会出现结果的非理性（张蕊，2015）。因此，该种思路只是昙花一现，并未得到理论界和实务界的青睐。

第三种思路是：在财务指标的基础上增加非财务指标，实现财务指标和非财务指标的融合。在这一思路下，最具有代表性的是Kaplan和Norton创造的平衡

① 既包括权益资金也包括债务资金。

② 卡普兰和诺顿在其所著的《平衡计分卡：化战略为行动》一书中提及了此种改进的思路，并对此种改进的思路进行了评判。

计分卡（balanced scorecard，BSC）。两人于1992年、1993年和1996年分别在《哈佛商业评论》上发表了《平衡计分卡：良好绩效的测评体系》《平衡计分卡的实际应用》及《把平衡计分卡作为战略管理体系的基石》，提出了著名的平衡计分卡方法，开创了业绩评价研究新的里程碑。平衡计分卡突破了传统上以财务指标作为唯一评价指标的衡量工具，它以企业的战略为基础，将各种衡量的方法有机结合，实现了财务指标与非财务指标的平衡、战略评价与战术评价的平衡以及结果指标与动因指标的平衡，有效解决了战略制定与战略实施之间的脱节，促进了组织的持续发展（张敦力，2014）。

（四）社会责任理念持续融入阶段

随着生态环境持续恶化以及利益相关者理念的不断深入，人们越来越深刻认识到，企业作为一个"社会公民"，不仅应该承担经济责任，还应该承担社会责任。20世纪80年代以来，美国的各个州相继修改了公司法，要求公司的经理既应该服务于公司的股东，还应该服务于公司的其他利益相关者，这实际上就是要求企业承担社会责任（贾生华和郑海东，2007）。

1989年，阿拉斯加海湾漏油事件发生，肇事的埃克森美孚石油公司董事长拒绝向媒体披露信息。事后，当地社区和公众希望公司定期披露环境信息以便了解公司的善后改善措施，该事件催生了全球报告倡议组织（global reporting initiative，GRI）。GRI成立于1997年，由"对环境负责经济体联盟"（coalition for environmentally responsible economies）协同联合国环境规划署（United Nations Environment Programme）发起召集，秘书处设在阿姆斯特丹。2000年，GRI发布了第一代《可持续发展报告指南》（简称G1）。此后，GRI于2002年、2006年、2011年和2013年对《可持续发展报告指南》进行了更新发布，分别简称为G2、G3、G3.1和G4。该指南旨在引导企业从经济、环境和社会三个角度出发，向利益相关者披露企业用以管理和改善经济绩效、环境绩效和社会绩效的行动、结果以及未来的改进策略；该指南并非是行为守则或绩效标准，但是它将社会责任的理念嵌入绩效评价中。

二、中国企业绩效评价指标体系的历史演进

中国企业绩效评价指标体系的历史演进是在政府的主导下展开的。中华人民共和国成立以来，中国企业绩效评价指标体系的历史演进大致可以分为四个阶段：（1）中华人民共和国成立后至《企业财务通则》颁布之前（1949～1992年）；（2）《企业财务通则》颁布之后至《国有资本金绩效评价规则》颁布之前（1993～1999年）；（3）《国有资本金绩效评价规则》颁布之后至“科学发展观”确立之前（1999～2007年）；（4）“科学发展观”确立之后至今（2007年至今）。

（一）中华人民共和国成立后至《企业财务通则》颁布之前

中华人民共和国成立后，借鉴苏联模式，实行了高度集中的计划经济管理体制。与这种管理体制相适应，形成了一套以产值和产量为中心的考核体系。这一体系对提高企业生产能力、缓解战后物资供应紧张的局面、迅速建立起较为完善的工业体系和巩固国有经济的主导地位发挥了巨大的作用（陆庆平，2006），但也导致企业片面最求高速度、高增长，忽视经济效益，造成极大浪费。十一届三中全会后，在国有企业的管理上，国家先后实行了提取企业基金、企业利润留成、利改税、经营承包责任制等改革，企业由过去单一的生产主体变为“责、权、利、效”相结合的主体。因此，对企业的考核指标也从以产值和产量为主逐步过渡到以收入、费用、利税等指标为主。例如，1982年，国家经贸委、国家计委等六部门颁布的《定期公布主要经济效果指标的实施细则》中的“16项主要经济效果指标”中既有产值和产量指标，又包括收入、成本和利税等指标；1992年，国家计委、国务院生产办、国家统计局在《关于改进工业生产评价考核指标的报告》中提出的6项考核指标中，只包括利税、成本等指标，不再包括产值和产量指标。这一考核理念的转变对促进经济结构调整，提高企业经济效益无疑发挥了巨大的作用，但是这些指标的设置，主要是为了满足政府部门的管理需求，其基本框架并无实质性变化（温素彬，2005）。

(二)《企业财务通则》颁布之后至《国有资本金绩效评价规则》颁布之前

1992 年 11 月，为适应当时我国社会主义市场经济发展要求，财政部颁布了《企业会计准则》和《企业财务通则》，这“两则”的颁布被视为中国会计改革和企业绩效评价改革的重要里程碑。基于企业偿债能力、营运能力以及盈利能力，《企业财务通则》第 43 条提出了“企业总结、评价财务状况和经营成果”的 8 项财务指标。该评价指标体系首次引入了西方发达国家企业绩效评价中通行的一些财务指标，如流动比率、速动比率、存货周转率等，标志着我国企业绩效评价开始向国际接轨，但该指标体系中仍然保留了一些具有时代特色的指标，如“营业收入利税率”，这意味着该指标体系仍然带有计划经济管理体制的痕迹。

1993 年 11 月，中共十四届三中全会通过了《关于建立社会主义市场经济体制若干问题的决定》，提出了建立产权清晰、权责明确、政企分开、管理科学的现代企业制度要求。按照这一要求，为了综合评价和反映企业经济效益状况，财政部在仔细研究的基础上，于 1995 年颁布了《财政部企业经济效益评价指标体系（试行)》。该指标体系由总资产报酬率等 10 项指标构成，主要的特点有：(1) 与国际惯例进一步接轨，但仍保留了一定的中国特色。例如，参照国际通行的做法，将《企业财务通则》(1993) 中的“营业收入利税率”改为“销售利润率”，“资本金利润率”改为“资本收益率”；增加了总资产报酬率、资本保值增值率、社会贡献率和社会积累率，而社会贡献率和社会积累率这两个指标仍然带有中国特色。(2) 从多个利益相关者的角度出发，注重综合评价。分别从投资者、债权人以及国家或社会三个方面“反映企业盈利能力和资本保值增值情况、企业资产负债水平和偿债能力、企业对国家或社会的贡献水平”。(3) 兼顾企业经济效益和社会效益。从这两个方面反映企业对国家或社会的贡献情况，改变了过去几十年来用实现税利或上缴税利多少来衡量企业贡献大小的做法。

1997 年 10 月，国家统计局、国家计委和国家经贸委按照“指标体系具有宏观导向性、科学合理性和可操作性的原则”，对 1992 年在《关于改进工业生产评价考核指标的报告》中提出的6项指标进行了调整和补充，提出了《关于改进工业经济效益评价考核指标体系的内容及实施方案》。新的指标体系由总资产贡献率等7项指标构成，旨在反映“企业盈利能力、发展能力、偿债能力、营运能力、产出效率、产销衔接状况六个方面”。事实上，该指标体系中“资本保值增值率”指标主要反映的是资本运营效率与安全状况，未能充分反映出企业发展能力，因此，在反映企业发展能力上，该指标体系尚显不足。

这一阶段的企业绩效评价指标体系的共同特点是：（1）以财务指标为主，且参照国际通行的指标和做法，开始与国际接轨；（2）指标设置多元化，不再仅仅只是侧重于国家宏观管理的需要；（3）主要涉及企业盈利能力、营运能力和偿债能力评价，基本不涉及发展能力评价；（4）都是结果性指标，忽略了过程性指标；（5）主要基于企业经济责任，未考虑到企业应该承担的环境责任。

（三）《国有资本金绩效评价规则》颁布之后至“科学发展观”确立之前

为适应社会主义市场经济体制和政府职能转变的需要，提高绩效评价的科学有效性，强化企业激励与约束机制，财政部等四部委于1999年6月联合印发了《国有资本金效绩评价规则》和《国有资本金绩效评价操作细则》，重新制定了企业绩效评价指标体系。该指标体系由基本指标（8项）、修正指标（16项）和评议指标（8项）三个层次构成。基本指标和修正指标主要侧重于对企业的盈利能力、营运能力、偿债能力以及发展能力进行定量评价；评议指标主要侧重于对领导能力、管理水平、员工素质等八个方面进行定性评价。该指标体系初步实现了财务指标和非财务指标相结合、定性评价和定量评价相结合；开始重视从企业现金流量水平角度（例如，现金流动负债比率）进行评价；开始采用国际通行的反映企业发展能力的指标（例如，三年资本的平均增长率等）进行评价。

“为适应企业效绩评价工作深入开展的需要，规范企业效绩评价行为，增强评价结果的客观公正性，促进建立有效的激励与约束机制，加强国有企业监管”，财政部等五部委根据各方的意见和建议以及评价工作中显现出来的问题，对《国有资本金效绩评价操作细则》进行了重新修订，于2002年2月印发了《企业效绩评价操作细则（修订)》。修订后的绩效评价指标体系沿用了原有的四个评价维度，评价指标数量由32项调减至28项。基本指标、修正指标和评议指标的数量之比为8∶12∶8。内容的调整主要体现在：(1) 进一步重视对企业主营业务的盈利能力评价，将原来的“销售（营业）利润率”调整为“主营业务利润率”；(2) 进一步重视从企业现金流量的角度进行评价，增加了“盈余现金保障倍数”；(3) 注重对企业销售增长水平、技术投入水平、发展创新能力和社会贡献能力评价，增加了“三年销售平均增长率”“技术投入比率”“发展创新能力”和“综合社会贡献”；(4) 废除了一些与国际惯例不符的指标，如“资产损失比率”“经营亏损挂账比率”等。因此，与原有的评价指标体系相比，该指标体系更加科学，更有利于引导企业重视技术投入和发展创新。

2006年9月，“为规范开展中央企业综合绩效评价工作，有效发挥综合绩效评价工作的评判、引导和诊断作用，推动企业提高经营管理水平”，国务院国有资产监督管理委员会印发了《中央企业综合绩效评价实施细则》。该细则中实施的综合绩效评价指标体系由22个定量的财务绩效指标和8个定性的管理绩效指标构成。其中，22个定量的财务绩效指标由8个基本指标和14个修正指标构成，主要从企业盈利能力、资产质量、债务风险及经营增长4个方面来衡量企业的经营状况；8个管理绩效指标主要从战略管理、基础管理、经营决策、人力资源、发展创新、风险控制、行业影响及社会贡献方面衡量企业在一定时期的管理成效。

2006年12月，财政部颁布了修订后的《企业财务通则》，其中第六十七条规定：“主管财政机关应当建立健全企业财务评价体系，主要评估企业内部财务控制的有效性，评价企业的偿债能力、盈利能力、资产营运能力、发展能力和社会贡献”。

与上一阶段相比，这一阶段的企业绩效评价指标体系的主要的、共同的特点是：(1) 仍然以财务指标为主，辅以非财务指标，实现了财务指标和非财务指标的融合，定性评价和定量评价的融合；(2) 既涉及对盈利能力、营运能力和偿债能力的评价，也涉及对发展能力的评价。

（四）“科学发展观”确立之后至今

党的十七大报告[①]中在阐述“深入贯彻落实科学发展观”时指出“科学发展观，第一要义是发展，核心是以人为本，基本要求是全面协调可持续，根本方法是统筹兼顾”。坚持科学发展观，“必须坚持全面协调可持续发展。要按照中国特色社会主义事业总体布局，全面推进经济建设、政治建设、文化建设、社会建设，促进现代化建设各个环节、各个方面相协调，促进生产关系与生产力、上层建筑与经济基础相协调。坚持生产发展、生活富裕、生态良好的文明发展道路，建设资源节约型、环境友好型社会，实现速度和结构质量效益相统一、经济发展与人口资源环境相协调，使人民在良好生态环境中生产生活，实现经济社会永续发展”。

党的十八大报告[②]中首次单篇论述了“生态文明”，提出“必须更加自觉地把全面协调可持续作为深入贯彻落实科学发展观的基本要求，全面落实经济建设、政治建设、文化建设、社会建设、生态文明建设五位一体总体布局”，“加强生态文明制度建设。保护生态环境必须依靠制度。要把资源消耗、环境损害、生态效益纳入经济社会发展评价体系，建立体现生态文明要求的目标体系、考核办法、奖惩机制”。

党的十九大报告中[③]，进一步提出“加快生态文明体制改革，建设美丽中国”，“推进绿色发展。加快建立绿色生产和消费的法律制度和政策导向，建立健全绿色低碳循环发展的经济体系”，“构建政府为主导、企业为主体、社会组织和公众共同参与的环境治理体系”。

随着科学发展观的不断深入贯彻落实、资源节约型和环境友好型社会建设的不断推进以及生态文明建设的不断深化，对环境绩效的考核在企业的绩效评价中

---

① 资料来源：胡锦涛在中国共产党第十七次全国代表大会上的报告［R/OL］.（2007－10－25）［2017－12－30］. http：//cpc. people. com. cn/GB/104019/104101/6429414. html。

② 资料来源：胡锦涛在中国共产党第十八次全国代表大会上的报告［R/OL］.（2012－11－18）［2017－12－30］. http：//cpc. people. com. cn/n/2012/1118/c64094－19612151－8. html。

③ 资料来源：习近平在中国共产党第十九次全国代表大会上的报告［R/OL］.（2017－10－28）［2017－12－30］. http：//cpc. people. com. cn/n1/2017/1028/c64094－29613660. html。

受到越来越多的重视，相应地，体现环境绩效的指标开始出现在企业的绩效评价体系中。例如，通过本书的第一次调查问卷结果就发现，在被调查的企业中，35.39%的企业将其应承担的环境责任纳入了绩效评价体系。

表4－1　　中华人民共和国成立以来绩效评价相关文件汇总

颁布时间	颁布部门	文件名称	考核指标
1982.4	国家经贸委、国家计委、国家统计局、财政部、国家劳动总局、中国人民银行	《定期公布主要经济效果指标的实施细则》[a]	工业总产值和增长率；主要工业产品质量稳定提高率；工业产品优质品率；主要工业产品产量完成计划情况；主要工业产品的原材料、燃料动力消耗降低率；每万元产值消耗的能源和降低率；工业企业产品销售收入和增长率；工业企业产值利税率和增长率；工业企业实现利润和增长率；工业企业上缴的利润和增长率；工业企业销售收入利润率和增长率；工业企业产成品资金占用率和降低率；工业企业定额流动资产周转天数和加速率；可比产品成本降低额和降低率；工业企业全员劳动生产率和增长率；工业企业职工重伤、死亡人数和降低率
1992.1	国家计委、国务院生产办、国家统计局	《关于改进工业生产评价考核指标的报告》[b]	产品销售率；资金利税率；成本费用率；全员劳动生产率；流动资金周转率；净产值率
1992.11颁布；1993.7实行	财政部	《企业财务通则》	流动比率；速动比率；应收账款周转率；存货周转率；资产负债率；资本金利润率；营业收入利税率；成本费用利润率等[c]
1995.1	财政部	关于印发《财政部企业经济效益评价指标体系（试行）》通知（财工字〔1995〕7号）	销售利润率；总资产报酬率；资本收益率；资本保值增值率；资产负债率；流动比率（或速动比率）；应收账款周转率；存货周转率；社会贡献率；社会积累率
1997.10	国家统计局、国家计委和国家经贸委	《关于改进工业经济效益评价考核指标体系的内容及实施方案》（国统字〔1997〕303）	总资产贡献率；资产负债率；资本保值增值率；流动资产周转率；产品销售率；成本费用利润率；全员劳动生产率

续表

颁布时间	颁布部门	文件名称	考核指标
1999. 6	财政部、国家经贸委、人事部、国家计委	关于印发《国有资本金效绩评价规则》《国有资本金效绩评价操作细则》的通知[d]（财统字〔1999〕2号）	净资产收益率；总资产报酬率；总资产周转率；流动资产周转率；资产负债率；已获利息倍数；销售（营业）增长率；资本积累率；资本保值增值率；销售（营业）利润率；成本费用利润率；存货周转率；应收账款周转率；不良资产比率；资产损失比率；流动比率；速动比率；现金流动负债比率；长期资产适合率；经营亏损挂账比率；总资产增长率；固定资产成新率；三年利润平均增长率；三年资本平均增长率；领导班子基本素质；产品市场占用能力（服务满意度）；基础管理比较水平；在岗员工素质状况；技术装备更新水平（服务硬环境）；行业或区域影响力；企业经营发展策略；长期发展能力预测
2002. 2	财政部、国家经贸委、中央企业工委、劳动保障部、国家计委	《企业绩效评价操作细则》（修订）[e]（财统字〔2002〕5号）	净资产收益率；总资产报酬率；总资产周转率；流动资产周转率；资产负债率；已获利息倍数；销售（营业）增长率；资本保值增值率；资本积累率；主营业务利润率；成本费用利润率；盈余现金保障倍数；存货周转率；应收账款周转率；不良资产比率；现金流动负债比率；速动比率；三年资本平均增长率；三年销售平均增长率；技术投入比率；经营发展战略；基础管理水平；产品市场占有能力（服务满意度）；经营者基本素质；在岗员工素质；技术装备更新水平（服务硬环境）；发展创新能力；综合社会贡献
2006. 12 颁布；2007. 1 施行	财政部	《企业财务通则》（修订）	第六十七条规定：主管财政机关应当建立健全企业财务评价体系，主要评估企业内部财务控制的有效性，评价企业的偿债能力、盈利能力、资产营运能力、发展能力和社会贡献

续表

颁布时间	颁布部门	文件名称	考核指标
2006.9颁布；2006.10施行	国务院国有资产监督管理委员会	关于印发《中央企业综合绩效评价实施细则》的通知（国资发评价〔2006〕157号）	净资产收益率；总资产报酬率；总资产周转率；应收账款周转率；资产负债率；已获利息倍数；销售（营业）增长率；资本保值增值率；销售（营业）利润率；盈余现金保障倍数；成本费用利润率；资本收益率；不良资产比率；流动资产周转率；资产现金回收率；速动比率；现金流动负债比率；带息负债比率；或有负债比率；销售（营业）利润增长率；总资产增长率；技术投入比率；战略管理；经营决策；发展创新；风险控制；人力资源；基础管理；社会贡献；行业影响

注：a. 国家统计局、财政部为了统一这些指标的计算方法，以（82）统工字140号文件发出《十六项主要经济效果指标的计算方法》。

b. 1992年2月国务院以《国务院批转国家计委、国务院生产办、国家统计局关于改进工业生产评价考核指标的报告的通知》（国发〔1992〕10号）转发了该报告。

c. 1993年颁布的《企业财务通则》第43条规定。

d. 2006年3月30日，中华人民共和国财政部令第34号——财政部关于公布废止和失效的财政规章和规范性文件目录（第九批）的决定中，将该文件废除。

e. 2011年2月21日，中华人民共和国财政部令第62号——财政部关于公布废止和失效的财政规章和规范性文件目录（第十一批）的决定中，将该文件废止。

三、企业绩效评价指标体系历史演进的启示

通过国内外企业绩效评价指标体系的历史演进，可以得到以下几点启示：（1）企业绩效评价的目标随着企业外部经济环境和制度环境的变化而变化；（2）绩效评价的目标具有动态性和相对稳定性；（3）企业绩效评价的指标随着企业绩效评价目标的调整而调整；（4）财务指标因其自身固有的优点而在业绩评价历史中占有一席之地；（5）财务指标和非财务指标的有机融合成为绩效评价的主流模式；（6）通过绩效评价将企业承担的外部责任内部化成为绩效评价的重要理念。

第二节 企业绩效评价指标体系初步构建

苏为华（2000）建立了综合评价指标体系理论，认为完整的评价指标体系理论至少应该包括“评价目标分解—指标构建原则—评价指标初选—评价指标体系检测与结构优化—评价指标形式变换—定性变量数量化”等步骤。本节将在第三章所阐述的评价目标及评价模型的基础之上，以一定的构建原则为指导，进行指标初选以及指标结构的筛选，并在第三节对评价指标体系进行最终确定。评价指标形式变换以及定性变量数量化将在第五章进行指标体系实际应用时予以阐述。

一、构建主要原则

借鉴苏为华（2000）提出的评价原则，主要包括目标性原则、全面性原则、必要性原则、层次性原则、科学性原则、可比性原则及可操作性原则。

（一）目标性原则

目标性原则，是指综合评价指标体系的构成应仅围绕着评价目标层层展开，能够引导企业朝着评价的意图发展，即“你想得到什么，就评价什么”。

（二）全面性原则

全面性原则，是指综合评价指标体系应该能全面地反映评价的目的，不能“顾此失彼”，更不能“扬长避短”，导致结论有失公允，影响评价功能的发挥。

（三）必要性原则

必要性原则，是指综合评价指标体系应注重指标体系中元素的必要性，在不失全面性的情况之下，应尽量减少体系中指标个数，应更加注重指标体系的评价功能、预测功能及决策功能的发挥（苏为华，2010）。

（四）层次性原则

层次性原则，是指综合评价指标体系应该具有一定的层次性，上一层次的指标统驭下一层次的指标，下一层次的指标反映和支撑上一层次的指标。

（五）科学性原则

科学性原则，是指综合评价指标体系构建思路必须科学、合理，每一个指标的核算内容和计算方法必须科学、准确。

（六）可比性原则

可比性原则，是指在构造评价指标时，应减少凸显某些评价对象特色的“趋向性”指标，保证所构造的指标在不同的企业之间具有可比性。

（七）可操作性原则

可操作性原则，是指应保证构造的评价指标体系中的每一个指标都能被及时、准确地收集到，该评价指标体系能够真正地付诸实践，发挥其应有的价值。

二、以分析法为主的指标初次选取

可运于综合评价指标体系初选的方法有很多种，通常有综合法、交叉法、指标属性分组法及分析法等。

所谓综合法，就是对理论界和实务界已经存在的同类指标，根据一定的标准对其进行归纳、整理，使之条理化、结构化的一种指标构造方法。例如，假设要设计一套反映企业“结果性财务绩效”的指标体系，可以将理论界或实务界提出的很多指标体系进行比较分析、归纳整理，最后综合得出一套条理化的指标体系。

所谓交叉法，即将相关联的事项进行二维、三维或多维的交叉对比，来获得指标体系的方法。例如，在设计反映企业“盈利能力”的指标体系时，通常将

“利润”和“投入”进行交叉对比以获得指标体系。

所谓指标属性分组法，即区分指标的不同属性，从不同的角度来进行指标的构造。例如，在设计“失业状态评价指标体系”时，可以从绝对数、相对数和平均数的角度出发，分别构造失业规模、失业广度和失业深度（时间）。

所谓分析法，即根据评价总目标及细化的子目标将评价对象划分为若干不同的维度（即子系统），并根据子子目标将各维度进一步细化为不同部分（即形成各级子子系统），直至每一个部分都可以用具体的指标来衡量。其基本的过程是：（1）根据评价子目标确定评价维度；（2）根据每一子目标下的子子目标确定每一维度下的组成部分；（3）根据子子目标设计关键的评价指标，直至每一个子子目标都可以直接用一个或几个明确的指标来反映；（4）将每一层次的指标分层汇总，即可得到综合评价指标体系，如图 4－1 所示。

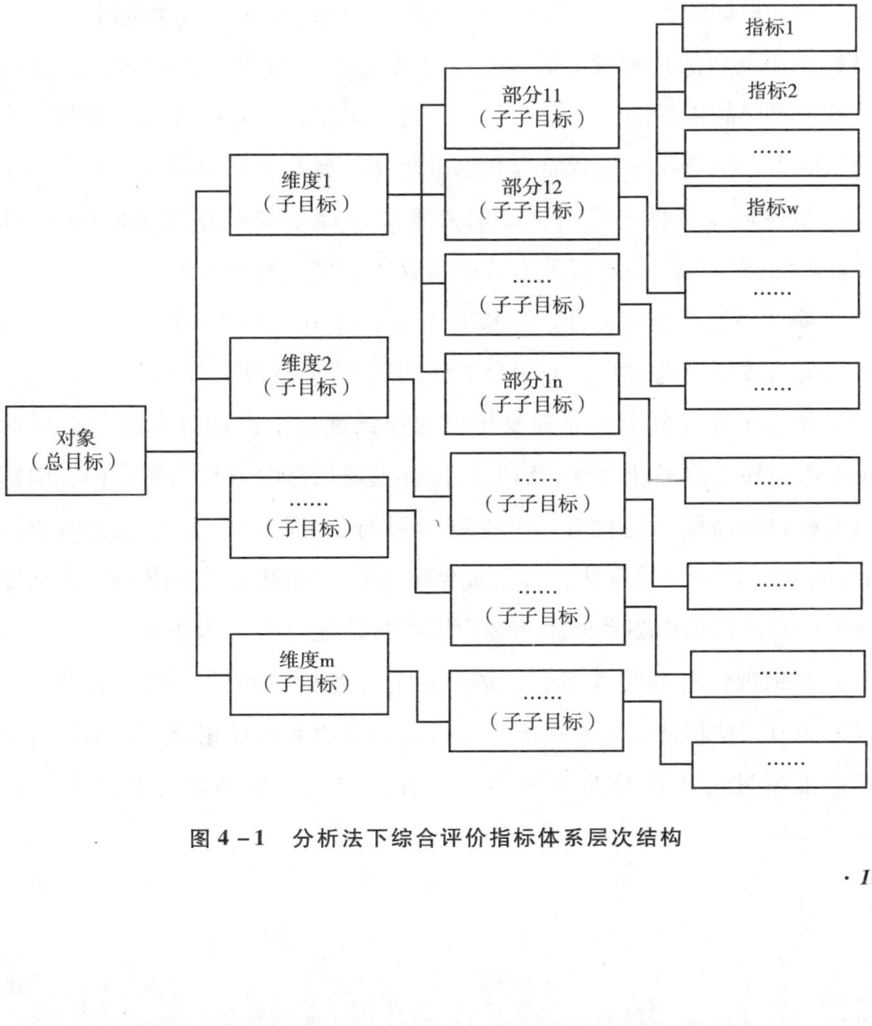

图 4－1 分析法下综合评价指标体系层次结构

以上四种方法所体现的思想在综合评价指标体系初选中往往是结合使用，其中分析法是构造综合评价指标体系最基本、最常用的方法（苏为华，2000），因此，本书拟以分析法为主，结合综合法、交叉法和指标属性分组法等进行指标体系的初选。

综上所述，根据分析法的步骤，本书综合评价指标体系初步构造如下：

第一步：根据总目标及细化子目标确定评价的维度。根据前述的评价总目标——“促使企业通过生态创新来实现环境绩效和经济绩效的双赢”，以及子目标——促使企业“生态创新能力+显性环境绩效+隐性环境绩效+财务绩效驱动因素+结果性财务绩效”提升，将综合评价指标体系分为五个维度，分别为生态创新能力、显性环境绩效、隐性环境绩效、财务绩效驱动因素及结果性财务绩效。

第二步：根据子子目标，将每一维度进一步细化。细化过程如下：

（1）生态创新能力的提升，必然要求企业生态管理创新能力、生态流程创新能力和生态产品创新能力提升。因此，将生态创新能力维度进一步细分为生态管理创新能力、生态流程创新能力和生态产品创新能力三个部分。

（2）显性环境绩效的提升，必然要求节能绩效和减排绩效的提升。因此，将显性环境绩效维度进一步区分为节能绩效和减排绩效两个部分。

（3）隐性环境绩效的提升，必然要求合法性绩效和竞争性绩效提升。因此，将隐性环境绩效维度进一步区分为合法性绩效和竞争性绩效两个部分。

（4）根据平衡计分卡的原理及传统的四维度的平衡记分卡的各个层面之间的逻辑关系可知，财务绩效驱动因素的提升主要依靠学习与创新层面、内部流程层面以及客户层面能力的提升。考虑到学习与创新层面目标与生态创新维度中“创新”目标存在一定的重叠，为了避免重复，故将财务绩效驱动因素维度进一步区分为内部流程层面驱动能力和客户层面驱动能力两个部分。

（5）根据现代财务管理理念，结果性财务绩效的提升，最终表现为盈利能力、营运能力、偿债能力及发展能力的提升，这四者相辅相成。因此，将结果性财务绩效维度进一步区分为盈利能力、营运能力、偿债能力和发展能力四个部分。

第三步：根据每一个子子目标，按照综合法、交叉法或指标属性分组法等方法，汇总、选择或构造相应的指标。设计过程如下：

（1）生态管理创新能力评价指标设计。如前所述，生态管理创新是指企业的管理部门对生态创新实施新的形式的管理。例如，采用新的系统管理生态创新、与职员交流生态创新信息等。因此，生态管理创新能力可以被界定为企业管理部门采用新形式管理生态创新的能力。生态管理创新是企业生态创新的重要支撑，它要求管理者站在企业战略的高度，从整体上对生态创新进行部署以及实施监控，是生态创新的内在助推器。生态管理创新能力越强，则越能推动企业生态创新的实施，反之，则会阻碍其发展。生态创新管理能力与企业高管层所具有的绿色环保意识及对生态文化、生态理念的塑造能力息息相关。如果企业管理者具有强烈的环保意识，关注环境，重视环境保护，当面对市场的生态需求和政策的生态导向时，就会发生耦合作用，进而推动企业生态流程创新和生态产品创新的开展。据此，设置“高管的环保意识强度”指标。此外，在企业生态创新的管理过程中，生态文化的树立和宣传具有导向作用，只有生态文化和生态理念深入人心，企业才会以生态文明的思维方式和价值标准来决定经济项目的立项、决策和实施，从而进一步推动生态文明发展。据此，设置“生态文化的建设力度”指标。同时，生态创新活动需要各个部门的相互配合，需要相关部门之间的沟通交流，也需要管理部门进行全面协调。部门之间的配合、交流和协调通常体现了生态管理创新的能力。据此，设置“部门之间配合程度”“生态创新信息交流频率”等指标。进一步来看，企业能否实施生态创新、生态创新能否有结果，关键在于企业的生态创新机制。健全、有效的机制可以激励生态创新主体的积极性，而积极性的提升可以进一步促进生态创新行为的开展。因此，设置“生态创新激励机制的有效性”指标。

（2）生态流程创新能力评价指标设计。如前所述，生态流程创新是指改进生产流程以减少对环境的影响。因此，生态流程创新能力可以被界定为改进生产流程以减少对环境影响的能力。生态流程创新能力的提升，离不开人才的支持。据此，设置“研发人员数量占比”“研发人员中硕士以上学位占比”等指标。此外，生态流程创新能力的提升，离不开资金的支持。据此，设置“技术改造及技术引进费用支出率”指标。最后，生态流程创新能力与生产过程中技术装备水平密切相关，因此，设置“设备更新率”指标。

（3）生态产品创新能力评价指标设计。如前所述，生态产品创新是指发展了新的生态产品或者对现有生态产品环境影响的进一步改善。因此，生态产品创新能力可以被界定为发展新的生态产品的能力以及改善现有的生态产品环境影响的能力。生态产品创新能力提升，同样离不开人的支持——特别是在目前开放式的创新环境下，仅仅依赖自身的力量已经无法满足创新的要求，必须密切关注企业外部环境，加强与外部的联系和合作，充分利用和整合外部的资源。例如，采用产学研一体化的创新形式。据此，设置“产学研合作创新投入力度”指标。生态产品创新能力的提升，也离不开资金的支持。据此，设置“生态创新的研发强度”和“生态创新研发占比”指标。此外，考虑到创新与学习是不可分割的，生态产品创新能力的提升是建立在对生态创新相关知识的学习和吸收的基础之上的。据此，设计“与生态创新相关培训经费投入力度”指标。最后，由于以上指标都无法直接反映企业生态产品创新能力，因此设置“生态产品开发完成率”和“生态产品销售收入占比”两个指标直接反映企业生态产品创新能力。

（4）节能绩效评价指标设计。节能绩效反映了企业在能源节约方面所具有的能力。考虑到不同的企业基础不同，为了保持指标的可比性，同时为了引导企业在自身原有的基础上不断改进，参考上市公司在对外公布的社会责任报告中披露的相关指标，设置“单位产品综合能耗降低率”“万元产值综合能耗降低率”及“万元增加值综合能耗降低率”等指标。

（5）减排绩效评价指标设计。减排绩效反映了企业在减少废水、废气和固废等方面排放的能力。为了保证指标之间的可比性，同时为了引导企业在自身原有基础上不断改进，参考上市公司在对外公布的社会责任报告中披露的相关指标，设置“单位主要污染物排放总量降低率”“‘三废’达标排放率”“工业固废回收率”及“工业固废处置利用率”等指标。

（6）合法性绩效评价指标设计。合法性绩效主要衡量企业在合法性方面所具有的能力。企业的环境声誉是企业外部合法性的直接表现。具有良好环境声誉的企业可以改善同企业外部的关系，吸引优秀的员工，增加现有员工的积极性、道德感、组织承诺及组织忠诚。据此，设置“与利益相关者之间关系融洽度”“员工环保意识水准”及“员工的组织忠诚度”三个指标。此外，由于这些指标都属于间接指标，无法直接衡量企业合法性绩效，因此设置“企业环境声誉度”这一指标直接进行衡量。

（7）竞争性绩效评价指标设计。竞争性绩效主要衡量企业在竞争性方面所具有的能力。此种能力主要体现在更低的成本、取代竞争对手或获取未来有利位置的机会上。据此，设置“生产成本下降率”“差异化优势提升度”“先发优势的提升度”“获取未来有利位置机会”等指标。

（8）客户层面驱动能力评价指标设计。客户层面驱动能力主要衡量企业获得新的客户或保留原有客户的能力。参考企业对外公布的社会责任报告中披露的相关指标，设置“客户满意度”“客户忠诚度”“客户异议平均处理周期下降率”及“生态产品市场占有率”等指标。例如，成都硅宝科技在公布的2015年社会责任报告中表明，其每年通过客户满意度的调查来不断完善其产品和服务。2012～2015年，公司客户满意度分别为：85%、85%、87%和91.85%。这些数据表明，通过对该指标的考核，该公司客户满意度整体是呈上升趋势的[①]。再如，山西太钢公布的2014年度社会责任报告显示，公司建立了质量及服务市场评价体系，实时收集和处理用户的意见和投诉，公司每日发布《用户投诉日报》《用户信息反映周报》及《用户抱怨及建议》等，使公司各层次及时了解用户的投诉情况，加快客户诉求的反应速度，提高服务效率。报告期内，客户异议平均处理周期比上年降低0.48天/件[②]。

（9）内部流程层面驱动能力评价指标设计。内部流程层面驱动能力主要衡量企业在内部生产流程方面所具有的效率。内部流程层面驱动能力越强，企业及时供货的速度越快，产品质量越可靠，客户交付的满意度越高。据此，设置“及时供货率”“产品合格率”及“客户交付满意度”等指标。

（10）盈利能力评价指标设计。所谓盈利能力，是指企业通过投入的一定的

---

① 资料来源：成都硅宝科技股份有限公司2015年度社会责任报告［R/OL］.（2016-03-19）［2017-12-30］. http：//pdf. dfcfw. com/pdf/H2_AN201603180013938834_01. pdf。

② 资料来源：山西太钢不锈钢股份有限公司2014年度社会责任报告［R/OL］.（2015-04-25）［2017-12-30］. http：//pdf. dfcfw. com/pdf/H2_AN201504240009359344_1. pdf。

资源获取利润的能力。综合理论界和实务界提出的各种指标，主要有“净资产收益率”“总资产报酬率”“营业利润率”“盈余现金保障倍数”及“成本费用利润率”等。

（11）营运能力评价指标设计。所谓营运能力，即企业营运资产的效率。综合理论界和实务界提出的各种指标，主要有“总资产周转率（次）”“固定资产周转率（次）”“流动资产周转率（次）”“应收账款周转率（次）”“存货周转率（次）”等。

（12）偿债能力评价指标设计。所谓偿债能力，是指企业偿还自身所欠债务的能力。反映企业偿债能力指标有很多，综合理论界和实务界提出各种指标，主要有“流动比率”“速动比率（酸性测试比率或酸性试验比率）”“现金比率”“资产负债率”“有形资产负债率”“产权比率（负债权益比）”“权益乘数（权益倍数）”“长期资本负债率”“已获利息倍数（利息保障倍数）”及“带息负债比率”等。

（13）发展能力评价指标设计。所谓发展能力，是指企业未来生产经营的趋势和增长水平。反映企业发展能力的指标有很多，综合理论界和实务界提出的各种指标，主要有“销售（营业）收入增长率”“资本保值增值率”“净利润增长率”“固定资产增长率”“销售（营业）利润增长率”及“总资产增长率”等。

三、基于问卷调查的指标二次筛选

一方面，由于初选指标体系只是给出了各个部分评价指标的“可能全集”，但并非“充分必要的指标全集”；另一方面，初选指标时主要是根据各子目标或者子子目标的概念及内涵来选择或构造指标，虽然强调了与目标及概念的契合，但未能从整体上把握数据之间的亲疏关系和结构关系，因此需要对初次选取的指标体系进行二次筛选。

可运用指标体系二次筛选的方法有定性方法和定量方法两大类。定性方法主要包括专家访谈及问卷调查等方法。其优点是被访谈者或被调查者能够充分发挥其主观能动性，从综合评价的本质或总目标出发，对各指标的重要性和必要性进行定量的分析与比较；其缺点是“客观性”差一些。定量方法主要包括聚类分析法、主成分分析法及逐步判别分析法等。其优点是可以通过数理统计的方法来发现定性测验下无法发现的一些问题，如指标之间区分度太低或重合度太高；其缺点在于由于定量筛选方法是依据样本来计算的，其结论必然受到样本结构的影响。若样本不能完全代表总体，则由筛选结果构造的评价函数往往只具有“一次性使用价值”，而不能用于另外的样本（苏为华，2000）。考虑到人的主观能动性发挥在保证评价指标体系所应该具有的导向作用中的重要性，本书拟采用定性方法中的问卷调查法来进行指标的二次筛选。

基于问卷调查的指标体系二次筛选的主要步骤如下：

第一步：根据初次选取的指标设计调查问卷（见附录 B）。问卷中明确各指标的含义及其计算方法，并告诉被调查者评价目的以及评分的规则。考虑到后续的指标权重确定时，还需要进行问卷调查，所以拟将这两次问卷调查合二为一，即通过此次问卷结果既可以达到指标筛选的目的，还可以据此确定指标的权重。基于此种目的，问卷中要求被调查者以满分为 10 分来判断各指标的重要性。

第二步：根据调查目的确定调查对象、调查范围和调查形式。由于此次调查的目的是对指标的重要性进行判断，而评价的目的是引导企业更好地进行生态创新进而达到环境绩效和经济绩效的双赢，因此企业的财务经理或财务总监等被纳入调查对象。此外，理论界相关专家学者的意见或建议也具有很重要的参考价值，所以他们也被纳入调查的对象。企业界的调查对象主要借助上海国家会计学院的平台，向全国会计领军人才（企业类）和上海市会计领军人才（企业类）进行发放。理论界的调查对象主要借助中南财经政法大学的平台，向财务管理专业的博士或长期从事财务管理教学的副高级职称以上的教师进行发放。

第三步：通过微信方式发放并回收问卷。考虑到微信的便利性，主要通过微信的形式发放并回收问卷。问卷利用“问卷星”平台设计后，将问卷的链接“https：//www. wjx. cn/m/17223456. aspx”直接发送至被调查者的微信上。被调查者在微信上点击该链接后即可答题。答题结束后，问卷结果将自动反馈到本人的微信上。本次调查共计发放问卷 60 份。其中，理论界 40 份，企业界 20 份。回收问卷 44 份，问卷回收率 73.33%。在回收问卷中，答题完整率为 100%。答题时间最长的为 2288 秒，最少的为 97 秒，平均答题时间为 473 秒。考虑到本人在十分了解问卷的前提下，从头到尾认真阅读完问卷大概需要 5 分钟，因此将答题时间少于 300 秒的样本予以剔除，剩下有效问卷 29 份。有效问卷占回收问卷的比率为 65.90%。

第四步：对调查问卷中的数据进行整理和分析，并根据一定的数理统计方法对指标进行二次筛选。通常而言，可以根据各指标的算术平均分来判断各指标的重要性。由于本书要求被调查者以 10 分作为满分进行打分，因此可以将算术平均分 6 分作为一个判断的临界值。平均分低于 6 分的指标，将从初选的指标体系中予以剔除。此外，由于算术平均分容易受到极端值的影响，为了消除该影响，可以通过变异系数来确定分数之间的差异性。变异系数为各指标标准差与算术平均数的比值。通常而言，当变异系数大于 0.15 时，需要谨慎考虑指标的变异性。当大于 0.4 时表明评价者对该指标的评分上存在较大的差异，可以考虑将该指标予以筛除（吕香亭，2009）。具体以多少作为判断标准，则取决于评价的目的。考虑到初选的指标体系以综合法为主，指标的数量较多，可能存在一定的重复性，为了保证指标的精简性，本书以 0.18 作为筛选的标准。利用 Stata 23.0 求出各个指标的算术平均值、标准差和变异系数，如表 4-2 所示。首先，将平均分低于 6 分的指标剔除。经统计发现，所有指标的平均分均大于 6 分，因此无指标被筛除。其次，将变异系数大于或等于 0.18 的指标剔除。这些指标有（表 4-2 中用※标识）：生态文化建设力度、研发人员数量占比、研发人员中硕士以上学位占比、设备更新率、与生态创新相关的培训经费投入力度、生态产品销售收入占比、单位产品综合能耗降低率、工业固废回收率、工业固废处置利用率、员工的组织忠诚度、企业环境声誉度、生产成本下降率、获取未来有利位置的机会、客户满意度、客户忠诚度、及时供货率、成本费用利用率、固定资产周转率、流动比率、速动比率、资产负债率、有形资产负债率、长期资本负债率、已获利息倍数、带息负债比率、资本保值增值率、净利润增长率、总资产增长率。

表 4－2　　生态创新环境下企业绩效评价指标体系初选结果评分

指标	均值	标准差	变异系数	指标	均值	标准差	变异系数
高管的环保意识强度	9.345	1.078	0.115	客户异议平均处理周期下降率	8.103	1.291	0.159
※生态创新文化的建设力度	8.138	1.529	0.188	生态产品市场占有率	8.276	1.386	0.167
部门之间配合程度	8.241	1.405	0.171	※及时供货率	8.069	1.510	0.187
生态创新信息交流频率	8.172	1.416	0.173	产品合格率	8.759	1.185	0.135
生态创新激励机制的有效性	8.483	1.353	0.159	客户交付满意度	8.655	1.203	0.139
※研发人员数量占比	8.034	1.636	0.204	净资产收益率	8.345	1.289	0.155
※研发人员中硕士以上学位占比	7.034	1.936	0.275	总资产报酬率	8.207	1.264	0.154
技术改造及技术引进费用支出率	8.310	1.339	0.161	营业利润率	8.345	1.289	0.155
※设备更新率	7.586	1.402	0.185	盈余现金保障倍数	7.586	1.296	0.171
产学研合作创新投入力度	7.828	1.284	0.164	※成本费用利润率	7.552	1.572	0.208
生态创新研发强度	8.552	1.352	0.158	总资产周转率	7.828	1.365	0.174
生态创新研发占比	8.310	1.339	0.161	应收账款周转率	8.345	1.370	0.164
※与生态创新相关培训经费投入力度	8.103	1.520	0.188	流动资产周转率	8.000	1.336	0.167
生态产品开发完成率	7.897	1.372	0.174	存货周转率	8.310	1.228	0.148
※生态产品销售收入占比	7.690	1.442	0.188	※固定资产周转率	7.310	1.491	0.204
※单位产品综合能耗降低率	8.138	2.199	0.270	※流动比率	8.172	1.513	0.185
万元产值综合能耗降低率	8.172	1.441	0.176	※速动比率	8.103	1.611	0.199
万元增加值综合能耗降低率	8.414	1.150	0.137	现金比率	8.276	1.386	0.167
单位主要污染物排放总量降低率	8.586	1.452	0.169	※资产负债率	7.483	1.661	0.222
三废达标排放率	8.828	1.513	0.171	※有形资产负债率	7.172	1.671	0.233
※工业固废回收率	8.034	2.291	0.285	产权比率	7.276	1.279	0.176
※工业固废处置利用率	7.966	2.244	0.282	权益乘数	7.483	1.326	0.177
员工环保意识水准	8.586	1.376	0.160	※长期资本负债率	7.207	1.320	0.183

续表

指标	均值	标准差	变异系数	指标	均值	标准差	变异系数
※员工的组织忠诚度	7.690	1.755	0.228	※已获利息倍数	7.690	1.966	0.256
与利益相关者之间关系融洽度	7.759	1.380	0.178	※带息负债比率	7.207	2.226	0.309
※企业环境声誉度	8.345	1.696	0.203	销售（营业）收入增长率	8.138	1.457	0.179
※生产成本下降率	8.103	1.780	0.220	※资本保值增值率	7.414	1.637	0.221
差异化优势提升度	8.310	1.365	0.164	※净利润增长率	7.931	1.462	0.184
先发优势的提升度	8.448	1.404	0.166	固定资产增长率	7.310	1.312	0.179
※获取未来有利位置的机会	8.034	1.658	0.206	销售（营业）利润增长率	8.172	1.256	0.154
※客户满意度	8.448	1.956	0.232	※总资产增长率	7.621	1.374	0.180
※客户忠诚度	8.207	1.989	0.242				

注：※表示剔除的指标。

经二次筛选后的评价指标体系由5维度35个指标构成，如表4-3所示。

表4-3　经二次筛选后形成的生态创新环境下企业绩效评价指标体系

一级指标	二级指标	三级指标
a 生态创新能力	a_1生态管理创新能力	高管的环保意识强度
		部门之间配合程度
		生态创新信息交流频率
		生态创新激励机制的有效性
	a_2生态流程创新能力	技术改造及技术引进费用支出率
	a_3生态产品创新能力	产学研合作创新投入力度
		生态创新研发强度
		生态创新研发占比
		生态产品开发完成率
b 显性环境绩效	b_1节能绩效	万元产值综合能耗降低率
		万元增加值综合能耗降低率
	b_2减排绩效	单位主要污染物排放总量降低率
		三废达标排放率

续表

一级指标	二级指标	三级指标
c 隐性环境绩效	c_1合法性绩效	员工环保意识水准
		与利益相关者之间关系融洽度
	c_2竞争性绩效	差异化优势提升度
		先发优势的提升度
d 财务绩效驱动因素	d_1客户层面驱动能力	客户异议平均处理周期下降率
		生态产品市场占有率
	d_2内部流程层面驱动能力	产品合格率
		客户交付满意度
e 结果性财务绩效	e_1盈利能力	净资产收益率
		总资产报酬率
		营业利润率
		盈余现金保障倍数
	e_2营运能力	总资产周转率
		应收账款周转率
		流动资产周转率
		存货周转率
	e_3偿债能力	现金比率
		产权比率
		权益倍数
	e_4发展能力	销售（营业）收入增长率
		固定资产增长率
		销售（营业）利润增长率

第三节 企业绩效评价指标体系最终确定

一、基于关键要素法的指标体系检验

经过指标的二次筛选，指标体系中变异系数较大的一些指标（主要是冗余指标）被剔除，但是经剔除后的指标体系并不能确保是否将一些关键性的评价指标保留下来，也不能确保是否将所有的冗余指标删除。通常认为，一项科学的评价指标体系既不能有太多的冗余指标，也不能遗漏掉关键的评价指标。因此，本书拟采用关键要素法对指标体系进行再检定，以判断是否遗漏掉了一些关键的评价指标，同时对可能留下来的冗余指标进行再判断。

（一）关键要素法的原理

“二八”定律认为，对于想要达到的目标而言，大部分活动并无实质性贡献。因此，一个优秀的绩效评价指标体系制定者应该懂得寻找、挖掘并充分利用那些反映20%重要活动的指标，砍掉那些反映80%的无用活动的指标。根据该理论，可以根据绩效评价的目标，找出关键的成功要素。

（二）关键要素法的特点

通常而言，关键性要素主要具有以下特点：第一，关键性要素基于对评价总目标的分解。关键性要素所衡量的内容取决于评价总目标，是对评价总目标的进一步深化和发展。第二，关键性要素是企业内部容易控制的要素。通常而言，企业绩效是内部和外部多种因素共同作用的结果。影响企业绩效的内、外部因素有很多，而外部因素往往是不可控的，部分内部因素也可能无法控制。如果不能控制就无法有效衡量，所以绩效评价中常常选择容易控制的内部因素进行评价。第三，关键性要素是对最重要的要素进行衡量，而不是对所有的要素加以衡量。第四，关键性要素必须得到企业内部各层面的一致性认同。

（三）关键要素确定工具

可以借用鱼骨分析法中的鱼骨图将评价目标按照一定的逻辑划分为若干层次分明、条理清晰的要素结构图。鱼骨图是由日本管理大师石川馨先生提出的一种发现问题“根本原因”的工具，故又被称为石川图或因果图。根据构造的原理不同，鱼骨分析法可分为整理问题型、原因型和对策型三大类。其中，整理问题型是指要素或指标之间没有因果关系，只有层次结构联系；原因型通常鱼头向右，各指标之间具有明确的因果关系，鱼头一般表示“为什么”；而对策性一般鱼头向左，通常以“提高或者改善什么”作为目标。在对策型鱼骨分析法下，首先根据评价总目标，确定分目标（大因或大骨），然后根据分目标，进一步确定关键评价因素（小因或小骨）。

（四）关键要素确定工具的运用

本书的评价目标是希望引导企业提升生态创新能力，进而实现环境绩效和经济绩效的双赢。因此，属于对策型鱼骨分析法研究的范畴。一方面，二元性绩效的提升，离不开企业生态创新能力的提升。而生态创新能力的提升体现在生态管理创新能力、生态流程创新能力和生态产品创新能力的提升上。另一方面，二元性绩效的提升，最终表现为环境绩效和经济绩效的提升。因此，利用鱼骨分析法，绘制关键要素分析图，如图 4－2 所示。

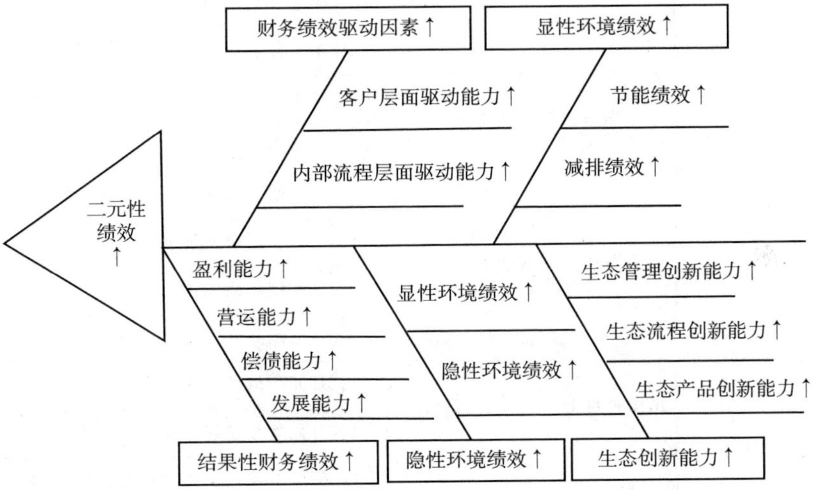

图 4－2　关键要素分析

经二次筛选后的指标体系囊括图 4－2 中所有的“大骨”和“小骨”，但经二次筛选后的指标体系中，反映企业生态流程创新能力的指标只剩下“技术改造及技术引进费用支出率”，考虑到指标的均衡性，将变异系数相对较低的“设备更新率”指标增加进来，予以补充。另外，经二次筛选后的反映企业偿债能力的指标体系中包含“现金比率”“产权比率”和“权益倍数”三个指标，由于产权比率和权益倍数都属于反映企业长期偿债能力的指标，根据前述的必要性原则，应该删掉一个。此外，由于两者都属于适度指标，为了便于综合评价，用变异系数相对较低的“已获利息倍数”来反映企业长期偿债能力。

二、评价指标体系的确定及指标解释

综上所述，最终确定的评价指标体系如表 4－4 所示。

表 4－4　　最终确定的生态创新环境下企业绩效评价指标体系

一级指标	二级指标	三级指标
a 生态创新能力	a_1生态管理创新能力	a_{11}高管的环保意识强度
		a_{12}部门之间配合程度
		a_{13}生态创新信息交流频率
		a_{14}生态创新激励机制的有效性
	a_2生态流程创新能力	a_{21}技术改造及技术引进费用支出率
		a_{22}设备更新率
	a_3生态产品创新能力	a_{31}产学研合作创新投入力度
		a_{32}生态创新研发强度
		a_{33}生态创新研发占比
		a_{34}生态产品开发完成率
b 显性环境绩效	b_1节能绩效	b_{11}万元产值综合能耗降低率
		b_{12}万元增加值综合能耗降低率
	b_2减排绩效	b_{21}单位主要污染物排放总量降低率
		b_{22}“三废”达标排放率
c 隐性环境绩效	c_1合法性绩效	c_{11}员工环保意识水准
		c_{12}与利益相关者之间关系融洽度
	c_2竞争性绩效	c_{21}差异化优势提升度
		c_{22}先发优势的提升度

续表

一级指标	二级指标	三级指标
d 财务绩效驱动因素	d_1 客户层面驱动能力	d_{11} 客户异议平均处理周期下降率
		d_{12} 生态产品市场占有率
	d_2 内部流程层面驱动能力	d_{21} 产品合格率
		d_{22} 客户交付满意度
e 结果性财务绩效	e_1 盈利能力	e_{11} 净资产收益率
		e_{12} 总资产报酬率
		e_{13} 营业利润率
		e_{14} 盈余现金保障倍数
	e_2 营运能力	e_{21} 总资产周转率
		e_{22} 应收账款周转率
		e_{23} 流动资产周转率
		e_{24} 存货周转率
	e_3 偿债能力	e_{31} 现金比率
		e_{32} 已获利息倍数
	e_4 发展能力	e_{41} 销售（营业）收入增长率
		e_{42} 固定资产增长率
		e_{43} 销售（营业）利润增长率

以下将对确定的指标体系中各维度的指标一一予以解释和说明。

（一）生态创新能力维度

1. a_1 生态管理创新能力

（1）a_{11} 高管的环保意识强度。

该指标用于衡量企业高管的环保意识。环保意识属于思想范畴，是一个哲学的概念，既体现为人们对环境和环境保护的认识水平，也体现为人们为了维护人与自然的和谐，为保护环境而调整自身经济活动和社会行为的自觉程度。两者相辅相成，缺一不可。该指标为定性指标，本书借助李克特量表法将其分成五个级度，如表 4－5 所示。通常认为，该指标越高，企业生态管理创新能力越强。

表 4-5　　　　高管环保意识强度指标级别划分

级度	指征	分　　述
非常不强	认识水平很低 自觉程度很差	非常不强状态是指高管对环境和环境保护的认识水平低，在维护人与自然和谐以及环境保护方面的自觉性差
不太强	认识水平较低 自觉程度较差	不太强状态是指高管对环境和环境保护的认识水平较低，在维护人与自然和谐以及环境保护方面的自觉性较差
一般强	认识水平一般 自觉程度一般	一般强状态是指高管对环境和环境保护的认识水平一般，在维护人与自然和谐以及环境保护方面的自觉性一般
比较强	认识水平较高 自觉程度较高	比较强状态是指高管对环境和环境保护的认识水平较高，在维护人与自然和谐以及环境保护方面的自觉性较强
非常强	认识水平很高 自觉程度很强	非常强状态是指高管对环境和环境保护的认识水平高，在维护人与自然和谐以及环境保护方面的自觉性强

（2）a_{12}部门之间配合程度。

该指标主要用于衡量企业内部各部门之间的配合程度。配合程度体现为不同的群体面临同一个目标时，所表现出来的思想上的统一性以及积极参与程度。该指标为定性指标，本书借助李克特量表法将其分成五个级度，如表 4-6 所示。通常认为，该指标越高，企业生态管理创新能力越强。

表 4-6　　　　部门之间配合程度指标级别划分

级度	指征	分　　述
非常不高	消极、被动 推卸、拖拉	非常不高状态是各部门之间面临共同的任务或需要配合完成相关任务时，相互推卸，消极配合，并保持一种“事不关己高高挂起”的心态，导致任务无法完成，或简单应付了事
不太高	消极、被动 勉强、拖拉	不太高状态是指各部门之间面临共同的任务或需要配合完成相关任务时，在外部的压力或推动下，被动完成，缺乏积极主动性，勉强完成任务，完成质量较差，在时间上拖拖拉拉
一般高	一般、基本 尚可、按时	一般高状态是指各部门之间面临共同的任务或需要配合完成相关任务时，在外部的压力或推动下，基本可以完成任务，质量尚可，时间上也基本符合要求

续表

级度	指征	分　述
比较高	积极、主动 及时、较好	比较高状态是指各部门之间面临共同的任务或需要配合完成相关任务时，能够积极配合，较好地完成任务，质量及时间上符合要求
非常高	积极、主动 及时、出色	非常高状态是指各部门之间能够根据企业发展的整体需要或其他部门的要求，积极、主动、出色完成任务，及时、有效解决问题

（3）a_{13}生态创新信息交流频率。

该指标用于衡量企业管理部门与研发部门、生产部门、营销部门及其他人员交流生态创新信息的频次。该指标为定性指标，本书借助李克特量表法将其分成五个级度，如表4－7所示。通常认为，该指标越高，企业生态管理创新能力越强。

表4－7　　　　生态创新信息交流频率指标级别划分

级度	指征	分　述
不密切	几乎不交流	不密切的状态是指企业管理部门与研发部门、生产部门、营销部门及其他人员几乎不交流生态创新信息
不太密切	偶尔交流	不太密切的状态是指企业管理部门与研发部门、生产部门、营销部门及其他人员偶尔交流生态创新信息
一般	经常交流 未形成惯例	一般状态是指企业管理部门与研发部门、生产部门、营销部门及其他人员经常交流生态创新信息，但没有形成一定的惯例
较密切	经常交流 形成惯例	较密切的状态是指企业管理部门与研发部门、生产部门、营销部门及其他人员经常交流生态创新信息，且已形成一定的惯例
非常密切	形成惯例 实时交流	非常密切的状态是指企业管理部门与研发部门、生产部门、营销部门及其他人员经常交流生态创新信息、除形成一定的惯例外，沟通交流渠道顺畅，可以实时进行沟通交流

（4）a_{14}生态创新激励机制的有效性。

该指标用于衡量与其他的企业相比，本企业是否有健全的、科学的生态创新的激励机制，是否可以有效地激发员工生态创新的积极性。该指标为定性指标，本书借助李克特量表法将其分成五个级度，如表 4－8 所示。通常认为，该指标越高，企业生态管理创新能力越强。

表 4－8　　生态创新激励机制的有效性指标级别划分

级度	指征	分　述
无效	机制缺乏	企业缺乏与生态创新有关的激励机制，无法激励员工生态创新的积极性
不太有效	建立机制 效果较弱	企业建立了与生态创新有关的激励机制，但对激发员工生态创新的积极性的效果较弱
一般	建立机制 小部分受激励	企业建立了与生态创新有关的激励机制，已执行，有一定的效果，但效果一般，小部分员工受到激励
较为有效	效果较好 大部分积极	企业建立了与生态创新有关的激励机制，已执行，且效果较好，大部分员工较为积极主动的进行生态创新
有效	效果很好 全员踊跃创新	企业建立了与生态创新有关的激励机制，已执行，且效果非常好，全体员工踊跃进行生态创新

2. a_2生态流程创新能力

（1）a_{21}技术改造及技术引进费用支出率。

该指标主要用来衡量企业当年用于投入技术改造和技术引进的费用占销售收入的比重。其计算公式为：

技术改造及技术引进费用支出率＝(技术改造费用支出＋技术引进费用支出)÷销售收入总额×100%　　(4－1)

其中，技术改造费用支出，指企业当年为了进行技术改造而发生的费用支出。技术改造费用支出中的研发支出，既应包含在技术改造费用支出中，还应包含在研发支出中。技术引进费用支出，指企业当年用于购买技术的支出，包括购买产品设计、工艺流程、图纸、配方、专利等技术资料的支出。

通常认为，该指标越高，企业生态流程创新能力越强。

（2）a_{22}设备更新率。

该指标主要用于衡量企业现有的生产设备中，经过更新的生态设备的比重有多大，也反映了一定时期内生态设备更新的规模和速度。

$$设备更新率=\frac{本期新增的生态设备总额（原值）}{期初生产设备总额（原值）}\times 100\% \quad (4-2)$$

其中，本期新增的生态设备总额主要是指经企业内部研发人员改进后达到生态环保要求的设备总额。

通常认为，该指标越高，企业生态流程创新能力越强。

3. a_3生态产品创新能力

（1）a_{31}产学研合作创新投入力度。

该指标用于衡量企业与企业以外的其他企业、高校或科研院所进行项目合作开发的经费支出占销售收入的比重。其计算公式为：

$$产学研合作创新投入力度=\frac{当期产学研合作开发的经费支出}{当期的销售收入总额} \quad (4-3)$$

通常认为，该指标越高，企业生态产品创新能力越强。

（2）a_{32}生态创新研发强度。

该指标用于衡量当期的研发支出中用于生态创新的研发支出的比重。其计算公式为：

$$生态创新研发强度=\frac{用于生态创新的研发支出}{当年研发支出总额}\times 100\% \quad (4-4)$$

通常认为，该指标越高，企业生态产品创新能力越强。

（3）a_{33}生态创新研发占比。

该指标用于衡量当期的生态创新支出占销售收入的比重。其计算公式为：

$$生态创新研发占比=\frac{用于生态创新的研发支出}{当年的销售收入总额}\times 100\% \quad (4-5)$$

通常认为，该指标越高，企业生态产品创新能力越强。

（4）a_{34}生态产品开发完成率。

该指标主要用于衡量企业当年实际开发完成或实际改进完成的生态产品数量占计划开发或计划改进生态产品数量的比重。其计算公式为：

$$生态产品开发完成率=\frac{当年实际开发(改进)完成的生态产品数量}{当年计划开发(改进)完成的生态产品数量}\times 100\% \quad (4-6)$$

通常认为，该指标越高，企业生态产品创新能力越强。

（二）显性环境绩效维度

1. b_1节能绩效

（1）b_{11}万元产值综合能耗降低率。

该指标主要用于衡量万元产值综合能耗降低的程度。其计算公式为：

万元产值综合能耗降低率 =（上期万元产值综合能耗 − 本期万元产值综合能耗）÷ 上期万元产值综合能耗 × 100%　　(4 − 7)

其中，$万元产值综合能耗 = \frac{综合能耗}{工业总产值}$。

通常认为，该指标①越高，企业节能绩效越好。

（2）b_{12}万元增加值综合能耗降低率。

该指标主要用于衡量万元增加值综合能耗降低的程度。其计算公式为：

万元增加值综合能耗降低率 =（上期万元增加值综合能耗 − 本期万元增加值综合能耗）÷ 上期万元增加值综合能耗 × 100%　　(4 − 8)

其中，$万元增加值综合能耗 = \frac{综合能耗}{工业增加值}$。

通常认为，该指标②越高，企业节能绩效越好。

2. b_2减排绩效

（1）b_{21}单位主要污染物排放总量降低率。

该指标主要用于衡量企业主要污染物排放总量降低的程度。其计算公式为：

单位主要污染物排放总量降低率 =（上期单位主要污染物排放总量 − 本期单位主要污染物排放总量）÷ 上期单位主要污染物排放总量　　(4 − 9)

通常认为，该指标越高，企业减排绩效越好。

（2）b_{22}“三废”达标排放率。

该指标主要用于衡量企业“三废”达标排放的程度。其计算公式为：

---

① 该指标指万元产值综合能耗降低率，而非万元产值综合能耗。

② 该指标指万元增加值综合能耗降低率，而不是万元增加值综合能耗。

$$“三废”达标排放率 = \frac{当年达标排放的“三废”总量}{当年排放的“三废”总量} \times 100\% \quad (4-10)$$

通常认为，该指标越高，企业减排绩效越好。

（三）隐性环境绩效维度

1. c_1合法性绩效指标

（1）c_{11}员工环保意识水准。

该指标主要用于衡量企业员工环保意识水平。根据前面所述的环保意识的概念，该指标涵盖两部分：一部分是员工对环境保护的认识水平，另一部分是员工日常行为中所体现出的环保自觉程度。该指标为定性指标，本书借助李克特量表法将其分成五个级度，如表4-9所示。通常认为，该指标越高，企业合法性绩效越好。

表4-9　员工环保意识水准指标级别划分

级度	指征	分述
低	认识水平很低 自觉程度很差	低的状态是指员工对环境和环境保护的认识水平低，在维护人与自然和谐以及环境保护方面的自觉性差
较低	认识水平较低 自觉程度较差	较低的状态是指员工对环境和环境保护的认识水平较低，在维护人与自然和谐以及环境保护方面的自觉性较差
一般	认识水平一般 自觉程度一般	一般状态是指员工对环境和环境保护的认识水平一般，在维护人与自然和谐以及环境保护方面的自觉性一般
较高	认识水平较高 自觉程度较高	较高状态是指员工对环境和环境保护的认识水平较高，在维护人与自然和谐以及环境保护方面的自觉性较强
非常高	认识水平很高 自觉程度很强	非常高状态是指员工对环境和环境保护的认识水平高，在维护人与自然和谐以及环境保护方面的自觉性强

（2）c_{12}与利益相关者之间关系融洽度。

该指标主要用于衡量企业与其利益相关者，特别是外部的利益相关者之间关系的融洽程度。通常而言，如果企业的合法性较好，则与外部利益相关者之间会保持一个良性的关系；如果企业不顾相关法律的规定，则与外部利益相关者之间关系会较为紧张。该指标为定性指标，本书借助李克特量表法将其分成五个级度，如表 4-10 所示。通常认为，该指标越高，企业合法性绩效越好。

表 4-10　　与利益相关者之间关系融洽度指标级别划分

级度	指征	分　述
非常不融洽	非常不满 关系恶化	非常不融洽状态是指利益相关者对企业在环保方面的行为或措施非常不满，导致关系恶化，剑拔弩张
不太融洽	不太满意 偶有冲突	不太融洽状态是指利益相关者对企业在环保方面的行为或措施不太满意，偶尔发生过一些矛盾和冲突，但关系尚可
一般	无不满意 关系一般	一般状态是指外部利益相关者对企业在环保方面的行为或措施不存在不满意的情况，但也无特别肯定或认同的地方
较为融洽	较为满意 较为认同	较为融洽状态是指外部利益相关者对企业在环保方面的行为或措施较为满意，且得到一定的肯定和认同
非常融洽	非常满意 普遍认同	非融洽状态是指企业外部利益相关者对企业在环保方面的行为或措施非常满意，且得到普遍的肯定和认同

2. c_2竞争性绩效指标

（1）c_{21}差异化优势提升度。

该指标主要用于衡量企业通过生态创新所带来的能够为客户提供满足其特殊需求的产品或服务的差异化竞争优势的提升程度。该指标为定性指标，本书借助李克特量表法将其分成五个级度，如表 4-11 所示。通常认为，该指标越高，企业竞争性绩效越好。

表 4-11　　差异化优势提升度指标级别划分

级度	指征	分　述
低	同质性	低的状态是指企业通过实施生态创新行为并未给企业带来可以区别于其他同类企业的产品或服务方面的差异化的优势
较低	细微差异性 易于模仿	较低状态是指企业通过实施生态创新行为虽然给企业带来一定的差异化优势，但优势较弱，易于模仿
一般	一定差异化	一般状态是指企业通过实施生态创新行为给企业带来了一定的差异化的优势，在一定程度上提升了企业的竞争能力

续表

级度	指征	分　述
较高	较大差异化 较大提升	较高状态是指企业通过实施生态创新行为给企业带来了较大的差异化的优势，较大地提升了企业的竞争能力
高	极大差异化 极大提升	高的状态是指企业通过实施生态创新行为给企业带来了非常高的差异化优势，极大地提升了企业的竞争能力

（2）c_{22}先发优势的提升度。

该指标主要衡量企业通过生态创新所创造的领先技术或产品带来的持久的竞争优势的提升程度。该指标为定性指标，本书借助李克特量表法将其分成五个级度，如表4－12所示。通常认为，该指标越高，企业竞争性绩效越好。

表4－12　　　　先发优势提升度指标级别划分

级度	指征	分　述
低	零竞争优势	低的状态是指企业通过实施生态创新行为并未给企业在技术或产品方面带来持久的竞争优势
较低	优势较弱 易于打破	较低状态是指企业通过实施生态创新行为虽然给企业带来一定的技术或产品方面的竞争优势，但优势较弱，易于打破
一般	一定优势 一般壁垒	一般状态是指企业通过实施生态创新行为给企业带来了一定的技术或产品方面的竞争优势，但该优势持久性一般
较高	较高优势 较难突破	较高状态是指企业通过实施生态创新行为给企业带来了较高的技术或产品方面的竞争优势，且该优势较难被竞争对手打破
高	很高优势 难以突破	高的状态是指企业通过实施生态创新行为给企业带来了非常高的技术或产品方面的竞争优势，极大地提升了企业的竞争能力

（四）财务绩效驱动因素维度

1. d_1客户层面驱动能力指标

（1）d_{11}客户异议平均处理周期下降率。

该指标主要用于衡量企业解决客户异议的速度。其计算公式为：

客户异议处理周期下降率＝（上期处理客户异议的平均天数－本期处理客户异议的平均天数）÷上期处理客户异议的平均天数　　（4－11）

其中，$处理客户异议的平均天数=\frac{客户异议处理总天数}{处理客户异议事件数}$。

通常认为，该指标越大，企业客户层面的驱动能力越强。

（2）d_{12}生态产品市场占有率。

该指标主要用于衡量企业销售的生态产品占同类产品的市场份额。其计算公式为：

$$生态产品市场占有率=\frac{企业当年销售的生态产品的总额}{同类产品当年市场销售总额}\times 100\% \tag{4-12}$$

通常认为，该指标越大，企业客户层面的驱动能力越强。

2. d_2内部流程层面驱动能力指标

（1）d_{21}产品合格率。

该指标用于衡量企业生产产品合格水平。其计算公式为：

$$产品合格率=\frac{合格产品的数量}{核验产品的总量}\times 100\% \tag{4-13}$$

通常认为，该指标越大，企业内部流程层面驱动能力越强。

（2）d_{22}客户交付满意度。

该指标用于衡量企业客户对企业交货时行为表现的满意度。该指标为定性指标，本书借助李克特量表法将其分成五个级度，如表4－13所示。通常认为，该指标越高，企业内部流程层面驱动能力越强。

表4－13　客户交付满意度指标级别划分

级度	指征	分　述
低	愤恨	低的状态是指客户对企业交付行为非常不满意，甚至愤恨
较低	抱怨	较低状态是指客户对企业的交付行为不太满意，存在一定的抱怨
一般	没有不满意	一般状态是指客户对企业交付行为既没有感到不满意，也没有觉得特别值得肯定的地方
较高	较为满意 一定称赞	较高状态是指客户对企业交付行为较为满意，且获得一定的称赞
高	非常满意 普遍称赞	高的状态是指客户对企业的交付行为觉非常满意，且获得普遍的称赞

（五）结果性财务绩效维度

1. e_1盈利能力指标

（1）e_{11}净资产收益率。

该指标反映投资者所投入（或者拥有）的每一元的净资产获取利润的能力。其计算公式为：

$$净资产收益率 = \frac{净利润}{平均净资产} \times 100\% \qquad (4-14)$$

该指标是反映企业盈利能力的核心指标，与企业在技术环境下追求股东财富最大化的价值理念是高度契合的。通常认为，该指标越高，企业盈利能力越强。

（2）e_{12}总资产报酬率。

该指标反映企业投入的每一元资金获取报酬的能力。其计算公式为：

$$总资产报酬率 = \frac{息税前利润总额}{平均资产总额} \times 100\% \qquad (4-15)$$

该指标衡量的是在向债权人偿付利息、缴纳税款以及向股东进行股利分配前企业所有的资本供给者所能获得的回报。通常认为，该指标越高，企业盈利能力越强。

（3）e_{13}营业利润率。

该指标反映企业获得的每一元营业收入获取利润的能力。其计算公式为：

$$营业利润率 = \frac{营业利润}{营业收入} \times 100\% \qquad (4-16)$$

该指标构建的思路在于，由于利润总额和净利润中包含营业之外的因素，为了能够更直接地衡量企业获利能力，故构造该指标。通常认为，该指标越高，企业盈利能力越强。

（4）e_{14}盈余现金保障倍数。

该指标主要用于衡量企业一定时期经营现金净流量占净利润的比重，反映了企业当期净利润中现金收益的保障程度。其计算公式为：

$$盈余现金保障倍数 = \frac{经营现金净流量}{净利润} \times 100\% \qquad (4-17)$$

通常认为，该指标越大，企业盈利能力越强。

2. e_2营运能力指标

（1）e_{21}总资产周转率。

该指标反映的是企业总资产周转的速度。其计算公式为：

$$总资产周转率(次)=\frac{主营业务收入净额}{平均资产总额} \tag{4-18}$$

通常认为，该指标越大，企业营运能力越强。

（2）e_{22}应收账款周转率。

该指标反映的是应收账款的周转速度。其计算公式为：

$$应收账款周转率(次)=\frac{主营业务收入净额}{应收账款的平均余额} \tag{4-19}$$

通常认为，该指标越大，企业营运能力越强。

（3）e_{23}流动资产周转率。

该指标反映的是企业流动资产周转速度。其计算公式为：

$$流动资产周转率(次)=\frac{主营业务收入净额}{平均流动资产总额} \tag{4-20}$$

通常认为，该指标越大，企业营运能力越强。

（4）e_{24}存货周转率。

该指标反映的是企业存货周转的速度。其计算公式为：

$$存货周转率(次)=\frac{主营业务成本}{存货平均余额} \tag{4-21}$$

通常认为，该指标越大，企业营运能力越强。

3. e_3偿债能力指标

（1）e_{31}现金比率。

该指标衡量的是经营现金净流量是流动负债的多少倍。其计算公式为：

$$现金比率=\frac{(现金+有价证券)}{流动负债}\times100\% \tag{4-22}$$

通常认为，该指标越高，企业短期偿债能力越强，但该指标并不是越高越好。

（2）e_{32}已获利息倍数。

该指标主要用于衡量公司息税前利润相当于同期所需支付债务利息的多少

倍。其计算公式为：

$$已获利息倍数=\frac{息税前利润总额}{利息支出}\times100\% \quad (4-23)$$

通常认为，该指标越高，企业长期偿债能力越强。

4. e_4发展能力指标

（1）e_{41}销售（营业）收入增长率。

该指标反映的是企业本年主营业务收入与上年主营业务收入相比增长的水平。其计算公式为：

$$销售(营业)收入增长率=\frac{本年主营业务收入增长额}{上年主营业务收入总额}\times100\% \quad (4-24)$$

通常认为，该指标越高，企业发展能力越强。

（2）e_{42}固定资产增长率。

该指标反映的是企业本年固定资产与上年固定资产相比增长的水平。其计算公式为：

$$固定资产增长率=\frac{本年固定资产增长额}{上年固定资产总额}\times100\% \quad (4-25)$$

通常认为，该指标越高，企业发展能力越强。

（3）e_{43}销售（营业）利润增长率。

该指标反映的是企业本年营业利润与上年营业利润相比增长的水平。其计算公式为：

$$销售(营业)利润增长率=\frac{本年营业利润增长额}{上年的营业利润}\times100\% \quad (4-26)$$

通常认为，该指标越高，企业发展能力越强。

本章小结

首先，基于国内外相关文献资料，从外部经济环境和制度环境变迁出发，对国内外企业绩效评价指标体系历史演进进行了梳理，探究了绩效评价指标体系历史演进中变革动因与变革趋势，分析了每一阶段绩效评价指标体系特点，并得到了相应的启示，为生态创新环境下企业绩效评价指标体系构建提供历史性参考。

其次，在对评价目标进行分解的基础上，在指标模型的框架之下，基于一定的指标构建原则，以系统法为主，结合综合法、交叉法和属性分组法，对综合评价指标体系进行了初选。

再次，在初选的基础上，以调查问卷的形式向专家询问了各指标的重要性，并根据专家的赋分及分值之间的差异性，对综合评价指标体系进行了二次筛选。

最后，基于关键要素法，对综合评价指标体系进行了整体的检验，确定了最终的评价指标体系，并对最终确定的各评价指标予以了解释。

第五章

生态创新环境下企业绩效评价指标体系运用

根据第三章中所确定的效用函数综合评价方法，本章将依次讨论效用函数综合评价方法下指标权重的确定，指标的无量纲化以及指标的合成方法，然后根据调查问卷所获得的样本企业的数据，对第四章所确定的绩效评价指标体系进行综合运用，并对运用的结果进行分析。

第一节 绩效评价指标权重确定

多指标综合评价中的一个非常重要步骤就是确定指标的权数。权数既反映了评价者对评价指标体系中单项指标重要性程度的认定，也体现了评价指标体系中单项指标评价能力的强弱（苏为华，2000）。赋权的方法有很多种，以“变”和“不变”作为划分标准的话，有常权分析法和变权分析法。所谓常权分析法，即权重一旦确定后保持固定不变；所谓变权分析法，即指标权重的大小随着指标状态值的变化而变化。下面将在对各类赋权方法进行比较分析的基础之上，提出改进的思路，并据此确定本书所构建的评价指标体系的权重。

一、常权分析法

根据确定权重的依据不同，常权分析法又可以进一步分为主观赋权法、客观赋权法和组合赋权法（金贞珍，2007），下面将分别予以介绍。

（一）主观赋权法

主观赋权法主要是由各专家根据评价指标在引导目标实现过程中的重要性程度来确定各自的权重，重要性程度越高的指标，往往被赋予的权重越大。主观赋权法主要包括层次分析法（analytical hierarchy process，AHP）和直接构权法，下面将对这两种方法进行简要评述。

AHP法的基本思路是：首先，把要解决的问题分层系列化；其次，对模型中每一层次各元素相对于所属的上一层次元素的重要性进行判断，形成相应的判断矩阵；再次，通过判断矩阵计算每一层次各元素相对于所属的上一层次元素的相对权重，并对判断矩阵的一致性进行检验；最后，通过自上而下逐一合成，核算各层次元素对整体评价体系的权重。因此，在层次分析法下，指标权重的大小由指标在评价目标中的重要性所决定，是一种主观的赋权方法，当然，这种主观的赋权方法并不意味着是一种随意的赋权方法，它也是建立在客观存在的事实基础之上的。

在直接构权法下，构权者通常直接根据自己所判断的每一个指标重要性程度大小直接赋权。该种方法的优点是简单明了，缺点是随意性较大。在加权对象很少情况下可以采用此种方法。在对多层次的综合评价指标体系进行赋权的过程中，人们也常常采用此种方法给中间各层确定“层权数”。

（二）客观赋权法

客观赋权法主要从客观统计的数据出发，根据各指标提供信息量的大小予以赋权。客观赋权法主要包括标准差系数法、主成分分析构权法、因子分析法、熵权法等，下面将对这些方法进行简要评述。

标准差系数法的基本思路为：对各评价指标的标准差系数向量进行归一化处理，产生的结果即为权数。

主成分分析构权法是从主成分分析法中剥离出来的，主成分中的系数其实就是“权数”。由于可以使“对方差矩阵求特征向量”过程从主成分分析法中独立出来，使之不再仅仅只是依赖于“标准化”同度量化方法，而是可以与任何其他同度量化方法相结合，这样使主成分分析法成为一种独立的构造权数的方法。

因子分析法的基本思想是：先依据各原始变量之间相关性的大小对变量进行分组，使组内变量之间相关性较高，而组间变量之间相关性较低。每组变量用一个不可观测的综合变量表示，代表了一个基本结构，而这个基本结构就变成公共因子。在因子分析法下，其指标权重为对应的因子的方差贡献率。因此，在因子分析法下，指标权重的大小也是由原始信息所决定的，是一种"客观"的赋权方法。

熵权法也是一种测度信息量的权数法。由于对熵的定义不同，相应地就产生了不同的综合评价方法。其一般的过程为：首先计算无量纲化值 P_{ij}①；然后采用 Shannon 熵计算熵值 e_j，接着计算差异系数 $g_j = 1 - e_j$，最后对 g_j进行归一化，得到的结果即为比重权数。由此可见，熵权法的本质仍然是对各评价对象评价指标的离散程度进行测量，离散程度越大熵权越大，这一点与变异系数法不存在本质的区别；区别在于给出了一个新的衡量变异情况的指标，且可以将此指标的归一化值作为权数（苏为华，2000）。

（三）组合赋权法

组合赋权法是将主观赋权法和客观赋权法予以结合，力图在两者之间进行调和。调和的思路主要有以下三种。

第一种方法，基于评价主体对主、客观赋权法的偏好，在组合赋权时以偏好系数对主、客观权重进行加权。假设对主观赋权法的偏好为 α，则对客观赋权法的偏好为 $1-\alpha$，组合权重为 $W_j = \alpha a_j + (1-\alpha) b_j$，其中 a_j与 b_j分别代表第 j 项指标的主观权重和客观权重。

第二种方法，不考虑主、客观的偏好，只考虑各种赋权方法下赋权结果的一致性程度，并根据一致性的程度，再来选取组合方法。组合方法主要有两种：一种是加法组合法，另一种是乘法组合法。加法组合法又分为等权加法组合法和不

---

① i 为单位，j 为指标，$i=1, 2, ..., n$；$j=1, 2, ..., p$。该无量纲化值可以是结构化，即每个评价单位的指标值占全部单位该指标值的比重，也可以是用标准化或极差变换法进行同度量化，但为避免出现负值与零值，需要进行线性变换。

等权加法组合法；乘法组合法又分为连乘归一组合法与乘方组合法。假如用 n 种方法进行赋权的权值 $w^k = (w_1^k, w_2^k, \cdots, w_m^k)$，k = 1，2，…，n，则等权加法组合法、不等权加法、连乘归一组合法与乘方组合法组合权值的计算过程如下。由于乘方组合法的条件限制比较苛刻，很难用于实践中，因而一般采用其他三种方法。至于最终选用其他三种方法中的哪种方法来确定组合赋权，则取决于各种赋权结果的一致性程度。曾宪报（1997）运用 Kendall 系数对主客观赋权法下结果一致性程度进行了检验。一般而言，如果结果一致性程度居于 0.85～1，可选用等权加法组合法；如果一致性程度居于 0.7～0.85，可选择连乘归一组合法；如果一致性程度小于 0.7，则最好选用不等权加法组合法。

$$w_j = \frac{1}{n}\sum_{k=1}^{n} w_j^k \tag{5-1}$$

$$w_j = \sum_{k=1}^{n} \lambda_j w_j^k \Big/ \sum_{j=1}^{m}\sum_{k=1}^{n} \lambda_j w_j^k \tag{5-2}$$

$$w_j = \prod_{k=1}^{n} w_j^k \Big/ \sum_{j=1}^{m}\prod_{k=1}^{n} w_j^k \tag{5-3}$$

$$w_j = \left(\prod_{k=1}^{j=1} w_j^k\right)^{\frac{1}{n}} \tag{5-4}$$

第三种方法是既考虑评价主体的主观偏好，也考虑各种赋权方法下赋权结果的一致性程度，基于两者进行组合赋权。宋光兴（2001）在其博士论文中对此种思路进行了详细的阐述。

二、变权分析法

（一）变权的基本原理

现有的文献一致认为，首次提出变权思想的是汪培庄（1985）。随后，李洪兴（1995）对变权原理展开了深入而细致的研究，赋予了变权向量和状态变权向量公式化的定义，对一般意义上的变权原理进行了阐述。此后，与之相关的研究（刘文奇，1997；朱珍勇和李洪兴，1999；李德清和李洪兴，2002；侯海军、谷云东和王加银，2005）主要围绕着如何构造满足公理条件的状态变权向量和均衡函数等方面展开，得到了和型与积型均衡函数、指数型状态变权向量等丰富的研究成果，为变权综合由理论走向实践奠定了良好的基础。

所谓变权，是相对常权而言的。变权时，评价因素的权重随着评价因素状态值的变化而变化，且这种变化是基于一定的常权基础之上的。之所以要考虑变权，主要是因为：（1）在有些决策中，不仅要考虑因素的重要性程度，还要考虑因素之间的平衡性问题。现有文献中普遍列举的一个比较典型的例子是：假设有三个互斥的方案 A、B 和 C，拟从方案的可行性（x_1）和必要性（x_2）两个角度对这三个方案进行决策。如果在决策中将方案的可行性和必要性视为同等重要的因素，则决策量为 $y=0.5x_1+0.5x_2$。若方案 A 下 $x_1=x_2=0.5$，方案 B 下 $x_1=0.1$，$x_2=0.9$，方案 C 下，$x_1=0.9$，$x_2=0.1$，则 $y_A=y_B=y_C=0.5$，即方案 A、方案 B 或方案 C 都可行。但实际上，决策者很少会考虑如 B 方案那样必要性很强但可行性很弱的方案，也很少会考虑如方案 C 那样可行性很强，但必要性很弱的方案。因此，在进行决策时，考虑因素之间的平衡性就显得非常重要。而通过变权的形式，可将这种“均衡性”的思想体现在决策中。例如，加大状态值偏低的评价因素的权重或减小状态值偏高的评价因素的权重。（2）在有些综合评价中，为了更好地引导评价对象的行为或者更好地进行综合评价，当一些评价因素状态值太高或太低时，需要对其权重进行相应的调整，以达到激励或惩罚的目的。例如，假设对企业的环境绩效进行评价，设有单位产量综合能耗降低率、单位主要污染物排放总量降低率和环境声誉指数三个指标。在实际评价时，可根据指标值的实际情况，对前两个指标的权重进行变权，加大其权重，以便对实际指标值低于某临界值的企业进行惩罚。超过该临界值的企业，既不奖励也不惩罚。对后一个指标的权重也进行变权，加大其权重，以便对实际值超过某临界值的企业进行奖励。低于该临界值的企业，既不奖励也不惩罚。因此，在综合决策中，不仅要考虑因素的重要性程度，赋予因素一定的权重（即常权），还要根据因素的状态值来调整因素的权重（即变权），以便更好地体现该因素在综合评价中的作用，从而更好地引导评价对象的发展。

（二）变权的基本类型

根据李洪兴（1995）的研究，变权可分为惩罚型变权、激励性变权和混合型变权。在混合变权的基础上，姚炳学和李洪兴（2000）阐述了局部变权的公理化定义，并对与之相应的局部状态变权展开了研究。

惩罚型变权主要考虑各因素之间的均衡性。当某个因素的评价值太低时，无论该因素在整个指标体系中的重要性程度如何，综合评价值将被迅速拉低。也就是说，在惩罚型变权模式下，综合评价值对低水平的单因素评价值的减少，反应灵敏；对高水平的单因素评价值的增加，反应迟钝。显然，这样的一种变权综合与“不求有功，但求无过”的思想理念是高度契合的，体现了一种保守的思想理念。

激励型变权主要强调对关键因素的激励性。当某个关键因素的评价值升高时，综合评价值将被迅速拉高。也就是说，在激励型变权模式下，综合评价值对高水平的单因素评价值的增加，反应灵敏；对低水平的单因素评价值的减少，反应迟钝。显然，这样的一种变权综合蕴含了一种“扬善”的目的，体现了一种比较积极的思想理念。

混合型变权既考虑均衡性，也强调激励性，当单因素的评价值超过某水平时就予以激励，低于某水平时就予以惩罚。因此，综合评价值对高水平的单因素评价值的增加或对低水平的单因素评价值的减少，反应都灵敏。此种变权综合是对惩罚型变权和激励型变权的一种折中模式，在一定程度上体现了一种“既惩罚又扬善”的目的。例如，如果对学生的成绩进行评价，当科目低于60分时予以惩罚，高于90分时予以激励，介于60~90分时，既不激励也不惩罚。这样，有利于引导学生在全面均衡发展的同时，尽量提高个别科目的分数。

三、各类方法比较分析

（一）主观赋权法与客观赋权法的比较分析

综合评价理论界有一种较普遍的观点，认为客观赋权法优于主观赋权法，但苏为华（2000）认为该观点值得商榷，并以客观赋权法中的主成分分析法为例，反驳了该观点。在主成分分析法下，其指标权重为对应的主成分的方差贡献率，即某个指标在综合评价时，所能反映的信息越多，相应的权重越大；反映的信息越少，相应的权重越小。因此，在主成分分析法下，指标权重的大小由样本的原始信息所决定，是一种“客观”的赋权方法。但是，由于样本很难代表总体，当样本发生变化时，指标权重也会跟着发生变化；此外，该方法下的权重充其量只能代表一种“信息量权数”，与权数的“广义重要性”① 的概念并不完全一致。因此，客观赋权法优于主观赋权法的论断并不科学，一味强调客观性，将会导致机械性，甚至与评价的目标相违背。

（二）常权分析法与变权分析法的比较分析

在常权分析法下，权数一旦确定后保持固定不变，易于计算；但常权分析法忽视了因素之前的平衡关系，也无法体现出对关键因素的激励性要求，有可能会误导决策或影响绩效评价导向作用的发挥。变权分析法比常权分析法能更好地体现出决策者的评价意图，更好地引导评价对象朝着既定的目标发展，但指标权重随着状态值的变化而变化，计算过程相对复杂。

四、赋权方法改进运用

（一）赋权方法改进思路

基于以上分析，为了更好地体现出评价者的评价意图，体现出对关键因素的激励性要求，本书拟在常权的基础上进行变权。考虑到层次分析法（AHP）的优点及其在理论界和实务界中的普遍运用，本书也采用层次分析法来确定常权，但考虑到层次分析法的一些缺陷，拟在层次分析法的基础上，借鉴邱菀华教授于1997年提出的群组决策的特征根法（group eigenvalue method，GEM）构造AHP－GEM综合算法来确定指标的权重，以克服AHP法的缺陷。

AHP赋权法的缺陷在于：在AHP法下，普遍采用一致性率（C. R.）作一致性检验标准，当C. R. <0.1时，认为一致性在可接受的范围内。由于客观事物的复杂性以及人们对事物认识的片面性，使判断矩阵中常常出现 $a_{ij} \neq a_i \cdot a_j$ 的情况，且矩

① 所谓“广义重要性”，苏为华（2000）将其界定为指标对平均合成值影响的大小。影响程度越大越重要，相应的权重也应该越大。

阵阶数越大，出现一致性随机偏离的可能性也越大，需要不断重复进行调整。

GEM 法确定权重的思路为：GEM 赋权法提出寻找理想专家的思路来确定评价指标体系的权重。尽管现实中判断完全正确的专家是不存在的，但理论上可以找到一个与群体中各专家评分向量夹角之和最小的评分向量，可以将该向量的判断结果视同为群体中理想专家的判断结果。在 GEM 法下确定指标权重时，只需各专家对被评价指标直接打分，然后求出评分矩阵转置自乘矩阵最大特征根对应的特征向量，归一化处理后即为各元素的最优权重。GEM 法彻底克服了 AHP 法下判断矩阵阶数较大时可能存在的不一致性问题，为决策支持系统中的专家选择及指标权重的确定开辟了新路径。尽管如此，并不是说 GEM 就是完美无瑕的，它在判断问题过程中过于笼统，结构模糊（洪源源和邱菀华，2000）。

结合 AHP 和 GEM 各自的优点，而避开各自的缺陷，可以构造 AHP - GEM 综合赋权法，并利用现代计算技术（Matlab16. 0）快速计算出结果，极大地简化传统手工计算下不断迭代计算过程的复杂性。

（二）基于 AHP - GEM 的常权分析法

基于 AHP - GEM 的常权分析法的具体操作步骤如下：首先，运用 AHP 分析法建立层次结构，使问题条理化、层次化；其次，让专家对各层次元素直接打分（例如，可以直接用 0 ~ 10 作为标度，对各层次元素相对于上一层次元素的重要性进行评分），获得各层次的专家评分矩阵；再次，按照 GEM 法，充分利用 Matlab16. 0 软件计算出各层次专家评分矩阵转置自乘矩阵的最大特征根对应的特征向量，归一化处理后获得元素的相对权重；最后，从上而下，合并获得各评价指标的权重。

（三）基于 AHP - GEM 的变权分析法

考虑到各评价指标之间的均衡性以及激励性问题，本书拟在常权分析法的基础上采用变权分析法。在变权分析法下，关键是状态变权向量的确定。

参考现有的相关文献（王晓玲，2000），局部状态变权向量可以采用以下公式进行计算：

$$S_i(x)=\begin{cases}1 & 0\leqslant x<\alpha\\ \dfrac{c-1}{\beta-\alpha}x_i+\left(1-\dfrac{c-1}{\beta-\alpha}\alpha\right) & \alpha\leqslant x<\beta\\ c & \beta\leqslant x<\gamma\\ \dfrac{1-c}{1-\gamma}x_i+\left(1-\dfrac{1-c}{1-\gamma}\right) & \gamma\leqslant x\leqslant 1\end{cases} \tag{5-5}$$

其中，α、β、γ，c 均为（0，1）内的参数，α 为否定水平，β 为惩罚水平，γ 为激励水平，c 为调整水平，各参数值可根据实际情况进行设计（温素彬，2010）。以各指标主观权重为参照标准分别求得对应指标下的变权向量 $S_i(x)$，依据以下公式可求得变权后的权重。

$$w'_i=w_iS_i(x)\Big/\sum_{j=1}^{n}w_jS_j(x) \tag{5-6}$$

第二节

指标无量纲化及合成方法的选择

一、指标无量纲化

指标无量纲化主要是为了解决指标的可比性问题。将指标原有的单位限制予以去除，将其转化为无量纲的纯数值，使不同单位或量级的指标能够进行加权比较。无量纲化的方法大致可以分为四类：广义指数法、广义线性功效系数法、非线性函数法和分段函数法。其中，前两种是实践中运用的最广泛的无量纲化方法（苏为华，2000），下面将重点对前两种方法进行简要评述。

（一）广义指数法

广义指数法是对通过计算相对指标进行无量纲化的所有方法的统称。所谓相对指标，是将单向指标的实际值与标准值进行对比。单项评价指标指数一般公式为①：

① 对于适度指标，则需要采用单向化方法进行变换，再采用上述公式计算单向评价值。有时，人们会再乘以一个常数（通常是100），其目的是使单向评价值的物理含义更加明确。

$$k_i = \begin{cases} x_i / x_{iB} & \text{（正指标）} \\ x_{iB} / x_i & \text{（逆指标）} \end{cases} \tag{5-7}$$

由此可见，广义指数法的关键在于比较基数 x_{iB} 的选择。根据现有的理论研究以及实务工作中的实际应用情况，x_{iB} 的可选范围包括最大值（极大值）、最小值（极小值）[①]、算术平均值[②]、变量总值[③]、变量平方和的开方值[④]、历史标准值、经验标准值或理想值等。

前五种比较基数的运用都需要有一定规模的样本容量，因此，适用于多个单位或同一单位不同时间的综合评价，且评价标准都来自样本，属于相对评价。后三种比较基数的运用既适合多个单位或同一单位不同时间的综合评价，也适用于一个单位的综合评价，且比较基础与样本无关，属于绝对评价。

（二）广义线性功效系数法

所谓广义线性功效系数法是对功效系数法及与之类似的线性无量纲化函数方法的统称。单项评价指标评价值一般公式为：

$$d_i = \frac{x_i - x_{i0}}{x_{i1} - x_{i0}} \tag{5-8}$$

其中，x_i 为第 i 个指标的实际值，x_{i0} 和 x_{i1} 代表第 i 个指标的两个关键点。由此可见，与广义的指数法不同，广义线性功效系数法下需要两个标准值。根据这两个标准值的选择不同，广义线性功效系数法又可以表现出不同的形式。

最初提出的功效系数法中，x_{i1} 为“满意值”，x_{i0} 为“不允许值”。对于正指标 $x_{i1} > x_{i0}$，对于逆指标 $x_{i1} < x_{i0}$。

如果 x_{i1} 取“极大值”，x_{i0} 取“极小值”，即为“极差变换法”[⑤]；如果 x_{i1} 取

---

① 此时称为极值化。

② 此时称为均值化。

③ 此时称为比重法。

④ 此种方法也称为比重法。

⑤ 若 x_{i1} 为正指标，则上述公式可以直接使用，d_i 与 x_i 成正相关，但若 x_i 为逆指标，直接由上式计算的结果与 x_i 成反比，为了让所有单项指标的评价值都成为“正指标”，可以对上述公式进行转化。如取 x_{i1} 为极小值，x_{i0} 为极大值。或对计算结果进行倒扣式逆变换。

"极大值"，x_{i0}取"算术平均值"，即为"高中差变换法"①；如果x_{i1}取"算术平均值"，x_{i0}取"极小值"，即为"低中差变换法"②。若x_{i1}取"算术平均值+标准差"，x_{i0}取"算术平均值"，即为"标准化法（Z-Score法）"③。

上述方法中，最初的功效系数法最理想，标准化的方法次之（苏为华，2000）。极差变换法、高中差变换法和低中差变换法容易受到极端值的影响。标准化的方法不受极端值的影响，但标准化的单项评价值较之其他类型的功效系数法的取值，显得不够明确。功效系数法不仅适用于多个单位或同一单位不同时间的综合评价，也适用于只有一个单位的评价，而其他方法都要求有足够多的样本单位数，不适合只有一个单位的评价。

（三）无量纲化方法选择

尽管最初的功效系数法较之更为理想，但在多单位的综合评价中，确定各个指标的"满意值"和"不允许值"时存在一定的难度，如果只是针对一个单位进行评价，则结合单位的战略目标进行确定时更为科学。综合考虑以上各种方法的特点，本书拟采用极差变换法进行指标无量纲化，可能会受到极端值的影响，但该方法较为简单，便于理解和计算。

二、合成方法选择

选择科学合理的合成方法，是效用函数平均法中面临的又一个问题。由于不同的合成方法反映了不同的评价理念和评价原则，从而对综合评价结论产生影响较大。

在效用函数综合评价法中，合成模型大致可以分为两种类型：一类为"幂平均合成"，另一类为"特殊合成"。幂平均合成是最基本的合成模型，包括算术平均合成（又称加法合成）、几何平均合成（又称乘法合成）、平方平均合成以及任何阶次的幂平均合成。特殊合成包括加乘混合合成与代换合成，还包括一次

①③ 对于逆指标，只要将上述公式中的分子改为"平均值-实际值"即可。

② 对于逆指标，只要将上述公式中的分子改为"极小值-实际值"即可。

二次合成以及不同幂次的其他平均合成的混合等。

（一）幂平均合成模型

幂平均函数一般是先对变量进行 k 次幂变换，再计算其算术平均值，然后开 k 次方根，其公式为：

$$M(k) = \left[\frac{1}{\sum w_i}\sum y_i^k w_i\right]^{1/k} \tag{5-9}$$

其中，y_i为第 i 个指标的无量纲化值，w_i为第 i 个指标的评价权数，k 为幂平均阶数，M(k) 称为 k 阶幂平均值①。显然，当 k 等于 1 时，为算术平均合成模型；当 k 等于 -1 时，为调和平均合成模型；当 k 趋向于 0 时，为几何平均合成模型；当 k 等于 2 时，为平方平均合成模型。

由于各个幂平均函数受指标离散程度影响存在差异性，即使是同一综合评价，采用不同的合成方法，结论可能大相径庭。苏为华（2000）认为，几何平均数易受“较小值”的影响，指标值之间的离散程度越大，则几何平均值就越小，体现了“惩罚落后式的平均”，蕴含了“鼓励均衡发展”的要求；平方平均数易受“较大值”的影响，指标值之间的离散程度越大，则平方平均值就越大，体现了“抓大放小式的平均”，蕴含了“鼓励搞突出抓重点”的要求；算术平均数介于两者之间，体现了“取长补短式的平均”。因此，在多指标综合评价时，应根据具体的评价原则，选择相应的评价方法。

（二）特殊合成模型

除了采用幂平均的方法计算综合评价值外，还有一些特殊的合成思路。其中比较重要的有代换法、分段法、混合法以及二次合成等，下面予以简要评论。

1. 代换法

代换法的基本公式为：

$$F = U - \prod_{i=1}^{p}(U - Y_i)^{w_i} \tag{5-10}$$

① 从纯数学的角度看，k 可以取任意实数值，但在综合评价实践中，k 通常取整数。

其中，U 为理论上单项指标的最高评分值（例如 100 分），Y_i 为第 i 项单个指标评价值，w_i 为相应归一化权数。从公式中可以看出，只要有一项指标达到 U，总评价值 F 就可以达到最大值 U，蕴含了一种“一俊遮百丑”“一好百好”的思想（姜青舫，1988），与多指标综合评价的“全面性”“整体性”要求不一致（邱东，1992）。

2. 分段法

分段法下的理念可以用以下公式表示：

$$M(K)=\begin{cases}\text{取上限值}\\ \text{按公式计算总评价值}\\ \text{取下限值}\end{cases} \tag{5-11}$$

在分段法下，当若干个指标达到某一标准时，总评价值将直升为优，而无论其他指标是否不达标；反之，当若干个指标没有达到某一标准时，总评价值为未达标，而无论其他指标是否达标。如果指标值未触及取上限值或取下限值的阈门，则按某一平均数公式计算总评价值。由此可见，分段法与代换法的区别在于，分段法下综合评价值的判定不仅仅只是取决于某一个指标，而是取决于若干个指标。

3. 混合法

所谓混合法，是指对一个综合评价下的不同层次或不同子系统指标体系，采用两种或两种以上的合成方法进行合成。理论上而言，每一个层次、每一个子系统的合成模型都可以是不同的，没有理由要求每一个子系统都采用一个合成模型，也没有理由要求下一层次的合成模型与上一层次的合成模型保持一致。具体应该采用什么合成模型，应该取决于评价目标、评价原则以及评价对象的特点。

4. 二次合成法

二次合成不是直接对无量纲指标进行合成或直接使用这一合成结果进行综合评价，而是在无量纲化的基础之上，考虑取单项指标中的极值进行合成。具体做法有两种：一种是在前述合成的基础之上，再考虑取“最大值”与“最小值”进行二次综合；另一种是通过计算与“理想点”之间的“贴近度”来对无量纲化指标值进行合成。

（三）合成方法确定

苏为华（2000）认为，综合评价合成值最好表现为平均数的形式。因为对单项评价指标进行无量纲化时，量化结果的“物理意义”比较重要。若综合评价合成值表现为平均数，则单项指标的“物理意义”与合成指标的“物理意义”可以保持一致，从而可以对单项评价值好坏进行判断。若总评价值表现为总量指标，由于受到指标个数的影响，人们无法通过总评价值来判断评价对象的绝对水平。基于本书的评价目标，在确定合成方法时，首先考虑幂平均合成模型。此外，由于本书拟在常权的基础之上进行变权，通过变权来体现一定的激励或惩罚，考虑到几何平均模型是一种“惩罚落后式平均”，平方平均模型蕴含了“鼓励搞突出抓重点”的要求，为了避免重复激励或惩罚，所以拟采用算术平均数模型。

第三节 绩效评价指标体系运用

一、数据收集整理

2017 年 11 月 7 日至 2017 年 12 月 7 日，以调查问卷（见附件 C）的形式对样本企业的相关数据进行了调研。由于涉及环保指标且公司的财务人员负有对公司信息保密的责任，问卷回收难度较前两次难度明显增加。共回收问卷 15 份，剔除指标填写不全及答案不符合要求的问卷后，共获得有效问卷 10 份。由于本节重点在指标体系的运用，10 份问卷虽然数量不大，但每份问卷包含该样本企业两年的数据，也可以满足要求。以下将分别用 N_1、N_2、N_3、N_4、N_5、N_6、N_7、N_8、N_9、N_{10} 来表示样本企业。N_{1-2015}表示样本企业 2015 年的数据，N_{1-2016}表示样本企业 2016 年的数据，其余的依此类推。

回收 10 分问卷中的样本企业全部属于高污染行业企业。其中，纺织企业 5

家（N_1、N_2、N_4、N_7、N_9），金属冶炼及压延加工企业2家（N_3、N_{10}），化学企业、食品制造及烟草加工企业和木材加工及家具制造企业各1家（N_5、N_6、N_8）。在问卷回复者中，男女比例为7∶3；中层管理者与基层管理者的比例为7∶3。

为了检验数据的可靠性，运用SPSS 22.0进行了可靠性分析。吴明隆与涂金堂（2005）指出，可靠性分析中总量表Cronbas'α的值在0.8以上为佳，0.9以上为更理想。本书的35个指标总的Cronbas'α为0.841，故数据具有较好的可信度。

二、指标无量纲化

本书所构建的指标体系中，除现金比率为适度指标外，其余指标均为正指标。采用极差变换法对指标进行预处理。正指标的处理方式为：

$$d_i = \frac{x_i - x_{imin}}{x_{imax} - x_{imin}} \tag{5-12}$$

适度指标的处理方式为：

$$当\ x_{imin} < x_i < x_{imid}时, d_i = \frac{x_i - x_{imin}}{x_{imid} - x_{imin}} \tag{5-13}$$

$$当\ x_{imid} < x_i < x_{imax}时, d_i = \frac{x_{imax} - x_i}{x_{imax} - x_{imid}} \tag{5-14}$$

其中，d_i为转化后的指标值，x_i为转化前的指标值，x_{imax}为该指标的最大值，x_{imin}为该指标的最小值，x_{imid}为对于适度指标而言的最适度值①。

三、指标权重确定

（一）常权的确定

运用Matlab 16.0，借助计算机专业人士编程能力，将前述AHP-GEM的分析思路转化为如下命令：

① 本书将现金比率的最适度值确定为0.2。

[x = xlsread ('book1. xls'); D = x' * x; [s, v] = eig (D); w = s (:, end); w = w/sum (w);][1]

根据本书第二次调查问卷中所获得的指标重要性得分矩阵（见附录I），在Matlab下运行该命令，直接得到各指标的权重如表5－1所示。

表5－1　AHP－GEM法下各级指标的权重

一级指标	二级指标	三级指标
a 生态创新能力（21.05%）	a_1生态管理创新能力（32.89%）	a_{11}高管的环保意识强度（27.17%）
		a_{12}部门之间配合程度（24.13%）
		a_{13}生态创新信息交流频率（23.92%）
		a_{14}生态创新激励机制的有效性（24.79%）
	a_2生态流程创新能力（33.05%）	a_{21}技术改造及技术引进费用支出率（52.21%）
		a_{22}设备更新率（47.79%）
	a_3生态产品创新能力（34.06%）	a_{31}产学研合作创新投入力度（23.97%）
		a_{32}生态创新研发强度（26.26%）
		a_{33}生态创新研发占比（25.55%）
		a_{34}生态产品开发完成率（24.22%）
b 显性环境绩效（19.95%）	b_1节能绩效（48.91%）	b_{11}万元产值综合能耗降低率（49.42%）
		b_{12}万元增加值综合能耗降低率（50.58%）
	b_2减排绩效（51.09%）	b_{21}单位主要污染物排放总量降低（49.29%）
		b_{22}三废达标排放率（50.71%）
c 隐性环境绩效（19.34%）	c_1合法性绩效（51.47%）	c_{11}员工环保意识水准（52.48%）
		c_{12}与利益相关者之间关系融洽度（47.52%）
	c_2竞争性绩效（48.53%）	c_{21}差异化优势提升度（49.58%）
		c_{22}先发优势的提升度（50.42%）
d 财务绩效驱动因素（19.86%）	d_1客户层面驱动能力（49.94%）	d_{11}客户异议平均处理周期下降率（49.44%）
		d_{12}生态产品市场占有率（50.56%）
	d_2内部流程层面驱动能力（50.06%）	d_{21}产品合格率（50.29%）
		d_{22}客户交付满意度（49.71%）

① book1. xls代表得分矩阵所在的Excel文件的名称，实际运用该命令时，可根据Excel文件的名称予以替换。运用该命令时，得分矩阵的每行数据反映每一位专家对指标的打分，每列数据反映每一个专家对某一个指标的打分。运用该命令时，行和列不能互换，否则结果有误。

续表

一级指标	二级指标	三级指标
e结果性财务绩效（19.79%）	e_1盈利能力（25.75%）	e_{11}净资产收益率（25.72%）
		e_{12}总资产报酬率（25.30%）
		e_{13}营业利润率（25.72%）
		e_{14}盈余现金保障倍数（23.27%）
	e_2营运能力（24.80%）	e_{21}总资产周转率（24.04%）
		e_{22}应收账款周转率（25.72%）
		e_{23}流动资产周转率（24.66%）
		e_{24}存货周转率（25.58%）
	e_3偿债能力（23.66%）	e_{31}现金比率（51.44%）
		e_{32}已获利息倍数（48.56%）
	e_4发展能力（25.80%）	e_{41}销售（营业）收入增长率（34.47%）
		e_{42}固定资产增长率（30.94%）
		e_{43}销售（营业）利润增长率（34.59%）

将各三级指标乘以其所属的二级指标的权重，再乘以各二级指标所属的一级指标的权重，即可得出各三级指标最终的权重，如表5－2所示。

表5－2　　　　三级指标最终权重

一级指标	二级指标	三级指标	指标权重
a生态创新能力	a_1生态管理创新能力	a_{11}高管的环保意识强度	1.88%
		a_{12}部门之间配合程度	1.67%
		a_{13}生态创新信息交流频率	1.66%
		a_{14}生态创新激励机制的有效性	1.72%
	a_2生态流程创新能力	a_{21}技术改造及技术引进费用支出率	3.63%
		a_{22}设备更新率	3.32%
	a_3生态产品创新能力	a_{31}产学研合作创新投入力度	1.72%
		a_{32}生态创新研发强度	1.88%
		a_{33}生态创新研发占比	1.83%
		a_{34}生态产品开发完成率	1.74%

续表

一级指标	二级指标	三级指标	指标权重
b 显性环境绩效	b_1 节能绩效	b_{11} 万元产值综合能耗降低率	4.82%
		b_{12} 万元增加值综合能耗降低率	4.94%
	b_2 减排绩效	b_{21} 单位主要污染物排放总量降低率	5.02%
		b_{22} 三废达标排放率	5.17%
c 隐性环境绩效	c_1 合法性绩效	c_{11} 员工环保意识水准	5.23%
		c_{12} 与利益相关者之间关系融洽度	4.73%
	c_2 竞争性绩效	c_{21} 差异化优势提升度	4.65%
		c_{22} 先发优势的提升度	4.73%
d 财务绩效驱动因素	d_1 客户层面驱动能力	d_{11} 客户异议平均处理周期下降率	4.90%
		d_{12} 生态产品市场占有率	5.02%
	d_2 内部流程层面驱动能力	d_{21} 产品合格率	5.00%
		d_{22} 客户交付满意度	4.94%
e 结果性财务绩效	e_1 盈利能力	e_{11} 净资产收益率	1.31%
		e_{12} 总资产报酬率	1.29%
		e_{13} 营业利润率	1.31%
		e_{14} 盈余现金保障倍数	1.19%
	e_2 营运能力	e_{21} 总资产周转率	1.18%
		e_{22} 应收账款周转率	1.26%
		e_{23} 流动资产周转率	1.21%
		e_{24} 存货周转率	1.26%
	e_3 偿债能力	e_{31} 现金比率	2.41%
		e_{32} 已获利息倍数	2.27%
	e_4 发展能力	e_{41} 销售（营业）收入增长率	1.76%
		e_{42} 固定资产增长率	1.58%
		e_{43} 销售（营业）利润增长率	1.77%

（二）变权的确定

根据变权的原理，为了更好地达到激励及惩罚的目的，拟采用混合变权，式（5－5）中的 α、β、γ 和 c 的取值分别设为 0.2、0.4、0.8 及 0.2。理由如下：由于 α 为否定水平，如果经过无量纲化后映射在［0，1］之间的取值低于 0.2 的话，表示该指标得分很差，因此予以否定；β 为惩罚水平，如果经过无量纲化后映射在［0，1］之间的取值低于 0.4 的话，还未达到通常的 0.6 的及格水平，所以予以惩罚；γ 为激励水平，如果经过无量纲化后映射在［0，1］之间的取值超过 0.8 的话，表示该指标得分较好，予以激励。c 为调整水平，即对常权调整的幅度，取值越小，激励和惩罚的力度越大；取值越大，激励和惩罚的力度越小。为了加大激励和惩罚的力度，本书取 0.2。将 α、β、γ 和 c 的取值代入式（5－5）后，具体公式如下：

$$S_i(x)=\begin{cases}1 & 0\leqslant x<0.2\\ -4x_i+1.8 & 0.2\leqslant x<0.4\\ 0.2 & 0.4\leqslant x<0.8\\ 4x_i-3 & 0.8\leqslant x\leqslant 1\end{cases} \tag{5-15}$$

四、绩效评价结果

（一）常权下的结果

对 10 家样本企业 2015 年及 2016 年的数据（见附录 J），采用常权进行综合评分的结果如表 5－3 所示。

表 5－3　　常权下企业绩效综合得分

样本企业	生态创新能力	显性环境绩效	隐性环境绩效	财务绩效驱动因素	结果性财务绩效	合计	排序
N_{1-2015}	0.062	0.151	0.071	0.100	0.061	0.444	19
N_{2-2015}	0.140	0.151	0.097	0.100	0.113	0.601	8
N_{3-2015}	0.107	0.151	0.000	0.050	0.092	0.399	20
N_{4-2015}	0.131	0.052	0.193	0.150	0.055	0.581	10
N_{5-2015}	0.121	0.052	0.146	0.125	0.088	0.531	12
N_{6-2015}	0.067	0.101	0.000	0.174	0.123	0.465	18
N_{7-2015}	0.164	0.052	0.193	0.149	0.104	0.663	6
N_{8-2015}	0.108	0.052	0.193	0.100	0.091	0.544	11
N_{9-2015}	0.095	0.052	0.097	0.125	0.125	0.493	15

续表

样本企业	生态创新能力	显性环境绩效	隐性环境绩效	财务绩效驱动因素	结果性财务绩效	合计	排序
$N_{10-2015}$	0.068	0.101	0.097	0.125	0.097	0.487	16
N_{1-2016}	0.109	0.175	0.097	0.105	0.098	0.585	9
N_{2-2016}	0.140	0.175	0.097	0.130	0.134	0.676	4
N_{3-2016}	0.123	0.175	0.000	0.055	0.122	0.476	17
N_{4-2016}	0.139	0.052	0.193	0.155	0.104	0.642	7
N_{5-2016}	0.120	0.150	0.146	0.145	0.110	0.671	5
N_{6-2016}	0.141	0.101	0.146	0.169	0.166	0.723	1
N_{7-2016}	0.169	0.052	0.193	0.149	0.145	0.708	2
N_{8-2016}	0.169	0.052	0.193	0.149	0.133	0.697	3
N_{9-2016}	0.099	0.052	0.097	0.150	0.132	0.529	13
$N_{10-2016}$	0.068	0.101	0.097	0.150	0.108	0.523	14

（二）变权下的结果

对10家样本企业2015年及2016年的数据，在常权的基础上采用变权进行综合评分的结果如表5-4所示。

表5-4　　　　变权下企业绩效综合得分

样本企业	生态创新能力	显性环境绩效	隐性环境绩效	财务绩效驱动因素	结果性财务绩效	合计	排名
N_{1-2015}	0.070	0.169	0.021	0.091	0.068	0.420	19
N_{2-2015}	0.129	0.196	0.034	0.105	0.180	0.644	8
N_{3-2015}	0.090	0.138	0.000	0.062	0.055	0.346	20
N_{4-2015}	0.105	0.056	0.210	0.162	0.041	0.574	10
N_{5-2015}	0.072	0.075	0.158	0.151	0.054	0.510	14
N_{6-2015}	0.048	0.098	0.000	0.197	0.108	0.452	18
N_{7-2015}	0.166	0.068	0.253	0.143	0.053	0.682	6
N_{8-2015}	0.095	0.071	0.265	0.082	0.039	0.553	11
N_{9-2015}	0.071	0.089	0.033	0.180	0.081	0.455	17
$N_{10-2015}$	0.053	0.131	0.033	0.179	0.088	0.483	15

续表

样本企业	生态创新能力	显性环境绩效	隐性环境绩效	财务绩效驱动因素	结果性财务绩效	合计	排名
N_{1-2016}	0.111	0.258	0.032	0.107	0.131	0.639	9
N_{2-2016}	0.119	0.253	0.031	0.178	0.190	0.771	2
N_{3-2016}	0.129	0.185	0.000	0.065	0.077	0.455	16
N_{4-2016}	0.139	0.056	0.210	0.167	0.085	0.657	7
N_{5-2016}	0.122	0.161	0.160	0.186	0.112	0.742	4
N_{6-2016}	0.184	0.107	0.153	0.185	0.172	0.800	1
N_{7-2016}	0.192	0.067	0.249	0.141	0.102	0.751	3
N_{8-2016}	0.192	0.067	0.249	0.141	0.087	0.736	5
N_{9-2016}	0.062	0.083	0.031	0.240	0.110	0.525	13
$N_{10-2016}$	0.048	0.120	0.030	0.235	0.115	0.549	12

五、评价结果分析

通过表 5－3 和表 5－4 的比较分析发现，引入具有激励和惩罚双重性质的混合变权法后，20 个样本的综合评价结果绝对值发生了较大的变化，排名也相应地发生了变化，如表 5－5 所示。

表 5－5　　常权法与变权法下结果的比较

样本企业	常权法的结果	常权法下排序	变权法的结果	变权法下排序	升降幅度	升降情况	排序变化情况
N_{1-2015}	0.444	19	0.420	19	－5.45%	↓	—
N_{2-2015}	0.601	8	0.644	8	7.25%	↑	—
N_{3-2015}	0.399	20	0.346	20	－13.44%	↓	—
N_{4-2015}	0.581	10	0.574	10	－1.14%	↓	—
N_{5-2015}	0.531	12	0.510	14	－3.92%	↓	↓
N_{6-2015}	0.465	18	0.452	18	－2.82%	↓	—
N_{7-2015}	0.663	6	0.682	6	2.94%	↑	—
N_{8-2015}	0.544	11	0.553	11	1.62%	↑	—

续表

样本企业	常权法的结果	常权法下排序	变权法的结果	变权法下排序	升降幅度	升降情况	排序变化情况
N_{9-2015}	0.493	15	0.455	17	-7.78%	↓	↓
$N_{10-2015}$	0.487	16	0.483	15	-0.79%	↓	↑
N_{1-2016}	0.585	9	0.639	9	9.34%	↑	—
N_{2-2016}	0.676	4	0.771	2	14.01%	↑	↑
N_{3-2016}	0.476	17	0.455	16	-4.32%	↓	↑
N_{4-2016}	0.642	7	0.657	7	2.21%	↑	—
N_{5-2016}	0.671	5	0.742	4	10.59%	↑	↑
N_{6-2016}	0.723	1	0.800	1	10.61%	↑	—
N_{7-2016}	0.708	2	0.751	3	6.04%	↑	↓
N_{8-2016}	0.697	3	0.736	5	5.65%	↑	↓
N_{9-2016}	0.529	13	0.525	13	-0.75%	↓	—
$N_{10-2016}$	0.523	14	0.549	12	4.96%	↑	↑

与常权法下综合绩效相比，变权法下9个样本企业的综合绩效下降了，分别是N_{1-2015}、N_{3-2015}、N_{4-2015}、N_{5-2015}、N_{6-2015}、N_{9-2015}、$N_{10-2015}$、N_{3-2016}及N_{9-2016}；11个样本企业的综合绩效上升了，分别是N_{2-2015}、N_{7-2015}、N_{8-2015}、N_{1-2016}、N_{2-2016}、N_{4-2016}、N_{5-2016}、N_{6-2016}、N_{7-2016}、N_{8-2016}及$N_{10-2016}$。由于变权法下企业的综合绩效较常权法下企业综合绩效发生了变动，排名也因此发生了一些变动。排名保持不变的企业有11家，分别是N_{1-2015}、N_{2-2015}、N_{3-2015}、N_{4-2015}、N_{6-2015}、N_{7-2015}、N_{8-2015}、N_{1-2016}、N_{4-2016}、N_{6-2016}及N_{9-2016}；排名上升的企业有5家，分别是$N_{10-2015}$、N_{2-2016}、N_{3-2016}、N_{5-2016}及$N_{10-2016}$；排名下降的企业有4家，分别是N_{5-2015}、N_{9-2015}、N_{7-2016}及N_{8-2016}。

部分企业变权法下综合绩效较常权法下综合绩效上升的主要原因是由于某一层面或某一些层面的绩效相对较好，受到了激励（通过加大权重予以激励），且激励的幅度弥补了因某一层面或某一些层面绩效较差而受到的惩罚（通过加大权重予以惩罚），最终总绩效上升。部分企业变权法下综合绩效较常权法下综合绩效下降的主要原因是因为某一层面或某一些层面的绩效较差，受到了惩罚（通过加大权重予以惩罚），且惩罚的幅度超过了因某一层面或某一些层面绩效较好而受到的激励（通过加大权重予以激励），最终总绩效下降。以升降幅度最大的 N_{3-2015}及 N_{2-2016}为例，将其变权法下各层面结果与常权法下各层面结果进行比较，如表 5－6 所示。

表 5－6　　涨跌幅最大样本企业常权法与变权法下结果的比较

样本企业	计算方法	生态创新能力	显性环境绩效	隐性环境绩效	财务绩效驱动因素	结果性财务绩效	合计
N_{3-2015}	常权法	0. 107	0. 151	0. 000	0. 050	0. 092	0. 399
	变权法	0. 090	0. 138	0. 000	0. 062	0. 055	0. 346
N_{2-2016}	常权法	0. 140	0. 175	0. 097	0. 130	0. 134	0. 676
	变权法	0. 119	0. 253	0. 031	0. 178	0. 190	0. 771

通过表 5－6 可知，虽然样本企业 N_{3-2015}在财务绩效驱动因素层面得分较高，且在变权法下受到激励，使该层面得分增加了 0. 012 分，但生态创新能力、显性环境绩效、隐性环境绩效及结果性财务绩效层面得分都相对较低，因而在变权法下受到了不同程度的惩罚，导致这四个层面总得分减少了 0. 066，最终导致综合得分下降 0. 054 （0. 399 －0. 346①）；虽然样本企业 N_{2-2016}在生态创新能力、隐性环境绩效层面得分较低，且在变权法下受到惩罚，使这两个层面得分减少了 0. 086，但显性环境绩效、财务绩效驱动因素及结果性财务绩效三个层面得分都较高，因而在变权法下受到不同程度的激励，导致这三个层面总得分增加了 0. 181，最终导致综合得分上升 0. 095 （0. 771 －0. 676）。由此可见，在变权综合分析法下，更能兼顾各因素之间的平衡性，且更能体现出评价者的意图。

本章小结

首先，对绩效评价指标权重确定的常权分析法和变权分析法进行了分析。在常权分析法下，分别对主观赋权法、客观赋权法及组合赋权法进行了介绍。在变

① 因四舍五入的原因，结果有小数点位上的差异。

权分析法下，主要介绍了变权的原理及变权的基本类型，然后对主观赋权法与客观赋权法、常权分析法与变权分析法进行了比较分析。在此基础之上，提出了赋权方法改进思路，认为可以结合 AHP 和 GEM 各自的优点，而避开各自的缺陷，构造 AHP－GEM 综合赋权法，并利用现代计算技术（Matlab16.0）来简化计算的过程。

其次，分析了指标无量纲化及合成方法的选择。在分析指标无量纲化时，重点对广义指数法及广义线性功效系数法进行了阐述，并在此基础上决定采用极差变换法进行指标无量纲化。在分析合成方法时，重点分析了幂平均合成模型及特殊合成模型各自的特点，最终决定采用属于幂平均合成模型的算术平均模型进行指标合成。

最后，在收集的一定的样本数据基础之上，对绩效评价指标体系进行了运用。其包括指标无量纲化、常权的确定、变权的确定、常权下综合绩效的计算、变权下综合绩效的计算及两种方法下绩效差异的比较分析。

第六章

生态创新环境下企业绩效提升对策研究

第一节

基于制度层面的对策

根据本书研究结论，企业的生态创新行为受到外部制度环境的影响，在引导企业的生态创新行为时，应充分发挥强制性、规范性及模仿性机制作用，实现三者之间的合力。三者合力的发挥，离不开政府、企业以及各利益相关者的积极参与。其中，政府为主导、企业为主体、各利益相关者的参与不可或缺。

一、充分发挥强制性机制的引导作用

充分发挥强制性机制在引导企业生态创新行为中的作用，尤其是政府主导作用。一方面，政府应该进一步完善与环境保护相关的约束性法律、法规，建立生态环境损害赔偿制度，对违反环保法律法规的，依法严肃查处；对造成生态环境损害的，根据损害程度等依法赔偿；对造成严重后果的，依法追究刑事责任。通过大幅提高违法成本，来强化企业环境保护法律责任，进而促使企业生态创新行为的积极性提升。另一方面，加大与环境保护有关的激励性法律、法规的建立和完善。建立统一的环保产品标准、认证、标识等体系，从财政、金融、税收以及政府采购等方面对其开发、生产和销售予以激励。

二、充分发挥规范性机制的引导作用

充分发挥规范性机制在引导企业生态创新行为中的作用，尤其是各利益相关者积极参与作用。企业的投资者、债权人、消费者、社区居民或者是环保组织的环保意识和生态创新意识的觉醒和提升，都会对企业的生态创新行为产生积极的、正向的规范力。因此，一方面，政府应该加强对利益相关者的引导，促使其环保意识进一步提升。完善利益相关者参与制度，保障各利益相关者依法有序行使环境监督权。建立环境保护网络举报平台和举报制度，健全举报、听证、舆论监督等制度。另一方面，由于信息的非对称性，企业外部利益相关者获得企业环境保护方面的信息比企业内部利益相关者要少，导致往往在新闻媒体对企业发生重大环境损害事件曝光后，外部利益相关者才获知该信息，弱化了外部利益相关者的规范力。因此，应进一步健全环境信息公开披露制度，全面推进排污单位环境信息公开以及监管部门环境信息公开，为规范性机制实时作用的发挥提供信息保障。

三、充分发挥模仿性机制的引导作用

充分发挥模仿性机制在引导企业生态创新行为中的作用，尤其是企业的主体作用。本书的研究表明，不确定性环境下的企业，为了获得竞争优势，减少动荡，会主动模仿竞争对手的生态创新行为进而提升合法性。因此，为充分发挥模仿性机制的作用，一方面，对于在生态创新行为方面处于领先的企业，应加大宣传力度、形成示范效应，引领更多的企业开展生态创新；另一方面，企业应积极转变观念，形成绿色发展理念，实施生态创新战略，化被动模仿为主动承担，引领更多的企业进行模仿，促进模仿机制作用的进一步发挥。

第二节 基于企业层面的对策

无论是规制性要素、规范性要素还是文化—认知性要素，在促进企业生态创新行为的过程中，都属于“外因”，外因通过“内因”起作用，可以加速或阻碍企业的发展，但真正起决定性作用的还在于企业自身。企业应该自觉树立绿色发展理念，大力创新绿色发展手段，主动实施绿色绩效评价。

一、自觉践行绿色发展理念

绿色发展理念是党的十八届五中全会上确立的五大发展理念之一。绿色发展强调更加环保，更加和谐。理念引导行动，只有自觉践行绿色发展理念，才能引导企业生态创新行为顺利开展。

（一）形成绿色的思维方式

正确理念的形成离不开科学的思维方式。绿色发展理念的形成离不开系统性思维、共赢性思维和导向性思维的运用（王晓东，2016）[①]。

用系统性的思维指导企业战略全局。绿色发展是一个自我否定、自我完善的发展过程，需要运用系统性的思维来指导企业战略布局，需要企业不仅只是关注自身当前的发展和各利益相关者当前利益和诉求，还需要关注企业长期可持续发展和各利益相关者长远利益和诉求。

用共赢性的思维谋求发展更高境界。长期以来，企业谋求了股东财富的最大化，却损害了其他利益相关者的利益，人类文明发展史上演了一部经济责任与社会责任大战片。恰如本书第三章中所阐述的那样，企业既是技术环境的产物，也是制度环境的产物。这两种环境既要求企业有效率，按最大化原则组织生产，实现企业利润或股东财富最大化，又要求企业不断接受和采纳外界公认或赞许的形式、做法或“社会事实”，即承担社会责任，以获得生存所必需的合法性。因此，企业应该追求济效益和环境效益双赢的局面，在发展中保护，在保护中发展。

用导向性的思维引领绿色发展实践。绿色发展实践中的导向思维，主要体现

① 王晓东．加快推动绿色发展变革——深入学习贯彻习近平同志系列重要讲话精神［N/OL］．人民日报，2016－5－23. http：//www.71.cn/2016/0523/890835.shtml。

在两个方面：一是目标导向。在共赢性的思维方式下，应该以经济效益和环境效益的双赢为目标。二是问题导向。习近平总书记多次强调，要有强烈的问题意识，以重大问题为导向，抓住重大问题、关键问题进一步研究思考，找出答案，着力推动解决我国发展面临的一系列突出矛盾和问题。党的十九大报告中指出，当前我国的主要矛盾已转化为人民对美好物质生活的向往与发展不平衡之间的矛盾。更优美的生态环境、更优质的生态产品都属于人民美好物质生活的重要组成部分，企业应该以此为导向。

（二）实施绿色的发展战略

企业应该将绿色的发展理念融入企业的战略，实施绿色的发展战略。企业发展战略的本质特征是发展性，是着眼于促进企业发展的战略。企业发展战略具有长期性、基本性、整体性、系统性、计谋性和风险性等特征，它是企业各种战略的总战略，是统帅其他战略的最高战略（企业内部控制编审委员会，2011）[①]。

基于对企业的调研发现，55.17%的被调查企业实施了低成本战略；34.48%的被调查企业实施了差异化战略；3.45%的被调查企业实施了“低成本战略+差异化战略”；6.90%的被调查企业实施了其他战略[②]，如图6-1所示。

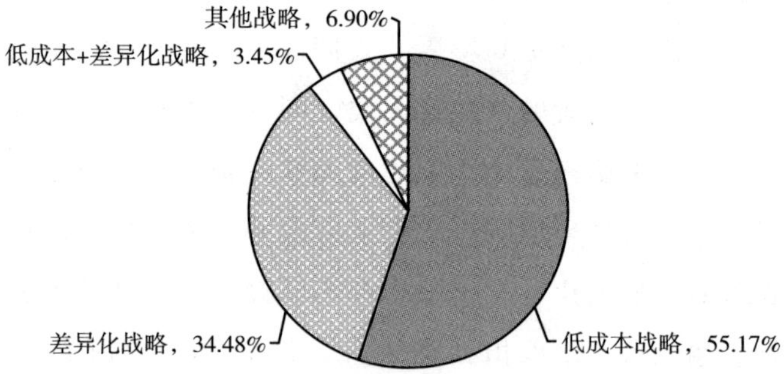

图6-1　企业总体战略饼型分布

① 企业内部控制编审委员会．企业内部控制配套指引解读与案例分析［M］．上海：立信会计出版社，2010.

② 由于被调查企业在问卷中并没说明，因而其他战略到底是什么，并不可知。

通过样本企业数据推断，在企业的发展战略中，明确提出了绿色发展战略的企业占比还有待提高。只有将绿色的发展战略嵌入企业的总战略，才能更好地指导其他战略的实施，也才能确保绿色发展理念引导下的绿色发展战略通过其他战略得以落地。

（三）采用绿色的财务理论

由于传统的财务管理理论对企业的“社会责任”的考虑是零嵌入性的，因此目前企业在进行财务决策时，往往考虑的是股东利益最大化；在评价项目可行性时，无论是 NPV 法，还是 IRR 法，都忽略了对环境的考虑。

在投资管理方面，不应仅仅只对有利于股东利益增长的项目进行投资，还应对有利于形成企业的独特资源和能力的事项，以及包括环境保护在内的一系列涉及社会责任承担的项目进行投资。

在进行项目的可行性分析方面，应将与投资项目有关的环保项目作为必要的配套项目，不仅要考虑配套项目的原始投资，环境污染和污染治理过程中发生的支出，还应该合理预计生产经营过程中负的外部效应，将其作为企业的一项潜在的费用，从整体上全面分析可能发生的成本，切实降低由于环境政策改变所造成的风险（张敦力，2011）。

二、大力创新绿色发展手段

（一）大力推进生态管理创新

现有的研究表明，生态管理创新能力的提升有利于生态技术创新能力和生态产品创新能力的提升。生态管理创新能力是指在生态创新过程中企业管理者所表现出来的绿色环保意识以及生态文化、生态理念的塑造能力。如果企业管理者具有强烈的环保意识，关注环境，重视环境保护，当面对市场的生态需求和政策的生态导向时，就会发生耦合作用，进而推动企业生态创新能力的提升。在企业生态创新的过程中，生态文化的树立和宣传具有导向作用，只有生态文化和生态理念深入人心，企业才会以生态文明的思维方式和价值标准来决定经济项目的立项、决策和实施，从而进一步推动生态文明发展。因此，企业管理者应不断更新理念，推动企业生态文化的发展，为生态管理创新创造条件。

（二）切实推进生态技术创新

传统技术创新曾为经济发展做出了巨大贡献，然而也受到日益严峻的生态环境的影响和制约。科技创新的生态化转变将引领企业未来创新的发展方向。生态技术创新则是指在充分考虑自然资源环境的约束下，将生态观念贯穿于技术创新的全过程，从而创造出既有利于保护资源环境、满足人类生态需求又有利于提升企业竞争力、促进经济可持续发展的技术创新。

生态技术创新是生态学与传统技术创新相结合而产生的新型的创新模式，体现了经济效益和环境效益的统一。对企业而言，生态技术创新既有利于减少资源浪费、降低成本，又有利于提升自身的合法性、获得一定的竞争优势。人类社会正处于工业文明向生态文明转变的过程，企业只有适应这一转变，不断推行生态技术创新才能占领市场制高点。

通过产学研的深度融合进一步推动生态技术创新。2014 年，习近平总书记在中国科学院第十七次院士大会上的重要讲话中明确指出，推动技术创新驱动，要以企业为主体，以市场为导向，以产学研深度融合为手段。进一步加强与大学、科研机构的深度合作，是企业实施生态创新战略的重要途径，既有利于企业借助外部智力资本，以较低成本进行生态创新；又有利于借助合作方的社会声誉，提升自身的合法性。

（三）稳步实施生态产品创新

稳步实施生态产品创新，需要将生态的理念融入产品的开发、设计、生产、使用以及回收等全生命周期。按创新的程度不同，生态创新可以分为渐进式生态创新（incremental eco - innovation）和激进式生态创新（radical eco - innovation）（聂洪光，2012）。渐进式生态创新通过对原有的技术、产品或服务进行改良，以逐渐减少对资源的消耗或更有利于环境保护；而激进式生态创新带来全新的具有替代性或颠覆性的技术、产品或服务，以满足生态文明的要求。渐进式生态创新的特点在于成本相对较低、投资回收期短且见效快，综合风险相对较低。激进式生态创新的特点在于成本相对较高、投资回收期长且收益具有不确定性，综合风险相对较高。为了有效防范生态创新过程中的风险，企业的生态产品创新战略应是一种兼顾高风险和低风险、技术革新与技术改进、短期生存与长期发展的战略组合，应该稳步推进生态产品创新。

三、全面实施绿色绩效评价

（一）树立科学评价价值取向

正如本书第三章所述，与企业的价值取向相适应，企业绩效评价的价值取向也经历了由股东价值取向向利益相关者价值取向的转变，越来越多的企业开始关注利益相关者价值的维护与创造，越来越注重承担更多的社会责任，包括环境责任。

基于对企业的调研发现，31.67%的样本企业绩效评价时的内容包括“经济绩效+社会绩效+环境绩效”；30.00%的样本企业绩效评价时的内容包括“经济绩效+社会绩效”；28.33%的样本企业在绩效评价时的内容只包括经济绩效；10%的样本企业在绩效评价时的内容包括“经济绩效+环境绩效”，如图6-2所示。

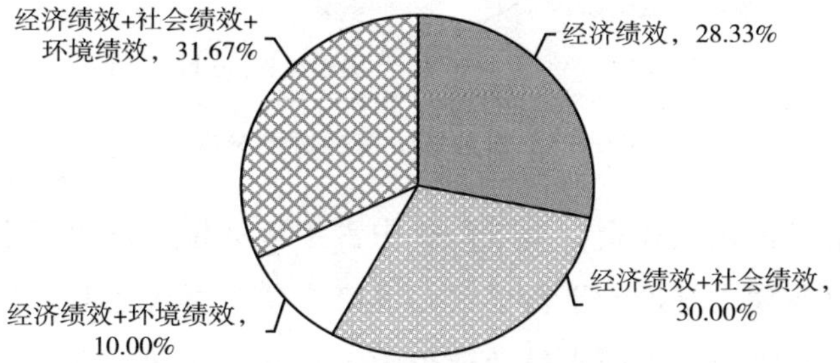

图6-2　绩效评价内容饼型分布

由此可见，经济绩效仍然是企业绩效评价的主要内容，41.67%（31.67%+

10%）的企业在绩效评价时，考虑了对环境绩效的评价；61.67%（31.67% + 30%）的企业在绩效评价时，考虑了对社会绩效的评价；31.67%的企业绩效评价的内容包括“三重绩效”；仍有28.33%的企业绩效评价的内容只包括经济绩效。因此，应该以双赢性的思维方式为引导，树立科学的绩效评价价值取向。以企业责任的承担为出发点，既要考虑技术环境下企业所承担的经济责任，又要考虑制度环境下企业所承担的法律责任、道德责任和认知责任，在考虑利益相关者利益的前提下，追求股东价值最大化。

（二）建立绿色绩效评价体系

通过绩效评价历史演进可知，绩效评价模式主要包括财务模式、价值模式和平衡模式（王化成和刘俊勇，2004）。基于对企业的调研发现，在绩效评价时，45.28%的样本企业采用了平衡模式；43.40%的样本企业采用了财务模式；9.43%的样本企业采用了价值模式；1.89%的样本企业采用了其他模式，如图6－3所示。

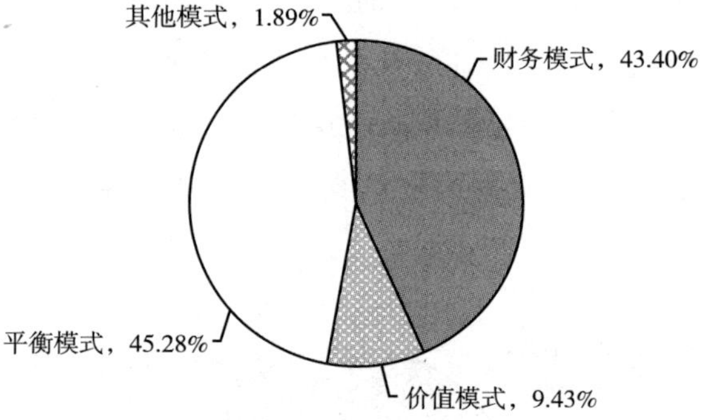

图6－3　绩效评价模式饼型分布

由此可知，平衡模式在企业绩效评价中占主流地位，证明了平衡理念的科学性和适用性。财务模式仅次于平衡模式，占第二位，再次证明了财务指标因为其易于获取、便于计算的特点而在绩效评价中占有一席之地。虽然有部分样本企业采用了价值模式，但占比很小。这些表明，尽管价值模式有其自身的科学性，但是缺乏适用性，这主要是因为其计算过程比较复杂，且在价值模式下，如何将总的价值目标分解并与预算目标相衔接，存在一定的操作困境。

基于对企业的调研还发现，93.22%的企业在绩效评价时包含财务维度；49.15%的企业在绩效评价时包含客户维度；33.90%的企业在绩效评价时包含内部流程维度；30.51%的企业在绩效评价时包含学习和创新维度；54.24%的企业在绩效评价时包含社会责任维度；35.59%的企业在绩效评价时包含环境责任维度，如图6－4所示。

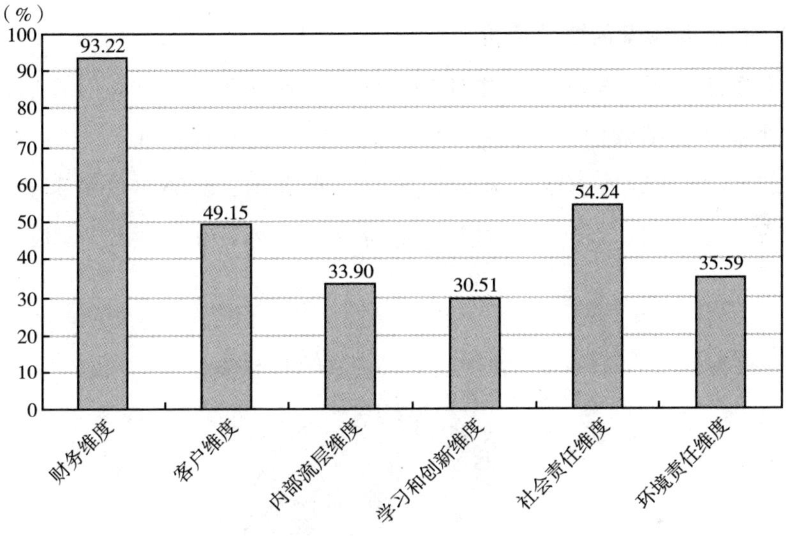

图6－4 绩效评价维度柱形分布

调研同时发现，有12.55%的被调查企业在绩效评价时借鉴了平衡计分卡的理念，同时采用了财务维度和其他三个维度（客户维度、内部流程维度、学习和创新维度）；有21.82%的被调查企业同时采用了客户维度和内部流程维度的指标。与此相比，Malmi（2000）通过对芬兰企业的调研后发现，高达88%的被调查企业在绩效评价时借鉴了平衡计分卡的理念，同时采用了财务维度和其他三个维度（客户维度、内部流程维度、学习和创新维度）指标。Speckbacher（2003）通过对德语系国家的企业进行调研后发现，几乎所有的被调查企业都采用了客户维度和内部流程维度的指标，但只有75%的企业采用了学习与创新层面的指标。此外，大概有5%的企业出于自身原因或所处环境的考虑，会自行加入一些其他维度（如雇员维度、环境维度、社会维度）的指标。

因此，如本书第四章所构建的评价体系一样，企业应构建“能力+过程+结果”的绩效评价体系，将 Hart（1995）的自然资源基础观理念嵌入 Kaplan 和 Norton（1992）的平衡计分卡理念中，以能力评价为先导，以过程评价为手段，以结果评价为终点，构建一套体现转型升级和生态文明要求，有利于企业绿色发展的绩效评价体系。

（三）主动实施绿色绩效评价

基于对企业的调研发现，33.90%的被调查企业认为绩效评价有作用；22.03%的被调查企业认为绩效评价作用很大；22.03%的被调查企业认为绩效评价作用较大；15.25%的被调查企业认为绩效评价非常有用；5.08%的被调查企业认为绩效评价有一点作用；1.69%的被调查企业认为绩效评价几乎没作用，如图6-5所示。

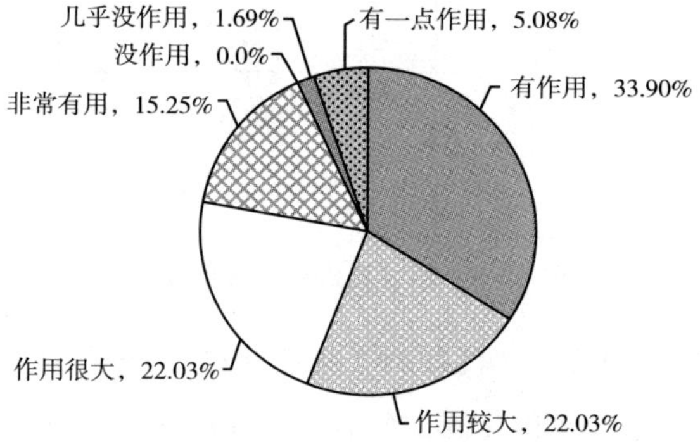

图6-5　绩效评价作用饼型分布

进一步调研发现，影响绩效评价发挥作用的因素较多。其中，57.14%的被调查企业认为将企业的愿景和战略转化为关键的绩效考核指标存在的困难；46.43%的被调查企业认为与企业绩效挂钩的激励程度不高；39.29%的被调查企业认为指标体系的设计不合理；35.71%的被调查企业认为绩效考核执行不严格；35.71%的被调查企业认为指标权重的设计不合理；21.43%的被调查企业认为企业愿景和战略不明确，如图6-6所示。

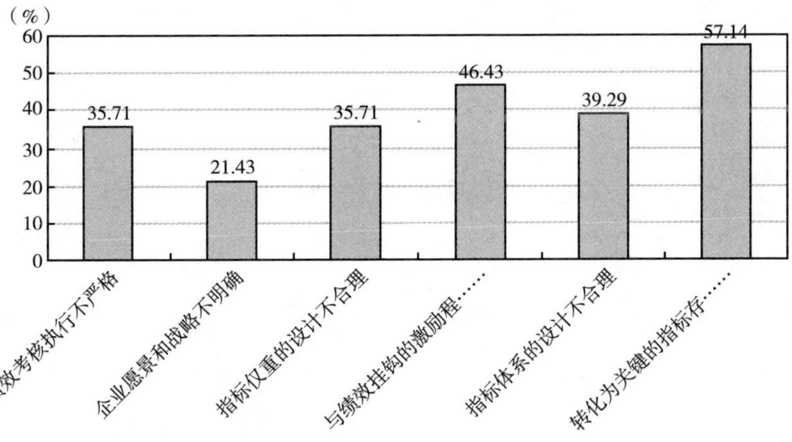

图 6-6　影响绩效评价发挥作用的因素的柱形分布

因此，企业应该认真实施绩效评价，寻找影响绩效评价发挥作用的关键因素，切实提高绩效评价的作用。

本章小结

基于实证性研究部分和应用性研究部分的结论或结果，本章分别从制度层面和企业层面对生态创新环境下企业二元性绩效的提升提出了对策。就制度性层面而言，应充分发挥强制性、规范性及模仿性机制作用，实现三者之间的合力。就企业层面而言，应该自觉践行绿色发展理念，大力创新绿色发展手段，全面实施绿色绩效评价。

结　　语

一、研究结论

本书主要基于组织社会学的新制度主义理论、自然资源基础观、组织合法性理论等对外部制度驱动、生态创新与企业二元性绩效之间的传导机理进行了理论分析和实证检验。研究结果表明：（1）强制性法律法规的约束力对企业生态创新行为有显著的正向影响；（2）激励性法律法规的约束力对企业生态创新行为有显著的正向影响；（3）利益相关者环保导向的规范力对企业生态创新行为有显著的正向影响；（4）竞争对手生态创新行为引发的模仿力对生态创新行为有显著的正向影响；（5）生态创新对节能绩效有显著正向的影响；（6）生态创新对减排绩效有显著的正向影响；（7）节能绩效对减排绩效有显著的正向影响；（8）生态创新对合法性绩效有显著的正向影响；（9）减排绩效对合法性绩效有显著的正向影响；（10）生态创新对竞争性绩效有显著的正向影响；（11）节能绩效对财务绩效驱动因素有显著的正向影响；（12）合法性绩效对财务绩效驱动因素有显著的正向影响；（13）竞争性绩效对财务绩效驱动因素有显著的正向影响；（14）财务绩效驱动因素对结果性财务绩效有显著的正向的影响。

本书在理论分析和实证分析的基础之上，基于一定的评价目标，构建了一个五维度四层次的绩效评价框架模型及一套绩效评价指标体系，并对指标权重的确定方法予以了改进，有利于更好地体现出评价者的意图，有利于引导企业生态创新行为的开展，有利于促进国家宏观战略在企业微观层面的落地。

二、研究创新

本书可能的创新点主要体现在以下三个方面：

第一，研究视角创新。从企业所处的外部制度环境出发，实证检验外部制度驱动、生态创新与二元性绩效之间内在机理，推动生态创新前因后果的整合研究；同时，通过多理论细分了生态创新与经济绩效之间的中介变量，并整合分析了这些中介变量之间的传导作用，突破了以往文献中单一中介的研究视角。

第二，研究观点创新。本书基于组织社会学的新制度主义理论，重新界定了企业责任的内涵，并在企业责任的概念框架之下，结合生态创新的二元性特征，对股东价值取向模式和利益相关者价值取向模式之间的关系进行了重新界定，既分析了两者之间的对立，又论述了两者之间的统一与调和，突破了以往文献中对两种价值取向模式之间关系的论述。

第三，研究思路创新。本书在理论研究和实证研究的基础上，根据评价目标及生态创新环境对企业绩效的传导路径，建立了一个多维度、多层次、内在逻辑关系明确的绩效评价模型，并以此为基础构建了一套企业绩效评价指标体系，突破了以往文献中通常根据评价目标直接构建评价指标体系的研究思路。

本书可能的研究特色主要体现在以下三个方面：

第一，采用结构方程模式进行实证研究。在对外部制度驱动、生态创新与企业绩效之间的传导路径进行实证检验时，采用了结构方程模式，研究过程完整，研究方法规范，研究结论可靠。同时采用最大概似估计法和 bootstrap 法对模型进行估计，并对估计结果的差异性进行了比较，保证了结论的稳妥性。

第二，借助 Matlab 软件编程确定指标权重。在确定指标权重时，采用了“常权 + 变权”的方法，更好地体现了绩效评价的激励与约束作用。在确定常权时，结合 AHP 和 GEM 各自的优点而避开各自的缺陷，采用了 AHP - GEM 综合赋权法，并给出了其在 Matlab16.0 软件中简洁实现的过程，提高了计算的效率，极大地改进了传统手工计算下不断迭代计算过程的复杂性。

第三，利用 bootstrap 技术进行中介效果检定。利用 bootstrap 技术，重新估计间接效果的非标准化系数、标准误及置信区间，再计算间接效果的显著水平（Z值），避免了传统的中介效果检定方法下 Z 值为 ±1.96 时实务上并不一定代表显著的问题产生。

三、研究展望

加强生态创新的内部驱动因素研究。本书主要关注了生态创新的外部驱动因素，而对企业生态创新的内部驱动因素（如组织的资源和能力、战略导向等）未能予以研究，这将是本书未来一个非常重要的研究方向。

进一步区分西部地区和东部地区进行分析。当前，我国西部地区为了在经济上追赶东部地区，普遍实施了相对宽松的环境制度。以造纸业 COD 排放标准为例，山东省为 60～100mg/L，西部地区均为 100～200mg/L，这使其在能源开发和承接东部地区高能耗、高污染产业转移过程中很有可能陷入“环境库兹涅茨曲线”倒“U”形陷阱，重蹈东部地区“先污染后治理”的覆辙。由于西部地区处于我国主要水系的中上游且部分地区生态环境脆弱，生态保护意义重大，但企业普遍存在的“分布散、规模小、技术含量偏低及生态效率低下”的特点，严重制约了其进一步的绿化行为，亟须一套设计合理的环境规制，促进西部地区企业摆脱组织惯性，加快实施生态创新，进而达到环境绩效和经济绩效的双赢。相对于其他地区而言，西部地区在立法、执法、经济发展、财政管理等方面拥有更大的自主权，可以根据自身特点制定和执行更为切合实际的环境制度。因此，在生态文明要求下，从外部制度的视角研究西部地区企业生态创新及其二元性绩效提升也具有非常重要的意义。

进一步区分国有企业和非国有企业进行分析。现有的研究表明，国有企业和非国有企业在面对同样的外部制度环境时，它们所能获得的资源存在的一定的差异性，其行为表现也可能存在一定的差异性。因此可以区分企业性质，分别探讨外部制度驱动企业生态创新的内在机理，为我国相关制度的进一步完善提供理论依据。

将本书所构建的指标体系进一步运用于企业进行案例研究。“纸上得来终觉浅，绝知此事要躬行”。尽管理论上构建了生态创新环境下企业绩效评价指标体系，并通过问卷调查获取了一定样本企业的数据，但该指标体系是否真的能达到预期的评价目标，是否真的能引导企业朝着生态创新的方向迈进，还需要将该指标体系在具体的案例企业进行实际运用分析，这也为本书下一步的研究指明了方向。

附　录

附录A　调查问卷

尊敬的女士/先生：

您好！感谢您在百忙之中抽出时间参与本问卷调查。我们是中南财经政法大学从事企业绩效评价的工作人员，本问卷旨在了解企业外部制度环境、企业内部生态创新实施情况以及生态创新的实施对企业的环境绩效和经济绩效的影响状况。本问卷仅为科学研究之用，不会用于任何商业用途，您提供的任何信息都将会受到严格的保密，非直接研究人员不会看到，问卷数据将用于大样本分析，不会进行个案研究，敬请放心。

特别说明：为了使您对我们研究的对象有清晰的认识，我们对生态创新简单描述如下：生态创新是指企业开发或采用的一种新的产品、工艺、流程和管理等创新行为，与企业现有的产品、工艺、流程和管理等相比，其能显著降低产品整个生命周期的环境风险、污染以及对资源（能源）利用的负面影响（如生态环境破坏）。

若您对问卷有任何疑问，请联系：×××；电话：×××；E－mail：×××。祝您身体健康、快乐幸福！

答题说明

1. 请用“√”选择出符合您企业实际情况的答案。如果您做的是电子版，请将选项对应的“□”或数字颜色改成红色，或做上任何标记都可。

2. 本问卷并无标准答案，答案亦无“对”“错”“好”“坏”之分，因此对每个问题您不需要考虑太久，只需要仔细阅读每个题，并根据自己对企业实际情况的认知，如实回答即可。

3. 如无特殊说明，题项均为单选题。

第一部分：企业基本信息

1. 贵企业名称：________；注册地：________省。

2. 贵企业成立年份：________，现有正式员工数（约）为：________人。

3. 贵企业上年的销售收入（约）为：_______万元，是否上市公司：_______。

4. 贵企业上年末的资产总额（约）为：________万元。

5. 贵企业上年的研发投入_______万元，占当年销售收入比重为_______%。

6. 贵企业的所有制类型属于：

□国有/国有控股　□私有/民营控股　□外资　□中外合资　□其他

7. 与本行业的平均规模相比，贵企业属于：

□小型企业　□中型企业　□大型企业

8. 贵企业处于：

□初创期　□发展期　□成熟期　□衰退期

9. 贵企业处于行业为：

□电力及蒸汽热水生产和供应业　□金属冶炼及压延加工业

□造纸印刷及文教用品制造业　□化学工业

□煤气生产和供应业　□非金属矿采选业

□煤炭采掘业　□纺织业

□食品制造及烟草加工业

□木材加工及家具制造业

□其他（请注明）

第二部分：生态创新的外部制度环境

NO	法律法规的强制力测量指标	低 吻合程度 高						
ELR_1	本企业产品必须符合国际环保公约标准	1	2	3	4	5	6	7
ELR_2	本企业生产必须符合国际环境标准要求	1	2	3	4	5	6	7
ELR_3	本企业产品必须符合国内法律法规中相关环保规定	1	2	3	4	5	6	7
ELR_4	本企业生产必须符合国际法律法规中相关环保规定	1	2	3	4	5	6	7
EPI_1	政府提供了与本企业相关的实施生态创新的补贴	1	2	3	4	5	6	7
EPI_2	政府减少了与本企业相关的实施生态创新的税收	1	2	3	4	5	6	7
EPI_3	政府提供了与本企业相关的生态创新研发的补贴	1	2	3	4	5	6	7
EPI_4	政府减少了与本企业相关的生态创新研发的税收	1	2	3	4	5	6	7

NO	利益相关者环保导向的规范力测量指标	低 吻合程度 高						
SE0_1	企业投资者要求产品符合环保标准	1	2	3	4	5	6	7
SE0_2	企业投资者重视产品所蕴含的绿色概念	1	2	3	4	5	6	7
SE0_3	企业债权人要求产品符合环保标准	1	2	3	4	5	6	7
SE0_4	企业债权人重视产品所蕴含的绿色概念	1	2	3	4	5	6	7
SE0_5	企业的客户要求产品符合环保标准	1	2	3	4	5	6	7
SE0_6	企业的客户重视产品所蕴含的绿色概念	1	2	3	4	5	6	7
SE0_7	当地社区居民关注企业的环保行为	1	2	3	4	5	6	7
SE0_8	新闻媒体关注企业的环保行为	1	2	3	4	5	6	7
SE0_9	环保 NGO 组织关注企业的环保行为	1	2	3	4	5	6	7

NO	竞争对手生态创新行为引发的模仿力测量指标		低 吻合程度 高						
CBI_1	由于认知到国内（外）竞争对手的生态创新行为带来的竞争压力	本企业模仿（拟模仿）竞争对手，通过产品的生态概念树立良好市场形象	1	2	3	4	5	6	7
CBI_2		本企业模仿（拟模仿）竞争对手，通过产品的生态概念占有可观市场份额	1	2	3	4	5	6	7
CBI_3		本企业模仿（拟模仿）竞争对手，通过产品的生态概念获得市场竞争优势	1	2	3	4	5	6	7

第三部分：高管的环境意识

NO	测量指标	低	吻合程度					高
EEA_1	本企业高层十分重视本企业对自然环境的不利影响	1	2	3	4	5	6	7
EEA_2	本企业高层十分清楚环保法规对公司的影响	1	2	3	4	5	6	7
EEA_3	本企业高层十分清楚本行业最佳环保实践	1	2	3	4	5	6	7
EEA_4	本企业高层十分重视环保问题	1	2	3	4	5	6	7
EEA_5	本企业高层认为环保倡议对企业有很多好处	1	2	3	4	5	6	7
EEA_6	本企业高层认为环保产品能够提高企业销售收入	1	2	3	4	5	6	7
EEA_7	本企业高层认为环保措施能够降低企业成本	1	2	3	4	5	6	7
EEA_8	本企业高层认为采取环保措施会提高企业生产效率	1	2	3	4	5	6	7

第四部分：生态创新

NO	测量指标		低	吻合程度					高
EMI_1	近3年，本企业的管理部门经常	采用新的系统管理生态创新	1	2	3	4	5	6	7
EMI_2		收集生态创新发展趋势的信息	1	2	3	4	5	6	7
EMI_3		积极地参加生态创新的活动	1	2	3	4	5	6	7
EMI_4		与职员交流生态创新信息	1	2	3	4	5	6	7
EMI_5		将研发支出的较高比例投资于生态创新	1	2	3	4	5	6	7
EMI_6		在参与生态创新的各部门间交流经验	1	2	3	4	5	6	7
ETI_1	近3年，本企业经常	改进生产流程以降低环境污染	1	2	3	4	5	6	7
ETI_2		改进生产流程以遵守环保法规	1	2	3	4	5	6	7
ETI_3		改进制造过程的装备以节约能源	1	2	3	4	5	6	7
ETI_4		在制造过程引进新的技术以节约能源	1	2	3	4	5	6	7
EPI_1	近3年，本企业经常强调通过新技术开发新产品以	简化他们的包装	1	2	3	4	5	6	7
EPI_2		简化他们的结构	1	2	3	4	5	6	7
EPI_3		更容易回收其配件	1	2	3	4	5	6	7
EPI_4		更容易降解其材料	1	2	3	4	5	6	7
EPI_5		使用自然材料	1	2	3	4	5	6	7
EPI_6		尽可能减少污染的损害	1	2	3	4	5	6	7
EPI_7		尽可能减少对能源的使用	1	2	3	4	5	6	7

第五部分：环境绩效

特别强调：本部分只考核由生态创新驱动的环境绩效。如果企业部分实施生态创新，只就该部分行为引起的财务绩效的变动打分，不考虑原有的非生态创新行为对环境绩效的影响。

NO	显性环境绩效测量指标		低		程度		高		
DEP_1	近3年，相对于行业平均水平，本企业	提升节约用水的绩效	1	2	3	4	5	6	7
DEP_2		提升节约能源的绩效	1	2	3	4	5	6	7
DEP_3		提升原材料的使用效率的绩效	1	2	3	4	5	6	7
DEP_4		提升原材料回收再利用的绩效	1	2	3	4	5	6	7
DEP_5		改善水污染防治的绩效	1	2	3	4	5	6	7
DEP_6		改善废弃物管理的绩效	1	2	3	4	5	6	7
DEP_7		改善毒化物管理的绩效	1	2	3	4	5	6	7
DEP_8		改善空气污染防治的绩效	1	2	3	4	5	6	7

NO	隐性环境绩效测量指标		低		程度		高		
IEP_1	近3年，相对于行业平均水平，本企业	先发优势的提升	1	2	3	4	5	6	7
IEP_2		差异化优势的提升	1	2	3	4	5	6	7
IEP_3		获取未来有利位置机会的提升	1	2	3	4	5	6	7
IEP_4		原材料成本的下降	1	2	3	4	5	6	7
IEP_5		生产成本的下降	1	2	3	4	5	6	7
IEP_6		法规遵从成本的下降	1	2	3	4	5	6	7
IEP_7		有效经营管理知识的提升	1	2	3	4	5	6	7
IEP_8		产品质量的提升	1	2	3	4	5	6	7
IEP_9		企业员工道德水准的提升	1	2	3	4	5	6	7
IEP_10		企业声誉或商誉的整体的提升	1	2	3	4	5	6	7
IEP_11		与利益相关者（例如，当地社区、监管机构和环保团体）之间关系的改善	1	2	3	4	5	6	7
IEP_12		环境违法次数的减少	1	2	3	4	5	6	7
IEP_13		企业员工环保意识的提升	1	2	3	4	5	6	7
IEP_14		受到政府环境监管部门的嘉奖	1	2	3	4	5	6	7
IEP_15		得到媒体的正面报道	1	2	3	4	5	6	7

第六部分：财务绩效

特别强调：本部分只考核由生态创新驱动的财务绩效。如果企业部分实施生态创新，只就该部分行为引起的财务绩效的变动打分，不考虑原有的非生态创新行为对财务绩效的影响，也不考虑宏观经济形势变动对财务绩效的影响。

NO	驱动财务绩效因素测量指标		低　提升程度　高						
DFP_1	近3年，相对于行业平均水平，本企业	产品市场占有率的提升	1	2	3	4	5	6	7
DFP_2		客户满意度的提升	1	2	3	4	5	6	7
DFP_3		生产效率的提升	1	2	3	4	5	6	7
DFP_4		及时供货速度的提升	1	2	3	4	5	6	7
DFP_5		员工满意度的提升	1	2	3	4	5	6	7
DFP_6		组织范围内员工学习能力的提升	1	2	3	4	5	6	7

NO	结果性财务绩效测量指标		低　提升程度　高						
RFP_1	近3年，相对于行业平均水平，本企业	净资产收益率的提升	1	2	3	4	5	6	7
RFP_2		总资产报酬率的提升	1	2	3	4	5	6	7
RFP_3		存货周转率的提升	1	2	3	4	5	6	7
RFP_4		总资产周转率的提升	1	2	3	4	5	6	7
RFP_5		净资产增长率的提升	1	2	3	4	5	6	7
RFP_6		主营业务收入增长率的提升	1	2	3	4	5	6	7

第七部分：绩效评价现状

1. 贵企业绩效评价采用的主要模式是：

□财务模式　□价值模式　□平衡模式　□其他（敬请说明）：

注：所谓财务模式是指以财务指标为主进行绩效评价；所谓价值模式是指以EVA（经济增加值）作为主要指标进行绩效评价；所谓平衡模式是指既采用了财务指标，也采用了非财务指标（例如，客户满意度、市场占有率、员工满意度等）。

2. 贵企业业绩评价的内容主要包括：

□经济绩效　□经济绩效+社会绩效　□经济绩效+环境绩效

□经济绩效+社会绩效+环境绩效　□其他（敬请说明）：

3. 贵企业业绩评价时，主要考虑的维度（层面）有（本题可以多选）：

□财务层面　□客户层面　□内部流层层面　□学习和创新层面

□社会责任层面　□环境责任层面　□其他（敬请说明）：

4. 贵企业业绩评价时，财务指标所占的权重为：

□0～10%　□10%～20%　□20%～30%　□30%～40%

□40%～50%　□50%～60%　□60%以上

5. 总体上看，本企业产品所在市场供不应求的程度为：（注：1 表示垄断；7 表示完全竞争）

□1　□2　□3　□4　□5　□6　□7

6. 总体上看，贵企业的战略类型属于：

□低成本战略　□差异化战略　□其他（敬请说明）：

7. 贵企业战略的确定和实施以及日常的生产经营活动的决策权来源于：

□董事会或股东大会　□母公司或集团总部　□政府部门　□公司管理层

8. 高管薪酬中，绩效收入占总收入的比重为：

□0～10%　□10%～20%　□20%～30%　□30%～40%

□40%～50%　□50%～60%　□60%以上

9. 企业绩效考核执行的严格程度为：（注：1 表示流于形式；7 表示非常严格）

□1　□2　□3　□4　□5　□6　□7

10. 绩效评价指标对企业战略反映程度为：（注：1 表示不相关；7 表示完全相关）

□1　□2　□3　□4　□5　□6　□7

11. 贵企业绩效评价对确保贵企业战略落地的作用程度：（注：1 表示完全没作用；7 表示作用非常大）

□1　□2　□3　□4　□5　□6　□7

12. 影响贵企业绩效评价发挥作用的主要原因有（本题可以多选）：

□绩效考核执行不严格　□企业愿景和战略不明确

□绩指标权重的设计不合理　□与绩效挂钩的激励程度不高

□绩效评价指标体系的设计不合理

□将愿景和战略转化为关键的绩效考核指标存在着一定的困难

□其他（敬请说明）：

13. 贵企业设置环境绩效考核指标的标准值时，通常考虑的因素有（本题可以多选）：

□国家相关法律法规的要求 □行业相关标准的要求

□行业中标杆企业的水平

□企业战略目标要求达到的水平 □其他（敬请说明）：

第八部分：答题者基本信息

1. 您的性别为：□男 □女

2. 您在企业中所处的位置为：

□基层管理人员 □中层管理人员 □高层管理人员

………………阅卷至此结束，您辛苦了，再次感谢您！……………………

附录B 调查问卷

尊敬的女士/先生：

您好！感谢您在百忙之中抽出时间参与本问卷调查。我们是中南财经政法大学从事企业绩效评价的工作人员，本问卷旨在了解您对企业生态创新绩效评价中的一些关键性的评价指标重要性的判断，我们会根据您的判断进行指标的二次筛选以及指标权重的确定。本问卷仅为科学研究之用，不会用于任何商业用途，您提供的任何信息都将会受到严格的保密，非直接研究人员不会看到，敬请放心。

特别说明：为了使您对我们研究的对象有清晰的认识，我们对生态创新简单描述如下：生态创新是指企业开发或采用的一种新的产品、工艺、流程和管理等创新行为，与企业现有的产品、工艺、流程和管理等相比，其能显著降低产品整个生命周期的环境风险、污染以及对资源（能源）利用的负面影响（如生态环境破坏）。

我们评价总目标为“促使企业通过生态创新来实现环境绩效和经济绩效的双赢”，评价对象为“生态创新能力 + 显性环境绩效 + 隐性环境绩效 + 财务绩效驱动因素 + 结果性财务绩效”。生态创新能力包括生态管理创新能力、生态流程创新能力和生态产品创新能力；显性环境绩效包括节能绩效和减排绩效；隐性环境绩效包括合法性绩效和竞争性绩效；财务绩效驱动因素包括客户层面的驱动能力和内部流程层面的驱动能力；结果性财务绩效包括盈利能力、偿债能力、营运能力和发展能力。

基于目标性原则、全面性原则、必要性原则、层次性原则、科学性原则、可比性原则和可操作性原则，我们综合运用综合评价指标体系设计方法，共设计了63个评价指标，如下表所示。

若您对问卷有任何疑问，请联系：×××；电话：×××；E-mail：×××。祝您身体健康、快乐幸福！

答题说明

1. 请根据本研究的评价目标，依据您的个人观点，对每一级指标在其上一层指标（目标）中的重要性，按照0到10分进行赋值，分值越高代表了指标的重要性程度越高。

2. 指标重要性的程度主要刻画了在实现某个子目标或子子目标的过程中，该指标所能起到的导向作用大小，该指标越能引导企业实现该子目标或子子目标，则该指标的重要性程度越高。

3. 在对一级指标进行评分时，主要考虑在实现总目标的过程中，各一级指标的重要性。在对二级指标评分时，主要考虑各二指标在其所属的一级指标中的重要性；在对三级指标评分时，主要考虑各三级指标在其所属的二级指标中的重要性。

3. 对一级指标和二级指标的评分，请填写在相应的括号中，对三级指标的评分，请填写在表格最后一列。

4. 如果您认为就评价目标而言，该指标体系遗漏了一些非常重要的，关键的评价指标，敬请您提出的宝贵意见或建议，这对我们而言极为重要，非常感谢。

生态创新环境下企业绩效评价指标体系

总目标	一级指标	二级指标	三级指标	三级指标说明	三级指标分值
促使企业通过实施生态创新来实现环境绩效和经济绩效双赢	a 生态创新能力（）	a_1生态管理创新能力（）	a_{11}高管的环保意识强度	定性指标，用李克特五点量表法进行度量	
			a_{12}生态创新文化的建设力度	当期对生态创新主题文化建设的经费投入/当期销售收入总额×100%	
			a_{13}部门之间配合程度	定性指标，用李克特五点量表法进行度量	
			a_{14}生态创新信息交流频率	定性指标，用李克特五点量表法进行度量	
			a_{15}生态创新激励机制的有效性	定性指标，用李克特五点量表法进行度量	
		a_2生态流程创新能力（）	a_{21}研发人员数量占比	研发人员数/员工总数×100%	
			a_{22}研发人员中硕士以上学位占比	研发人员中硕士以上学位人数/研发人员总数×100%	
			a_{23}年度技术改造及技术引进费用支出率	（技术改造费用支出+技术引进费用支出）/销售收入总额×100%	
			a_{24}设备更新率	本期新增生产设备总额（原值）/期初生产设备总额（原值）×100%	
		a_3生态产品创新能力（）	a_{31}产学研合作创新投入力度	当期产学研合作开发的经费支出/当期的销售收入总额×100%	
			a_{32}生态创新研发强度	用于生态创新研发支出/当年研发支出总额×100%	
			a_{33}生态创新研发占比	用于生态创新的研发支出/当年的销售收入总额×100%	
			a_{34}与生态创新相关培训经费投入力度	与生态创新相关的培训经费投入总额/销售收入总额×100%	
			a_{35}生态产品开发完成率	当年实际开发（改进）完成的生态产品的数量/当年计划开发（改进）完成的生态产品的数量×100%	
			a_{36}生态产品销售收入占比	生态产品销售收入/销售收入总额×100%	

续表

总目标	一级指标	二级指标	三级指标	三级指标说明	三级指标分值
促使企业通过实施生态创新来实现环境绩效和经济绩效双赢	b 显性环境绩效（）	b_1 节能绩效（）	b_{11} 单位产品综合能耗降低率	（上期单位产品综合能耗 - 本期单位产品综合能耗）/上期单位产品综合能耗 ×100%	
			b_{12} 万元产值综合能耗降低率	（上期万元产值的综合能耗 - 本期万元产值综合能耗）/上期万元产值综合能耗 ×100%	
			b_{13} 万元增加值综合能耗降低率	（上期万元增加值的综合能耗 - 本期万元增加值的综合能耗）/上期万元增加值综合能耗 ×100%	
		b_2 减排绩效（）	b_{21} 单位主要污染物排放总量降低率	（上期单位主要污染物排放总量 - 本期单位主要污染物排放总量）/上期单位主要污染物排放总量 ×100%	
			b_{22} 三废达标排放率	三废达标排放总量/三废排放总量 ×100%	
			b_{23} 工业固废回收率	当年回收的工业固废量/当年产生工业固废总量 ×100%	
			b_{24} 工业固废处置利用率	当年处置及综合利用的工业固废量/当年产生工业固废量总和 ×100%	
	c 隐性环境绩效（）	c_1 合法性绩效（）	c_{11} 员工环保意识水准	定性指标，用李克特五点量表法进行度量	
			c_{12} 员工的组织忠诚度	定性指标，用李克特五点量表法进行度量	
			c_{13} 与利益相关者之间关系融洽度	定性指标，用李克特五点量表法进行度量	
			c_{14} 企业环境声誉度	定性指标，用李克特五点量表法进行度量	

续表

总目标	一级指标	二级指标	三级指标	三级指标说明	三级指标分值
促使企业通过实施生态创新来实现环境绩效和经济绩效双赢	c 隐性环境绩效（）	c_2 竞争性绩效（）	c_{21} 生产成本下降率	上期单位产品生产成本 - 本期单位产品生产成本/上期单位产品生产成本 × 100%	
			c_{22} 差异化优势提升度	定性指标，用李克特五点量表法进行度量	
			c_{23} 先发优势的提升度	定性指标，用李克特五点量表法进行度量	
			c_{24} 获取未来有利位置的机会	定性指标，用李克特五点量表法进行度量	
	d 财务绩效驱动因素（）	d_1 客户层面驱动能力（）	d_{11} 客户满意度	定性指标，用李克特五点量表法进行度量	
			d_{12} 客户忠诚度	定性指标，用李克特五点量表法进行度量	
			d_{13} 客户异议平均处理周期下降率	（上期客户异议平均处理周期 - 本期客户异议平均处理周期）/上期客户异议平均处理周期 × 100%	
			d_{14} 生态产品市场占有率	生态产品销售额/目标市场份额 × 100%	
		d_2 内部流程层面驱动能力（）	d_{21} 及时供货率	当期及时出货的订单数/当期出货的订单总数 × 100%	
			d_{22} 产品合格率	合格产品的数量/生产产品的总量 × 100%	
			d_{23} 客户交付满意度	定性指标，用李克特五点量表法进行度量	
	e 结果性财务绩效（）	e_1 盈利能力（）	e_{11} 净资产收益率	净利润/平均净资产 × 100%	
			e_{12} 总资产报酬率	息税前利润总额/平均资产总额 × 100%	
			e_{13} 营业利润率	营业利润/营业收入 × 100%	
			e_{14} 盈余现金保障倍数	经营现金净流量/净利润	
			e_{15} 成本费用利润率	利润总额/成本费用总额 × 100%	

续表

总目标	一级指标	二级指标	三级指标	三级指标说明	三级指标分值
促使企业通过实施生态创新来实现环境绩效和经济绩效双赢	e 结果性财务绩效（）	e_2 营运能力（）	e_{21} 总资产周转率	主营业务收入净额/总资产平均占用额	
			e_{22} 应收账款周转率	主营业务收入净额/应收账款平均余额	
			e_{23} 流动资产周转率	主营业务收入净额/流动资产平均占用额	
			e_{24} 存货周转率	主营业务成本/存货平均余额	
			e_{25} 固定资产周转率	主营业务收入净额/固定资产平均净值	
		e_3 偿债能力（）	e_{31} 流动比率	流动资产/流动负债	
			e_{32} 速动比率	速动资产/流动负债	
			e_{33} 现金比率	（货币资产 + 有价证券）/流动负债	
			e_{34} 资产负债率	负债总额/资产总额 ×100%	
			e_{35} 有形资产负债率	负债总额/有形资产总额 ×100%	
			e_{36} 产权比率	负债总额/所有者权益总额	
			e_{37} 权益乘数	资产总额/所有者权益	
			e_{38} 长期资本负债率	非流动负债/（非流动负债 + 所有者权益）	
			e_{39} 已获利息倍数	息税前利润总额/利息支出	
			e_{310} 带息负债比率	带息负债/负债总额	
		e_4 发展能力（）	e_{41} 销售（营业）收入增长率	本年营业收入增长额/上年营业收入总额 ×100%	
			e_{42} 资本保值增值率	年末所有者权益总额/年初所有者权益总额 ×100%	
			e_{43} 净利润增长率	本年净利润增长额/上年净利润总额 ×100%	
			e_{44} 固定资产增长率	本年固定资产增长额/上年固定资产总额 ×100%	
			e_{45} 销售（营业）利润增长率	本年利润增长额/上年营业利润总额 ×100%	
			e_{46} 总资产增长率	本年总资产增长额/上年总资产总额 ×100%	

您认为对实现评价目标非常重要，但指标体系中遗漏的非常关键的指标有：

……………………阅卷至此结束，您辛苦了，再次感谢您！……………………

附录 C　调查问卷

尊敬的女士/先生：

您好！感谢您在百忙之中抽出时间参与本问卷调查。我们是中南财经政法大学从事企业绩效评价的工作人员，本问卷旨在了解企业相关数据。本问卷仅为科学研究之用，不会用于任何商业用途，您提供的任何信息将会受到严格保密，非直接研究人员不会看到，敬请放心。

特别说明：为了使您对我们研究的对象有清晰的认识，我们对生态创新简单描述如下：生态创新是指企业开发或采用的一种新的产品、工艺、流程和管理等创新行为，与企业现有的产品、工艺、流程和管理等相比，其能显著降低产品整个生命周期的环境风险、污染以及对资源（能源）利用的负面影响（如生态环境破坏）。

我们评价总目标为“促使企业通过生态创新来实现环境绩效和经济绩效的双赢”，评价对象为“生态创新能力 + 显性环境绩效 + 隐性环境绩效 + 财务绩效驱动因素 + 结果性财务绩效”。基于目标性原则、全面性原则、必要性原则、层次性原则、科学性原则、可比性原则和可操作性原则，我们综合运用综合评价指标体系设计方法，共设计了 35 个评价指标，如下表所示。

若您对问卷有任何疑问，请联系：×××；电话：×××；E－mail：×××。祝您身体健康、快乐幸福！

答题说明

1. 请您根据指标说明填写企业 2015 年和 2016 年的相关的数据。

2. 如果是定性的指标（后加※号），请根据指标说明，用李克特量表 1～5 予以表示，指标值越大，赋予的分值越大，最小为 1，最大为 5。

第一部分：生态创新环境下企业绩效评价指标体系

一级指标	二级指标	三级指标	2015 年	2016 年
a 生态创新能力	a_1生态管理创新能力	a_{11}高管的环保意识强度※		
		a_{12}部门之间配合程度※		
		a_{13}生态创新信息交流频率※		
		a_{14}生态创新激励机制的有效性※		
	a_2生态流程创新能力	a_{21}技术改造及技术引进费用支出率		
		a_{22}设备更新率		
	a_3生态产品创新能力	a_{31}产学研合作创新投入力度		
		a_{32}生态创新研发强度		
		a_{33}生态创新研发占比		
		a_{34}生态产品开发完成率		
b 显性环境绩效	b_1节能绩效	b_{11}万元产值综合能耗降低率		
		b_{12}万元增加值综合能耗降低率		
	b_2减排绩效	b_{21}单位主要污染物排放总量降低率		
		b_{22}三废达标排放率		
c 隐性环境绩效	c_1合法性绩效	c_{11}员工环保意识水准※		
		c_{12}与利益相关者之间关系融洽度※		
	c_2竞争性绩效	c_{21}差异化优势提升度※		
		c_{22}先发优势的提升度※		
d 财务绩效驱动因素	d_1客户层面驱动能力	d_{11}客户异议平均处理周期下降率		
		d_{12}生态产品市场占有率		
	d_2内部流程层面驱动能力	d_{21}产品合格率		
		d_{22}客户交付满意度※		
e 结果性财务绩效	e_1盈利能力	e_{11}净资产收益率		
		e_{12}总资产报酬率		
		e_{13}营业利润率		
		e_{14}盈余现金保障倍数		
	e_2营运能力	e_{21}总资产周转率		
		e_{22}应收账款周转率		
		e_{23}流动资产周转率		
		e_{24}存货周转率		

续表

一级指标	二级指标	三级指标	2015 年	2016 年
e 结果性财务绩效	e_3 偿债能力	e_{31} 现金比率		
		e_{32} 已获利息倍数		
	e_4 发展能力	e_{41} 销售（营业）收入增长率		
		e_{42} 固定资产增长率		
		e_{43} 销售营业利润增长率		

第二部分：企业及答题者基本信息

1. 贵企业处于行业为：

□电力及蒸汽热水生产和供应业　□金属冶炼及压延加工业

□造纸印刷及文教用品制造业　□化学工业　□煤气生产和供应业

□非金属矿采选业　□煤炭采掘业　□纺织业　□食品制造及烟草加工业

□木材加工及家具制造业　□其他（请注明）

2. 您的性别为：□男　□女

3. 您在企业中所处的位置为：

□基层管理人员　□中层管理人员　□高层管理人员

第三部分：指标说明

1. a_1 生态管理创新能力

（1）a_{11} 高管的环保意识强度。

该指标用于衡量企业高管的环保意识。环保意识属于思想范畴，是一个哲学的概念，既体现为人们对环境和环境保护的认识水平，也体现为人们为了维护人与自然的和谐，为保护环境而调整自身经济活动和社会行为的自觉程度。两者相辅相成，缺一不可。该指标为定性指标，本书借助李克特量表法将其分成五个级度，如表 C1 所示。通常认为，该指标越高，企业生态管理创新能力越强。

表 C1　　　　高管环保意识强度指标级别划分

极度	指征	分述
非常不强	认识水平很低 自觉程度很差	非常不强状态是指高管对环境和环境保护的认识水平低，在维护人与自然和谐以及环境保护方面的自觉性差
不太强	认识水平较低 自觉程度较差	不太强状态是指高管对环境和环境保护的认识水平较低，在维护人与自然和谐以及环境保护方面的自觉性较差
一般	认识水平一般 自觉程度一般	一般强状态是指高管对环境和环境保护的认识水平一般，在维护人与自然和谐以及环境保护方面的自觉性一般
比较强	认识水平较高 自觉程度较高	比较强状态是指高管对环境和环境保护的认识水平较高，在维护人与自然和谐以及环境保护方面的自觉性较强
非常强	认识水平很高 自觉程度很强	非常强状态是指高管对环境和环境保护的认识水平高，在维护人与自然和谐以及环境保护方面的自觉性强

（2）a_{12}部门之间配合程度。

该指标主要用于衡量企业内部各部门之间的配合程度。配合程度体现为不同的群体面临着同一个目标时，所表现出来的思想上的统一性以及积极参与程度。该指标为定性指标，本书借助李克特量表法将其分成五个级度，如表 C2 所示。通常认为，该指标越高，企业生态管理创新能力越强。

表 C2　　　　部门之间配合程度指标级别划分

极度	指征	分述
非常不高	消极、被动 推卸、拖拉	非常不高状态是各部门之间面临共同的任务或需要配合完成相关任务时，相互推卸，消极配合，并保持一种“事不关己高高挂起”的心态，导致任务无法完成，或简单应付了事
不太高	消极、被动 勉强、拖拉	不太高状态是指各部门之间面临共同的任务或需要配合完成相关任务时，在外部的压力或推动下，被动完成，缺乏积极主动性，勉强完成任务，完成质量较差，在时间上拖拖拉拉
一般	一般、基本 尚可、按时	一般高状态是指各部门之间面临共同的任务或需要配合完成相关任务时，在外部的压力或推动下，基本可以完成任务，质量尚可，时间上也基本符合要求
比较高	积极、主动 及时、较好	比较高状态是指各部门之间面临共同的任务或需要配合完成相关任务时，能够积极配合，较好地完成任务，质量及时间上符合要求
非常高	积极、主动 及时、出色	非常高状态是指各部门之间能够根据企业发展的整体需要或其他部门的要求，积极、主动、出色完成任务，及时、有效解决问题

（3）a_{13}生态创新信息交流频率。

该指标用于衡量企业管理部门与研发部门、生产部门、营销部门及其他人员交流生态创新信息的频次。该指标为定性指标，本书借助李克特量表法将其分成五个级度，如表 C3 所示。通常认为，该指标越高，企业生态管理创新能力越强。

表 C3　　　　生态创新信息交流频率指标级别划分

极度	指征	分　述
不密切	几乎不交流	不密切的状态是指企业管理部门与研发部门、生产部门、营销部门及其他人员几乎不交流生态创新信息
不太密切	偶尔交流	不太密切的状态是指企业管理部门与研发部门、生产部门、营销部门及其他人员偶尔交流生态创新信息
一般	经常交流 未形成惯例	一般状态是指企业管理部门与研发部门、生产部门、营销部门及其他人员经常交流生态创新信息，但没有形成一定的惯例
较密切	经常交流 形成惯例	较密切的状态是指企业管理部门与研发部门、生产部门、营销部门及其他人员经常交流生态创新信息，且已形成一定的惯例
非常密切	形成惯例 实时交流	非常密切的状态是指企业管理部门与研发部门、生产部门、营销部门及其他人员经常交流生态创新信息、除形成一定的惯例外，沟通交流渠道顺畅，可以实时进行沟通交流

（4）a_{14}生态创新激励机制有效性。

该指标用于衡量与其他的企业相比，本企业是否有健全的、科学的生态创新的激励机制，是否可以有效地激发员工生态创新的积极性。该指标为定性指标，本书借助李克特量表法将其分成五个级度，如表 C4 所示。通常认为，该指标越高，企业生态管理创新能力越强。

表 C4　　　　生态创新激励机制有效性指标级别划分

极度	指征	分　述
无效	机制缺乏	企业缺乏与生态创新有关的激励机制，无法激励员工生态创新的积极性
不太有效	建立机制 效果较弱	企业建立了与生态创新有关的激励机制，但对激发员工生态创新的积极性的效果较弱
一般	建立机制 小部分受激励	企业建立了与生态创新有关的激励机制，已执行，有一定的效果，但效果一般，小部分员工受到激励

续表

极度	指征	分 述
较为有效	效果较好 大部分积极	企业建立了与生态创新有关的激励机制，已执行，且效果较好，大部分员工较为积极主动的进行生态创新
有效	效果很好 全员踊跃创新	企业建立了与生态创新有关的激励机制，已执行，且效果非常好，全体员工踊跃进行生态创新

2. a_2生态流程创新能力

（1）a_{21}技术改造及技术引进费用支出率。

该指标主要用来衡量企业当年用于投入技术改造和技术引进的费用占销售收入的比重。其计算公式为：

技术改造及技术引进费用支出率＝（技术改造费用支出＋技术引进费用支出）÷销售收入总额×100%

其中，技术改造费用支出，指企业当年为了进行技术改造而发生的费用支出。技术改造费用支出中的研发支出，既应包含在技术改造费用支出中，还应包含在研发支出中。技术引进费用支出，指企业当年用于购买技术的支出，包括购买产品设计、工艺流程、图纸、配方、专利等技术资料的支出。

通常认为，该指标越高，企业生态流程创新能力越强。

（2）a_{22}设备更新率。

该指标主要用于衡量企业现有的生产设备中，经过更新的生态设备的比重有多大，也反映了一定时期内生态设备更新的规模和速度。

$$\text{设备更新率}=\frac{\text{本期新增的生态设备总额(原值)}}{\text{期初生产设备总额(原值)}}\times 100\%$$

其中，本期新增的生态设备总额主要是指经企业内部研发人员改进后达到生态环保要求的设备总额。

通常认为，该指标越高，企业生态流程创新能力越强。

3. a_3生态产品创新能力

（1）a_{31}产学研合作创新投入力度。

该指标用于衡量企业与企业以外的其他企业、高校或科研院所进行项目合作开发的经费支出占销售收入的比重。其计算公式为：

$$产学研合作创新投入力度=\frac{当期产学研合作开发的经费支出}{当期的销售收入总额}$$

通常认为，该指标越高，企业生态产品创新能力越强。

（2）a_{32}生态创新研发强度。

该指标用于衡量当期的研发支出中用于生态创新的研发支出的比重。其计算公式为：

$$生态创新研发强度=\frac{用于生态创新的研发支出}{当年研发支出总额}\times 100\%$$

通常认为，该指标越高，企业生态产品创新能力越强。

（3）a_{33}生态创新研发占比。

该指标用于衡量当期的生态创新支出占销售收入的比重。其计算公式为：

$$生态创新研发占比=\frac{用于生态创新的研发支出}{当年的销售收入总额}\times 100\%$$

通常认为，该指标越高，企业生态产品创新能力越强。

（4）a_{34}生态产品开发完成率。

该指标主要用于衡量企业当年实际开发完成或实际改进完成的生态产品数量占计划开发或计划改进生态产品数量的比重。其计算公式为：

$$生态产品开发完成率=\frac{当年实际开发(改进)完成的生态产品数量}{当年计划开发(改进)完成的生态产品数量}\times 100\%$$

通常认为，该指标越高，企业生态产品创新能力越强。

4. b_1节能绩效

（1）b_{11}万元产值综合能耗降低率。

该指标主要用于衡量万元产值综合能耗降低的程度。其计算公式为：

万元产值综合能耗降低率＝(上期万元产值综合能耗－本期万元产值综合能耗)÷上期万元产值综合能耗×100%

其中，$万元产值综合能耗=\frac{综合能耗}{工业总产值}$。

通常认为，该指标[①]越高，企业节能绩效越好。

（2）b_{12}万元增加值综合能耗降低率。

该指标主要用于衡量万元增加值综合能耗降低的程度。其计算公式为：

万元增加值综合能耗降低率 =（上期万元增加值综合能耗 - 本期万元增加值综合能耗）÷ 上期万元增加值综合能耗 × 100%

其中，

$$万元增加值综合能耗 = \frac{综合能耗}{工业增加值}。$$

通常认为，该指标[②]越高，企业节能绩效越好。

5. b_2减排绩效

（1）b_{21}单位主要污染物排放总量降低率。

该指标主要用于衡量企业主要污染物排放总量降低的程度。其计算公式为：

单位主要污染物排放总量降低率 =（上期单位主要污染物排放总量 - 本期单位主要污染物排放总量）÷ 上期单位主要污染物排放总量

通常认为，该指标越高，企业减排绩效越好。

（2）b_{22}“三废”达标排放率。

该指标主要用于衡量企业“三废”达标排放的程度。其计算公式为：

$$“三废”达标排放率 = \frac{当年达标排放的“三废”总量}{当年排放的“三废”总量} \times 100\%$$

通常认为，该指标越高，企业减排绩效越好。

6. c_1合法性绩效指标

（1）c_{11}员工环保意识水准。

该指标主要用于衡量企业员工环保意识水平。根据前文所述的环保意识的概念，该指标涵盖两部分，一部分是员工对环境保护的认识水平；另一部分是员工日常行为中所体现出的环保自觉程度。该指标为定性指标，本书借助李克特量表法将其分成五个级度，如表 C5 所示。通常认为，该指标越高，企业合法性绩效越好。

---

① 该指标指万元产值综合能耗降低率，而非万元产值综合能耗。

② 该指标指万元增加值综合能耗降低率，而不是万元增加值综合能耗。

表 C5　　员工环保意识水准指标级别划分

极度	指征	分　述
低	认识水平很低 自觉程度很差	低的状态是指员工对环境和环境保护的认识水平低，在维护人与自然和谐以及环境保护方面的自觉性差
较低	认识水平较低 自觉程度较差	较低的状态是指员工对环境和环境保护的认识水平较低，在维护人与自然和谐以及环境保护方面的自觉性较差
一般	认识水平一般 自觉程度一般	一般状态是指员工对环境和环境保护的认识水平一般，在维护人与自然和谐以及环境保护方面的自觉性一般
较高	认识水平较高 自觉程度较高	较高状态是指员工对环境和环境保护的认识水平较高，在维护人与自然和谐以及环境保护方面的自觉性较强
非常高	认识水平很高 自觉程度很强	非常高状态是指员工对环境和环境保护的认识水平高，在维护人与自然和谐以及环境保护方面的自觉性强

（2）c_{12}与利益相关者之间关系融洽度。

该指标主要用于衡量企业与其利益相关者，特别是外部的利益相关者之间关系的融洽程度。通常而言，如果企业的合法性较好，则与外部利益相关者之间会保持一个良性的关系；如果企业不顾相关法律的规定，则与外部利益相关者之间关系会较为紧张。该指标为定性指标，本书借助李克特量表法将其分成五个级度，如表 C6 所示。通常认为，该指标越高，企业合法性绩效越好。

表 C6　　与利益相关者之间关系融洽度指标级别划分

极度	指征	分　述
非常 不融洽	非常不满 关系恶化	非常不融洽状态是指利益相关者对企业在环保方面的行为或措施非常不满，导致关系恶化，剑拔弩张
不太融洽	不太满意 偶有冲突	不太融洽状态是指利益相关者对企业在环保方面的行为或措施不太满意，偶尔发生过一些矛盾和冲突，但关系尚可
一般	无不满意 关系一般	一般状态是指外部利益相关者对企业在环保方面的行为或措施不存在不满意的情况，但也无特别肯定或认同的地方
较为融洽	较为满意 较为认同	较为融洽状态是指外部利益相关者对企业在环保方面的行为或措施较为满意，且得到一定的肯定和认同
非常融洽	非常满意 普遍认同	非融洽状态是指企业外部利益相关者对企业在环保方面的行为或措施非常满意，且得到普遍的肯定和认同

7. c_2竞争性绩效指标

（1）c_{21}差异化优势提升度。

该指标主要用于衡量企业通过生态创新所带来的能够为客户提供满足其特殊需求的产品或服务的差异化竞争优势的提升程度。该指标为定性指标，本书借助李克特量表法将其分成五个级度，如表 C7 所示。通常认为，该指标越高，企业竞争性绩效越好。

表 C7　　差异化优势提升度指标级别划分

极度	指征	分　述
低	同质性	低的状态是指企业通过实施生态创新行为并未给企业带来可以区别于其他同类企业的产品或服务方面的差异化的优势
较低	细微差异性 易于模仿	较低状态是指企业通过实施生态创新行为虽然给企业带来一定的差异化优势，但优势较弱，易于模仿
一般	一定差异化	一般状态是指企业通过实施生态创新行为给企业带来了一定的差异化的优势，在一定程度上提升了企业的竞争能力
较高	较大差异化 较大提升	较高状态是指企业通过实施生态创新行为给企业带来了较大的差异化的优势，较大地提升了企业的竞争能力
高	极大差异化 极大提升	高的状态是指企业通过实施生态创新行为给企业带来了非常高的差异化优势，极大地提升了企业的竞争能力

（2）c_{22}先发优势的提升度。

该指标主要衡量企业通过生态创新所创造的领先技术或产品带来的持久的竞争优势的提升程度。该指标为定性指标，本书借助李克特量表法将其分成五个级度，如表 C8 所示。通常认为，该指标越高，企业竞争性绩效越好。

表 C8　　先发优势提升度指标级别划分

极度	指征	分　述
低	零竞争优势	低的状态是指企业通过实施生态创新行为并未给企业在技术或产品方面带来持久的竞争优势
较低	优势较弱 易于打破	较低状态是指企业通过实施生态创新行为虽然给企业带来一定的技术或产品方面的竞争优势，但优势较弱，易于打破
一般	一定优势 一般壁垒	一般状态是指企业通过实施生态创新行为给企业带来了一定的技术或产品方面的竞争优势，但该优势持久性一般

续表

极度	指征	分 述
较高	较高优势 较难突破	较高状态是指企业通过实施生态创新行为给企业带来了较高的技术或产品方面的竞争优势，且该优势较难被竞争对手打破
高	很高优势 难以突破	高的状态是指企业通过实施生态创新行为给企业带来了非常高的技术或产品方面的竞争优势，极大地提升了企业的竞争能力

8. d_1客户层面驱动能力指标

（1）d_{11}客户异议平均处理周期下降率。

该指标主要用于衡量企业解决客户异议的速度。其计算公式为：

客户异议处理周期下降率＝（上期客户异议平均处理周期－本期客户异议平均处理周期）÷上期客户异议平均处理周期

其中，

$$客户异议平均处理周期=\frac{处理客户异议总天数}{处理客户异议事件数}$$

通常认为，该指标越大，企业客户层面的驱动能力越强。

（2）d_{12}生态产品市场占有率。

该指标主要用于衡量企业销售的生态产品占同类产品的市场份额。其计算公式为：

$$生态产品市场占有率=\frac{企业当年销售的生态产品的总额}{同类产品当年市场销售总额}\times 100\%$$

通常认为，该指标越大，企业客户层面的驱动能力越强。

9. d_2内部流程层面驱动能力指标

（1）d_{21}产品合格率。

该指标用于衡量企业生产产品合格水平。其计算公式为：

$$产品合格率=\frac{合格产品的数量}{核验产品的总量}\times 100\%$$

通常认为，该指标越大，企业内部流程层面驱动能力越强。

（2）d_{22}客户交付满意度。

该指标用于衡量企业客户对企业交货时行为表现的满意度。该指标为定性指标，本书借助李克特量表法将其分成五个级度，如表 C9 所示。通常认为，该指标越高，企业内部流程层面驱动能力越强。

表 C9　　　　客户交付满意度指标级别划分

极度	指征	分　述
低	愤恨	低的状态是指客户对企业交付行为非常不满意，甚至愤恨
较低	抱怨	较低状态是指客户对企业的交付行为不太满意，存在一定的抱怨
一般	没有不满意	一般状态是指客户对企业交付行为既没有感到不满意，也没有觉得有特别值得肯定的地方
较高	较为满意 一定称赞	较高状态是指客户对企业交付行为较为满意，且获得一定的称赞
高	非常满意 普遍称赞	高的状态是指客户对企业的交付行为觉非常满意，且获得普遍的称赞

10. e_1盈利能力指标

（1）e_{11}净资产收益率。

该指标反映投资者所投入（或者拥有）的每一元的净资产获取利润的能力。其计算公式为：

$$净资产收益率=\frac{净利润}{平均净资产}\times 100\%$$

该指标是反映企业盈利能力的核心指标，与企业在技术环境下追求股东财富最大化的价值理念是高度契合的。通常认为，该指标越高，企业盈利能力越强。

（2）e_{12}总资产报酬率。

该指标反映企业投入的每一元资金获取报酬的能力。其计算公式为：

$$总资产报酬率=\frac{息税前利润总额}{平均资产总额}\times 100\%$$

该指标衡量的是在向债权人偿付利息、缴纳税款以及向股东进行股利分配前企业所有的资本供给者所能获得的回报。通常认为，该指标越高，企业盈利能力越强。

（3）e_{13}营业利润率。

该指标反映企业获得的每一元营业收入获取利润的能力。其计算公式为：

$$营业利润率=\frac{营业利润}{营业收入}\times 100\%$$

该指标构建的思路在于，由于利润总额和净利润中包含营业之外的因素，为了能够更直接地衡量企业获利能力，故构造该指标。通常认为，该指标越高，企业盈利能力越强。

（4）e_{14}盈余现金保障倍数。

该指标主要用于衡量企业一定时期经营现金净流量占净利润的比重，反映了企业当期净利润中现金收益的保障程度。其计算公式为：

$$盈余现金保障倍数=\frac{经营现金净流量}{净利润}\times 100\%$$

通常认为，该指标越大，企业盈利能力越强。

11. e_2营运能力指标

（1）e_{21}总资产周转率。

该指标反映的是企业总资产周转的速度。其计算公式为：

$$总资产周转率(次)=\frac{主营业务收入净额}{平均资产总额}$$

通常认为，该指标越大，企业营运能力越强。

（2）e_{22}应收账款周转率。

该指标反映的是应收账款的周转速度。其计算公式为：

$$应收账款周转率(次)=\frac{主营业务收入净额}{应收账款的平均余额}$$

通常认为，该指标越大，企业营运能力越强。

（3）e_{23}流动资产周转率。

该指标反映的是企业流动资产周转速度。其计算公式为：

$$流动资产周转率(次)=\frac{主营业务收入净额}{平均流动资产总额}$$

通常认为，该指标越大，企业营运能力越强。

（4）e_{24}存货周转率。

该指标反映的是企业存货周转的速度。其计算公式为：

$$存货周转率(次)=\frac{主营业务成本}{存货平均余额}$$

通常认为，该指标越大，企业营运能力越强。

12. e_3偿债能力指标

(1) e_{31}现金比率。

该指标衡量的是经营现金净流量是流动负债的多少倍。其计算公式为：

$$现金比率=\frac{(现金+有价证券)}{流动负债}\times 100\%$$

通常认为，该指标越高，企业短期偿债能力越强，但该指标并不是越高越好。

(2) e_{32}已获利息倍数。

该指标主要用于衡量公司息税前利润相当于同期所需支付债务利息的多少倍。其计算公式为：

$$已获利息倍数=\frac{息税前利润总额}{利息支出}\times 100\%$$

通常认为，该指标越高，企业长期偿债能力越强。

13. e_4发展能力指标

(1) e_{41}销售（营业）收入增长率。

该指标反映的是企业本年主营业务收入与上年主营业务收入相比增长的水平。其计算公式为：

$$销售(营业)收入增长率=\frac{本年主营业务收入增长额}{上年主营业务收入总额}\times 100\%$$

通常认为，该指标越高，企业发展能力越强。

(2) e_{42}固定资产增长率。

该指标反映的是企业本年固定资产与上年固定资产相比增长的水平。其计算公式为：

$$固定资产增长率=\frac{本年固定资产增长额}{上年固定资产总额}\times 100\%$$

通常认为，该指标越高，企业发展能力越强。

(3) e_{43}销售（营业）利润增长率。

该指标反映的是企业本年营业利润与上年营业利润相比增长的水平。其计算公式为：

$$销售(营业)利润增长率=\frac{本年营业利润增长额}{上年的营业利润}\times 100\%$$

通常认为，该指标越高，企业发展能力越强。

附录D　样本共变异系数矩阵

	EMI_6	DFP_3	RFP_4	RFP_3	RFP_1	DFP_2	DFP_4	DFP_5	ICP_7	ICP_3	ICP_2	ICP_1	IEP_6	IEP_5	IEP_3	DER_3	DER_2	DER_1	DEP_4	DEP_2	DEP_1	SEO_4	CBI_1	CBI_2	CBI_3	SEO_2	SEO_5	EGS_1	EGS_2	EGS_3	ELR_2	ELR_3	ELR_4	EMI_3	EPI_1	EPI_3	EPI_4	EPI_5	EMI_1	EMI_2	ETI_1	ETI_2	ETI_3
EMI_6	3.911																																										
DFP_3	2.368	2.630																																									
RFP_4	2.540	2.419	3.060																																								
RFP_3	2.385	2.150	2.646	2.748																																							
RFP_1	2.530	2.189	2.682	2.481	2.907																																						
DFP_2	2.307	2.346	2.292	2.102	2.136	2.478																																					
DFP_4	2.349	2.437	2.301	2.127	2.104	2.298	2.593																																				
DFP_5	2.211	1.978	2.086	1.884	1.864	1.937	1.987	2.193																																			
ICP_7	2.341	2.047	2.249	2.084	2.019	1.923	1.995	1.883	2.578																																		
ICP_3	2.539	2.231	2.329	2.179	2.128	2.053	2.104	1.998	2.275	3.133																																	
ICP_2	2.510	2.164	2.355	2.188	2.171	2.054	2.070	1.951	2.354	2.847	3.068																																
ICP_1	2.522	2.211	2.314	2.134	2.178	2.072	2.032	1.951	2.281	2.862	2.904	3.099																															
IEP_6	2.195	1.921	2.041	1.955	1.912	1.880	1.916	1.804	1.913	2.231	2.331	2.320	3.090																														
IEP_5	1.672	1.211	1.236	1.118	1.150	1.229	1.272	1.217	1.343	1.430	1.475	1.506	1.708	1.772																													
IEP_3	2.033	1.507	1.637	1.575	1.568	1.474	1.559	1.460	1.725	1.724	1.745	1.705	1.833	1.462	2.072																												
DER_3	1.708	1.483	1.656	1.528	1.436	1.481	1.507	1.476	1.573	1.983	2.068	1.988	2.052	1.356	1.373	2.722																											
DER_2	1.803	1.460	1.626	1.510	1.426	1.418	1.455	1.400	1.533	1.859	1.912	1.835	1.821	1.212	1.386	2.212	2.282																										
DER_1	2.156	1.697	1.761	1.669	1.618	1.627	1.674	1.534	1.695	2.003	2.070	2.088	2.047	1.492	1.708	2.106	2.067	2.592																									
DEP_4	2.539	2.041	2.258	2.149	2.018	1.930	2.027	1.943	2.216	2.360	2.468	2.346	2.002	1.439	1.771	2.042	1.940	2.282	3.269																								
DEP_2	2.208	1.743	1.873	1.797	1.695	1.709	1.724	1.592	1.768	2.069	2.118	2.092	1.984	1.354	1.576	1.825	1.801	2.019	2.276	2.449																							
DEP_1	2.439	2.018	2.181	1.957	2.024	1.995	1.999	1.775	1.921	2.206	2.320	2.253	2.032	1.393	1.708	1.828	1.822	2.168	2.617	2.369	2.856																						
SEO_4	2.550	2.127	2.250	1.879	2.007	2.142	2.113	1.930	1.998	2.196	2.272	2.248	2.105	1.485	1.456	1.927	1.728	1.763	1.900	1.842	2.112	3.604																					
CBI_1	2.739	2.202	2.624	2.332	2.332	2.104	2.226	2.130	2.169	2.454	2.343	2.274	2.161	1.401	1.669	1.830	1.777	1.922	2.224	1.956	2.129	2.476	3.902																				

续表

	EMI_6	DFP_3	RFP_4	RFP_3	RFP_1	DFP_2	DFP_4	DFP_5	ICP_7	ICP_3	ICP_2	ICP_1	IEP_6	IEP_5	IEP_3	DER_3	DER_2	DER_1	DEP_4	DEP_2	DEP_1	SEO_4	CBI_1	CBI_2	CBI_3	SEO_2	SEO_5	EGS_1	EGS_2	EGS_3	ELR_2	ELR_3	ELR_4	EMI_3	EPI_1	EPI_3	EPI_4	EPI_5	EMI_1	EMI_2	ETI_1	ETI_2	ETI_3
CBI_2	2.889	2.401	2.859	2.496	2.555	2.275	2.378	2.258	2.395	2.652	2.556	2.507	2.315	1.392	1.767	1.901	1.847	2.049	2.393	2.064	2.422	2.730	3.822	4.198																			
CBI_3	2.918	2.441	2.797	2.507	2.589	2.298	2.413	2.256	2.364	2.590	2.515	2.514	2.261	1.397	1.791	1.809	1.766	2.086	2.404	2.036	2.393	2.616	3.801	4.103	4.246																		
SEO_2	1.816	1.457	1.608	1.441	1.406	1.501	1.467	1.493	1.582	1.591	1.646	1.618	1.656	1.084	1.069	1.375	1.199	1.203	1.446	1.343	1.411	2.392	1.930	2.042	1.937	2.297																	
SEO_5	1.488	1.213	1.372	1.250	1.224	1.302	1.185	1.214	1.189	1.291	1.292	1.287	1.327	0.909	0.985	1.186	1.005	1.128	1.186	1.254	1.288	1.921	1.662	1.705	1.626	1.524	1.938																
EGS_1	2.455	2.050	2.283	1.992	2.190	2.009	2.003	1.920	1.882	2.262	2.354	2.373	2.553	1.429	1.464	2.057	1.834	1.846	1.952	1.841	1.959	2.642	2.573	2.695	2.586	1.779	1.371	4.925															
EGS_2	2.819	2.163	2.184	2.167	2.216	1.984	2.115	1.971	2.002	2.411	2.423	2.443	2.576	1.485	1.683	1.818	1.695	1.953	2.161	1.994	2.118	2.329	2.531	2.662	2.722	1.546	1.231	4.309	5.012														
EGS_3	2.803	2.195	2.366	2.176	2.407	2.090	2.110	1.982	2.093	2.434	2.495	2.468	2.497	1.361	1.730	1.835	1.773	2.045	2.192	1.965	2.328	2.511	2.603	2.925	2.912	1.651	1.329	4.332	4.396	4.973													
ELR_2	1.530	1.145	1.356	1.159	1.232	1.205	1.088	1.033	1.303	1.374	1.606	1.554	1.543	0.868	0.996	1.160	0.946	1.078	1.217	1.227	1.304	1.776	1.594	1.615	1.545	1.486	1.221	1.544	1.305	1.483	2.264												
ELR_3	1.143	0.657	0.842	0.759	0.697	0.708	0.642	0.710	0.866	0.942	1.040	1.004	1.002	0.830	0.858	0.929	0.814	0.931	0.795	0.862	0.761	1.151	0.907	0.943	0.901	0.945	0.878	1.000	0.857	0.938	1.282	1.354											
ELR_4	1.488	1.032	1.093	0.964	1.029	1.096	0.990	0.941	1.151	1.321	1.469	1.455	1.387	0.916	1.049	1.054	0.926	0.988	0.866	1.040	0.973	1.799	1.235	1.271	1.250	1.133	1.051	1.477	1.348	1.418	1.735	1.280	2.192										
EMI_3	3.484	2.217	2.383	2.199	2.325	2.153	2.222	2.037	2.153	2.419	2.382	2.393	2.153	1.624	1.935	1.653	1.646	1.994	2.298	2.001	2.263	2.436	2.595	2.718	2.641	1.762	1.477	2.538	2.701	2.766	1.508	1.049	1.401	3.559									
EPI_1	2.116	1.916	1.906	1.708	1.775	1.818	1.869	1.660	1.657	1.900	1.883	1.966	1.670	1.157	1.349	1.587	1.481	1.650	2.000	1.731	1.942	2.143	1.877	2.028	1.952	1.449	1.265	2.066	1.784	2.017	1.311	0.807	1.037	2.060	2.942								
EPI_3	1.973	1.791	1.739	1.635	1.628	1.726	1.701	1.601	1.720	1.959	1.886	2.002	1.664	1.177	1.162	1.637	1.497	1.510	1.941	1.638	1.680	1.942	1.886	1.891	1.833	1.336	1.180	2.154	1.966	1.968	1.198	0.730	0.951	1.832	2.384	2.812							
EPI_4	2.230	1.966	1.941	1.771	1.915	1.938	1.866	1.732	1.808	2.060	2.044	2.189	1.911	1.272	1.383	1.667	1.501	1.637	2.023	1.643	1.887	2.242	1.978	2.175	2.084	1.546	1.384	2.438	2.111	2.356	1.374	0.864	1.172	2.168	2.581	2.632	3.043						
EPI_5	2.123	1.781	1.821	1.640	1.795	1.846	1.786	1.641	1.669	1.709	1.751	1.837	1.807	1.223	1.284	1.521	1.382	1.607	1.868	1.604	1.819	2.077	1.835	1.989	1.947	1.441	1.208	2.276	2.129	2.176	1.136	0.772	1.021	1.977	2.183	2.314	2.500	2.780					
EMI_1	3.564	2.327	2.561	2.307	2.511	2.300	2.336	2.203	2.294	2.527	2.492	2.532	2.259	1.671	1.882	1.762	1.684	1.985	2.382	2.118	2.386	2.704	2.792	2.925	2.857	1.963	1.643	2.736	2.789	2.814	1.646	1.061	1.485	3.504	2.169	2.035	2.364	2.239	3.848				
EMI_2	3.462	2.145	2.353	2.155	2.284	2.113	2.149	2.004	2.159	2.401	2.375	2.367	2.115	1.666	1.822	1.682	1.672	1.954	2.303	2.020	2.180	2.499	2.562	2.564	2.507	1.815	1.476	2.563	2.680	2.655	1.569	1.091	1.495	3.374	2.060	1.988	2.151	2.038	3.471	3.537			
ETI_1	2.319	1.581	1.708	1.589	1.580	1.591	1.614	1.543	1.659	1.801	1.868	1.786	1.789	1.350	1.540	1.573	1.503	1.604	1.717	1.695	1.717	2.068	1.917	1.953	1.896	1.559	1.358	1.880	1.778	1.848	1.406	1.079	1.361	2.218	1.570	1.411	1.584	1.448	2.296	2.256	2.276		
ETI_2	2.076	1.459	1.544	1.448	1.359	1.497	1.529	1.436	1.552	1.611	1.725	1.604	1.694	1.307	1.521	1.486	1.424	1.533	1.644	1.611	1.656	1.914	1.754	1.773	1.716	1.472	1.257	1.705	1.590	1.658	1.381	1.053	1.300	2.028	1.509	1.298	1.479	1.347	2.057	2.041	2.113	2.172	
ETI_3	1.771	1.335	1.382	1.298	1.221	1.344	1.350	1.269	1.351	1.402	1.408	1.338	1.312	1.031	1.275	1.203	1.268	1.334	1.490	1.492	1.485	1.597	1.516	1.497	1.451	1.149	1.081	1.411	1.335	1.389	1.077	0.783	1.026	1.687	1.342	1.224	1.242	1.189	1.710	1.754	1.703	1.700	1.769

注：此矩阵是用来做 SEM 分析的原始共变异数矩阵。即使输入的资料为原始资料，SEM 软件仍会先转成共变异系数矩阵再进行分析。

附录 E Bollen – Stine bootstrap p correction estimated

Bollen – Stine Chi – square	1636.665	估计模型自由度	837
Independence Model Chi – square	15382.287	估计参数	109
N of observed variables in a model	43	独立模型自由度	903
Goodness of Fit (GFI)	0.894	样本数	212
Adjust Goodness of Fit (AGFI)	0.878	Normed Chi – square (Chi^2/DF)	1.955
Normed Fit Index (NFI)	0.894		
Non – Normed Fit Index (NNFI) Tucker – Lewis Indes (TLI)	0.940	Akaike information criterion (AIC)	1854.670
Icremental Fit Index (IFI)	0.945	Bayes information criterion (BIC)	2220.533
Related Fit index (RFI)	0.885	Expected cross – validation index (ECVI)	8.748
Comparitive Fit Index (CFI)	0.945	Gamma hat	0.850
RMSEA	0.067	McDonald's NCI	0.150
Hoelter's critical N	108.925		

注：在设定的模板下，只须将第 2 列第 1 ~ 2 行和第 4 列第 1 ~ 4 行的数据填入，Excel 会自动计算其他的模型配适度指标。

附录F 利用R语言计算统计检定力运行程序

```
> alpha < -0. 05 #alpha level
> d < -837#degrees of freedom
> n < -212#sample size
> rmsea0 < -0. 05#null hypothesized RMSEA
> rmseaa < -0. 08#alternative hypothesized RMSEA
> #code below this point need not be changed by user
> ncp0 < -(n-1) * d * rmsea0^2
> ncpa < -(n-1) * d * rmseaa^2
> #cmputer power
> if (rmsea0 < rmseaa) {
+  cval < -qchisq(alpha,d,ncp = ncp0,lower. tail = F)
+  pow < -pchisq(cval,d,ncp = ncpa,lower. tail = F)
+   }
> if(rmsea0 > rmseaa) {
+  cval < -qchisq(1 - alpha,d,ncp = ncp0,lower. tail = F)
+  pow < -1 - pchisq(cval,d,ncp = ncpa,lower. tail = F)
+ }
> print(pow)
[1] 1
```

```
> alpha < -0. 05 #alpha level
> d < -837#degrees of freedom
> n < -212#sample size
> rmsea0 < -0. 05#null hypothesized RMSEA
> rmseaa < -0. 01#alternative hypothesized RMSEA
> #code below this point need not be changed by user
```

```
> ncp0 < -(n-1) * d * rmsea0^2
> ncpa < -(n-1) * d * rmseaa^2
> #cmputer power
> if (rmsea0 < rmseaa) {
+  cval < -qchisq(alpha,d,ncp = ncp0,lower. tail = F)
+  pow < -pchisq(cval,d,ncp = ncpa,lower. tail = F)
+    }
> if(rmsea0 > rmseaa) {
+  cval < -qchisq(1 - alpha,d,ncp = ncp0,lower. tail = F)
+ pow < -1 - pchisq(cval,d,ncp = ncpa,lower. tail = F)
+ }
> print(pow)
[1] 1
```

附录 G　利用 R 语言计算统计检定力运行程序

```
#Computation of inimum sample size for test of fit
> rmsea0 < -0.05#null hypithesized RMSEA
> rmseaa < -0.08#alternative hypothesized RMSEA
> d < -837#degrees of freedom
> alpha < -0.05
> desired < -0.8
> pow < -0.0
> n < -0
> while (pow < desired) {
+ n < -n + 100
+ ncp0 < -(n-1) * d * rmsea0^2
+ ncpa < -(n-1) * d * rmseaa^2
+ if(rmsea0 < rmseaa) {
```

```
+ cval < - qchisq( alpha , d , ncp = ncp0 , lower. tail = F)
+ pow < - pchisq( cval , d , ncp = ncpa , lower. tail = F)
+ }
+ else{
+ cval < - qchisq( 1 - alpha , d , ncp = ncp0 , lower. tail = F)
+ pow < - 1 - pchisq( cval , d , ncp = ncpa , lower. tail = F)
+ }
+ }
> foo < - - 1
> newn < - n
> interval < - 200
> powdiff < - pow - desired
> while( powdiff > 0. 001 ) {
+ interval < - interval * 0. 5
+ newn < - newn + foo * interval * 0. 5
+ ncp0 < - ( newn - 1 ) * d * rmsea0^2
+ ncpa < - ( newn - 1 ) * d * rmseaa^2
+ #computer power
+ if( rmsea0 < rmseaa ) {
+ cval < - qchisq( alpha , d , ncp = ncp0 , lower. tail = F)
+ pow < - pchisq( cval , d , ncp = ncpa , lower. tail = F)
+ }
+ else{
+ cval < - qchisq( 1 - alpha , d , ncp = ncp0 , lower. tail = F)
+ pow < - 1 - pchisq( cval , d , ncp = ncpa , lower. tail = F)
+ }
+ powdiff < - abs( pow - desired)
+ if( pow < desired) {
+ foo < - 1
+ }
```

```
+ if( pow > desired) {
+ foo < - -1
+ }
+ }
> minn < - newn
> print( minn)
[1] 36. 52344

#Computation of inimum sample size for test of fit
> rmsea0 < -0. 05#null hypithesized RMSEA
> rmseaa < -0. 01#alternative hypothesized RMSEA
> d < -837#degrees of freedom
> alpha < -0. 05
> desired < -0. 8
> pow < -0. 0
> n < -0
> while (pow < desired) {
+ n < -n + 100
+ ncp0 < - (n -1) * d * rmsea0^2
+ ncpa < - (n -1) * d * rmseaa^2
+ if( rmsea0 < rmseaa) {
+ cval < - qchisq( alpha, d, ncp = ncp0, lower. tail = F)
+ pow < - pchisq( cval, d, ncp = ncpa, lower. tail = F)
+ }
+ else{
+ cval < - qchisq(1 - alpha, d, ncp = ncp0, lower. tail = F)
+ pow < -1 - pchisq( cval, d, ncp = ncpa, lower. tail = F)
+ }
+ }
> foo < - -1
```

```
> newn < - n
> interval < - 200
> powdiff < - pow - desired
> while( powdiff > 0. 001 ) {
+ interval < - interval * 0. 5
+ newn < - newn + foo * interval * 0. 5
+ ncp0 < - ( newn - 1 ) * d * rmsea0^2
+ ncpa < - ( newn - 1 ) * d * rmseaa^2
+ #computer power
+ if( rmsea0 < rmseaa) {
+ cval < - qchisq( alpha , d , ncp = ncp0 , lower. tail = F )
+ pow < - pchisq( cval , d , ncp = ncpa , lower. tail = F )
+ }
+ else{
+ cval < - qchisq( 1 - alpha , d , ncp = ncp0 , lower. tail = F )
+ pow < - 1 - pchisq( cval , d , ncp = ncpa , lower. tail = F )
+ }
+ powdiff < - abs( pow - desired)
+ if( pow < desired) {
+ foo < - 1
+ }
+ if( pow > desired) {
+ foo < - - 1
+ }
+ }
> minn < - newn
> print( minn)
[1] 55. 27344
```

附录H　利用Amos进行中介效应检定的程序

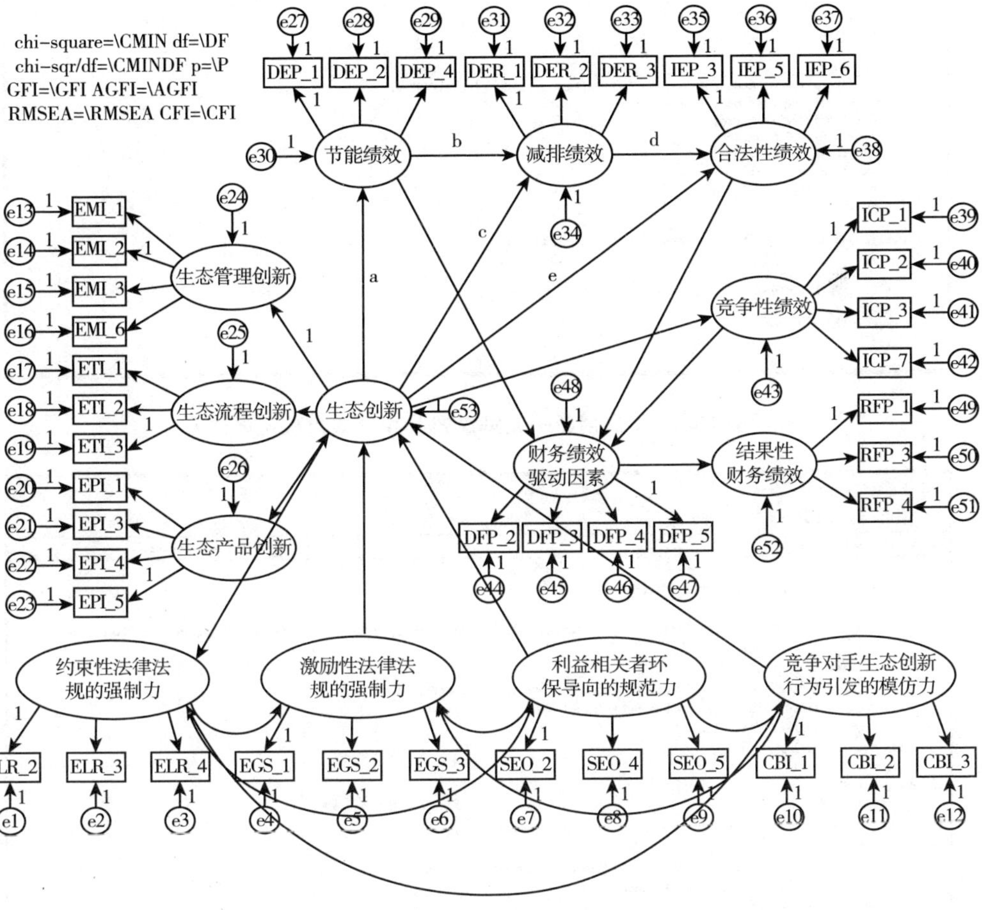

图C1　中介效果检定时路径参数设置

```
File  Edit  Format  Help
<Parameter names>                                  <Variable names>
"Header"
Public Class CUserValue : Implements IUserValue

    Function Value( groupNumber As Integer, bootstrapSampleNumber As Integer, v As CValue) As Object Implements IUserValue.Value
        ' Your code goes here.
        Dim x(2) As Double
    x(0) =  v.ParameterValue("a") * v.ParameterValue("b")
    x(1) =  v.ParameterValue("c")
    x(2) = x(1)+ x(0)
    Return x
    End Function

#Region "Advanced"
    Function Label( groupNumber As Integer) As Object Implements IUserValue.Label
        ' You can replace the following line.
        Dim labels(2) As String
        labels(0) = " indirect "
        labels(1) = "direct"
        labels(2) = "total"
        Return labels
    End Function

    Public Sub Initialize() Implements IUserValue.Initialize
    End Sub

    Sub CleanUp() Implements IUserValue.CleanUp
    End Sub
#End Region
End Class
```

图 C2 “生态创新—减排绩效”中介效果检定语法

```
File  Edit  Format  Help
<Parameter names>                                  <Variable names>
"Header"
Public Class CUserValue : Implements IUserValue

    Function Value( groupNumber As Integer, bootstrapSampleNumber As Integer, v As CValue) As Object Implements IUserValue.Value
        ' Your code goes here.
        Dim x(4) As Double
    x(0) =  v.ParameterValue("a") * v.ParameterValue("b")* v.ParameterValue("d")
    x(1) =  v.ParameterValue("c") * v.ParameterValue("d")
    x(2) =  v.ParameterValue("e")
    x(3) = x(1)+ x(0)
    x(4) = x(3)+ x(2)
    Return x
    End Function

#Region "Advanced"
    Function Label( groupNumber As Integer) As Object Implements IUserValue.Label
        ' You can replace the following line.
        Dim labels(4) As String
        labels(0) = "special indirect 1"
        labels(1) = "special indirect 2"
        labels(2) = "direct"
        labels(3) = "indirect"
        labels(4) = "total"
        Return labels
    End Function

    Public Sub Initialize() Implements IUserValue.Initialize
    End Sub
```

图 C3 “生态创新—合法性绩效”中介效果检定语法

附录Ⅰ 计算常权的得分矩阵

	专家1	专家2	专家3	专家4	专家5	专家6	专家7	专家8	专家9	专家10	专家11	专家12	专家13	专家14	专家15	专家16	专家17	专家18	专家19	专家20	专家21	专家22	专家23	专家24	专家25	专家26	专家27	专家28	专家29
a	9	10	7	7	10	9	10	10	7	8	10	9	10	10	9	10	10	0	10	10	10	10	6	8	10	9	10	10	8
b	7	10	8	7	10	9	10	5	10	10	7	9	9	10	9	9	8	6	9	10	10	8	6	6	10	9	8	8	6
c	9	10	7	7	10	8	10	5	6	7	9	8	9	10	8	7	5	8	8	10	10	10	9	5	8	8	9	8	9
d	7	10	7	7	10	8	7	7	10	10	10	9	9	10	8	8	9	6	8	10	8	8	8	7	10	9	6	8	9
e	7	10	7	7	10	9	7	3	10	10	10	8	9	9	8	9	9	6	9	10	9	8	8	8	10	10	7	6	8
a_1	9	8	7	8	8	9	10	5	7	10	10	9	9	9	9	9	8	0	9	10	10	10	8	8	10	9	9	10	8
a_2	9	7	8	7	9	9	10	5	8	10	8	9	9	9	9	9	8	6	9	10	9	10	9	7	10	9	9	10	8
a_3	9	8	8	7	10	9	10	5	8	10	6	10	9	9	9	8	9	7	9	10	10	10	10	9	10	10	9	10	9
b_1	7	10	8	8	10	9	8	4	6	10	7	8	9	9	9	8	8	8	9	10	9	10	8	6	8	8	8	10	9
b_2	9	10	8	7	10	9	8	4	10	10	7	8	9	9	9	9	8	8	9	10	8	10	7	8	10	10	10	10	8
c_1	8	10	7	7	10	9	6	5	10	10	7	8	9	9	9	10	10	8	9	10	8	10	10	7	8	10	9	10	7
c_2	7	10	7	7	10	7	6	5	10	8	9	9	4	9	9	9	8	8	9	10	7	10	6	5	10	8	9	10	8
d_1	7	10	8	7	10	8	7	5	3	10	5	10	5	8	9	9	8	0	9	10	8	10	10	8	8	9	8	10	8
d_2	8	10	6	7	9	9	10	5	3	8	10	9	5	9	9	8	7	6	9	10	8	8	8	7	10	8	8	10	8
e_1	8	10	6	7	10	10	8	5	10	10	8	10	9	9	9	8	7	0	9	10	8	10	9	9	10	10	9	10	9
e_2	8	10	6	7	9	7	8	6	10	8	8	10	9	9	9	8	8	6	9	10	7	10	6	7	10	10	8	10	8

续表

	专家1	专家2	专家3	专家4	专家5	专家6	专家7	专家8	专家9	专家10	专家11	专家12	专家13	专家14	专家15	专家16	专家17	专家18	专家19	专家20	专家21	专家22	专家23	专家24	专家25	专家26	专家27	专家28	专家29
e_3	6	8	5	7	8	7	8	4	10	5	6	9	9	9	9	10	7	0	9	10	9	10	8	5	10	10	9	10	8
e_4	8	10	8	7	7	8	8	8	10	10	9	8	9	9	9	9	8	8	9	10	10	10	9	8	9	9	8	10	9
a_{11}	9	10	8	8	10	9	10	5	10	10	10	10	9	9	9	10	10	10	9	10	9	10	10	8	10	10	10	10	9
a_{12}	7	8	6	7	9	10	8	5	10	9	7	9	9	8	9	9	8	6	9	10	8	10	6	7	9	8	10	10	8
a_{13}	9	8	6	7	9	9	10	5	6	9	8	8	9	9	9	9	8	6	9	10	8	10	6	6	9	9	8	10	8
a_{14}	7	8	8	7	10	9	9	5	10	7	9	8	9	9	9	9	8	6	9	10	8	10	10	7	10	10	8	10	7
a_{21}	6	8	6	7	9	8	8	7	10	7	8	10	9	9	9	9	6	6	8	10	8	10	10	8	10	8	10	8	9
a_{22}	8	8	7	6	8	7	7	7	10	6	7	10	9	8	8	7	5	6	7	10	9	6	8	5	10	7	8	8	8
a_{31}	6	10	7	8	8	8	8	7	7	7	6	5	9	9	9	8	6	8	8	10	9	8	8	7	9	6	8	10	8
a_{32}	8	10	7	8	10	8	8	6	9	7	10	8	9	8	9	10	6	6	8	10	9	10	10	7	10	10	8	10	9
a_{33}	8	10	8	8	9	6	8	6	8	7	10	8	9	9	9	7	6	7	8	10	9	10	10	6	10	9	8	10	8
a_{34}	8	7	8	8	8	6	8	5	9	7	6	8	9	8	9	6	7	6	8	10	9	10	6	8	9	10	8	10	8
b_{11}	7	8	7	7	9	6	8	5	8	7	9	8	10	8	9	7	6	10	8	10	8	10	6	8	10	10	9	10	9
b_{12}	9	8	7	7	8	7	8	6	8	8	9	8	10	8	9	7	7	10	8	10	8	10	8	9	10	10	9	10	8
b_{21}	8	9	7	8	10	8	7	4	10	8	9	8	10	9	9	9	6	8	10	10	8	10	10	7	10	10	9	10	8
b_{22}	7	10	8	8	10	9	10	3	10	9	10	8	10	8	9	9	10	8	10	10	8	10	10	8	10	7	9	10	8
c_{11}	7	9	8	8	10	9	8	5	5	8	7	9	10	8	9	10	9	10	9	10	8	10	8	8	10	10	10	8	9
c_{12}	6	9	6	7	10	9	7	5	7	6	7	8	10	7	9	10	8	8	8	10	8	8	6	7	8	6	9	8	8
c_{21}	8	7	7	7	10	7	8	7	8	10	9	9	10	7	9	7	7	10	8	10	8	10	6	8	10	10	6	10	8

续表

	专家1	专家2	专家3	专家4	专家5	专家6	专家7	专家8	专家9	专家10	专家11	专家12	专家13	专家14	专家15	专家16	专家17	专家18	专家19	专家20	专家21	专家22	专家23	专家24	专家25	专家26	专家27	专家28	专家29
c_{22}	7	8	7	7	10	8	8	4	8	8	10	10	10	7	9	9	7	10	8	10	8	8	8	9	10	10	8	10	9
d_{11}	6	8	7	7	7	8	7	7	9	6	8	8	9	6	9	9	8	10	8	10	8	10	10	7	10	7	8	10	8
d_{12}	8	7	7	6	7	9	7	5	9	7	10	9	9	8	9	8	8	10	8	10	8	8	10	6	10	9	10	10	8
d_{21}	7	8	7	7	10	8	9	8	10	8	10	10	9	8	9	9	9	10	8	10	8	10	6	8	10	10	10	10	8
d_{22}	7	8	8	7	10	8	8	8	10	7	10	9	9	7	9	8	9	10	8	10	8	10	6	9	10	10	10	10	8
e_{11}	9	10	6	8	10	9	6	9	9	8	7	8	9	8	9	7	8	6	8	9	8	10	10	9	10	8	6	10	8
e_{12}	9	8	6	8	9	9	6	9	9	7	10	9	9	7	9	7	7	6	8	9	8	8	10	8	10	9	6	10	8
e_{13}	8	9	6	8	10	7	6	9	9	9	10	9	8	8	9	9	8	6	8	10	8	8	10	7	10	9	6	10	8
e_{14}	8	8	7	7	7	7	6	5	9	8	7	8	8	8	9	8	5	6	8	10	8	10	6	7	10	7	8	7	8
e_{21}	8	8	7	8	8	6	7	8	9	8	8	10	4	7	9	8	6	7	8	10	8	9	10	6	9	6	9	8	8
e_{22}	7	9	8	8	10	5	6	7	9	8	10	9	9	8	9	9	7	6	8	10	8	10	10	8	10	10	9	8	7
e_{23}	7	9	8	8	9	6	6	6	10	8	6	9	9	8	9	8	7	6	8	10	8	10	10	8	10	8	7	7	7
e_{24}	8	9	8	8	10	6	6	7	10	7	8	9	8	8	9	8	7	6	8	9	8	10	10	9	10	10	8	9	8
e_{31}	7	9	8	7	9	8	7	9	10	7	10	8	10	8	9	9	5	6	8	10	8	10	10	8	9	7	10	6	8
e_{32}	7	7	7	7	10	8	7	7	7	8	8	8	6	8	9	10	5	0	8	10	8	9	10	8	10	9	8	6	8
e_{41}	6	9	8	8	10	7	7	7	7	8	10	9	4	8	9	6	7	7	8	10	8	10	10	9	10	9	8	9	8
e_{42}	7	6	6	7	7	7	7	8	7	7	6	9	9	8	7	5	5	8	8	10	8	8	10	6	9	7	6	6	8
e_{43}	8	8	7	8	10	8	7	8	7	7	7	9	9	9	9	8	6	6	8	10	8	10	10	8	10	6	8	10	8

注：根据第二次调查问卷专家打分整理而得。

附录J　样本公司指标值汇总

	2015年										2016年									
	N_1	N_2	N_3	N_4	N_5	N_6	N_7	N_8	N_9	N_{10}	N_1	N_2	N_3	N_4	N_5	N_6	N_7	N_8	N_9	N_{10}
a11	5	4	3	5	4	3	5	4	4	4	5	4	3	5	4	5	5	5	4	4
a12	4	4	3	5	4	3	5	4	4	4	4	4	3	5	4	5	5	5	4	4
a13	3	4	3	5	4	3	5	4	4	4	3	4	3	5	4	5	5	5	4	4
a14	3	4	3	5	4	3	5	4	4	4	3	4	3	5	4	5	5	5	4	4
a21	3%	8%	7%	7%	7.50%	7.50%	7.50%	8.50%	5%	1%	4%	8%	8.50%	8.50%	8.50%	8.50%	8.50%	8.50%	5%	1%
a22	1%	8%	9%	1%	2%	1%	5%	3%	3%	2%	5%	5%	9%	1%	1%	1%	5%	5%	3%	2%
a31	0%	3%	3%	1%	2%	1%	3%	2%	2%	2%	3%	3%	3%	1%	1%	1%	3%	3%	2%	2%
a32	20%	31%	33%	10%	20%	20%	20%	10%	15%	10%	25%	24%	34%	11%	20%	20%	20%	20%	20%	10%
a33	1%	3%	3%	3%	4%	2%	2%	1%	1%	1%	2%	3%	3%	3%	5%	2%	2%	2%	1%	1%
a34	100%	80%	80%	100%	100%	100%	100%	100%	100%	100%	100%	100%	90%	100%	100%	100%	100%	100%	100%	100%
b11	2%	2%	2%	1%	1%	2%	1%	1%	1%	2%	2%	2%	2%	1%	3%	2%	1%	1%	1%	2%
b12	3%	3%	3%	1%	1%	2%	1%	1%	1%	2%	5%	5%	5%	1%	3%	2%	1%	1%	1%	2%
b21	5%	5%	5%	1%	1%	2%	1%	1%	1%	2%	5%	5%	5%	1%	3%	2%	1%	1%	1%	2%
b22	100%	100%	100%	100%	100%	100%	100%	100%	100%	100%	100%	100%	100%	100%	100%	100%	100%	100%	100%	100%

续表

	2015年										2016年									
	N_1	N_2	N_3	N_4	N_5	N_6	N_7	N_8	N_9	N_{10}	N_1	N_2	N_3	N_4	N_5	N_6	N_7	N_8	N_9	N_{10}
c11	3	4	3	5	5	3	5	5	4	4	4	4	3	5	5	5	5	5	4	4
c12	4	4	3	5	5	3	5	5	4	4	4	4	3	5	5	5	5	5	4	4
c21	4	4	3	5	4	3	5	5	4	4	4	4	3	5	4	4	5	5	4	4
c22	4	4	3	5	4	3	5	5	4	4	4	4	3	5	4	4	5	5	4	4
d11	80%	80%	80%	80%	80%	100%	90%	80%	80%	80%	82%	82%	82%	82%	80%	90%	90%	90%	80%	80%
d12	1%	1%	1%	1%	1%	1%	1%	1%	1%	1%	1%	1%	1%	1%	1%	1%	1%	1%	1%	1%
d21	90%	90%	85%	95%	90%	90%	90%	90%	90%	90%	90%	95%	85%	95%	94%	94%	90%	90%	95%	95%
d22	4	4	3	5	5	5	5	4	5	5	4	4	3	5	5	5	5	5	5	5
e11	1%	1%	1%	1%	2%	2%	2%	2. 50%	2. 50%	5%	1. 50%	1. 50%	1. 50%	1. 50%	3. 50%	3. 50%	3. 50%	3. 50%	3. 50%	5%
e12	6%	10%	8%	8%	8%	8%	7%	7%	7%	7%	6%	10%	10%	10%	10%	9%	7%	7%	7%	7%
e13	10%	10%	10%	10%	7%	8%	7%	9%	9%	9%	10%	10%	9%	10%	8%	8%	8%	8%	10%	7%
e14	3	3	3	3	3. 5	5	6	6	3	3	5	5	5	5	5	7	7	3	3	3
e21	0. 8	1	1	1	1	1	1	1	2	2	0. 8	2	2	2	2	2	2	2	2	2
e22	4	3	3	3	4	5	5	5	5	5	4	4	4	4	4	5	5	5	6	6
e23	1	1	1	1	1	3	3	2	3	3	1	1	1	1	1	3	3	3	3	4
e24	3	3	3	3	3	3	3	2	3	3	3	3	2	2	2	3	3	3	3	3
e31	22%	22%	21%	21%	21%	21%	21%	21%	20%	10%	22%	22%	18%	18%	18%	18%	18%	18%	15%	10%

续表

	2015 年										2016 年									
	N_1	N_2	N_3	N_4	N_5	N_6	N_7	N_8	N_9	N_{10}	N_1	N_2	N_3	N_4	N_5	N_6	N_7	N_8	N_9	N_{10}
e32	3	3	3.2	3.2	3.2	3.2	3.2	5	5	3	3	3	7	7	7	7	7	7	5	5
e41	5%	10%	8%	3%	8%	10%	8%	6%	8%	6%	10%	10%	8%	5%	8%	10%	8%	8%	8%	6%
e42	3%	10%	8%	3%	8%	10%	8%	5%	8%	6%	5%	10%	8%	5%	5%	10%	8%	8%	8%	6%
e43	5%	10%	8%	3%	8%	10%	8%	6%	8%	6%	10%	10%	8%	5%	5%	10%	8%	8%	8%	6%
行业	纺织	纺织	冶炼	纺织	化学	食品	纺织	家具	纺织	冶炼	纺织	纺织	冶炼	纺织	化学	食品	纺织	家具	纺织	金属
性别	男	男	男	男	女	男	女	女	男	男	男	男	男	男	女	男	女	女	男	男
位置	中层	中层	中层	基层	中层	基层	中层	基层	中层	中层	中层	中层	中层	基层	中层	基层	中层	基层	中层	中层

注：根据第三次调查问卷数据整理而得。

参考文献

[1] 曹颖，曹东．战略实施中的中国环境绩效评估［J］．生态经济，2010(2)：166－168.

[2] 陈共荣，曾峻．企业绩效评价主体的演进及其对绩效评价的影响［J］．会计研究，2005（4）：65－68.

[3] 陈讯，韩亚琴．企业社会责任分级模型及其应用［J］．中国工业经济，2005（9）：99－105.

[4] 迟楠．先动型绿色战略选择与企业绩效关系研究［D］．上海：上海交通大学，2013.

[5] 崔新建．企业社会责任概念的辨析［J］．社会科学，2007(12)：28－33.

[6] 丹尼尔，A.．管理思想的演变［M］．北京：中国社会科学出版社，1997.

[7] 董颖，石磊．生态创新的内涵，分类体系与研究进展［J］．生态学报，2010，30（9），2465－2474.

[8] 费洪平．当前我国企业转型升级的方向及路径［J］．宏观经济研究，2017（2）：3－8.

[9] 傅元略．财务管理理论［M］．厦门：厦门大学出版社，2007.

[10] 龚宏斌．企业环境责任的利益相关者驱动，响应及绩效研究［D］．杭州：浙江工商大学，2011.

[11] 郭道扬．管理基础论［J］．会计之友，2013（9）：4－10.

[12] 何岚，钟书华．企业规模和所有权对工艺生态创新的影响和作用机理：

基于重庆制造业的调查［J］. 科技管理研究，2017（1）：7－14.

［13］洪源源，邱菀华. AHP、GEM及其综合算法［J］. 中国管理科学，2000（4）：37－43.

［14］侯海军，谷云东，王加银. 由某些函数构造的状态变权［J］. 模糊系统与数学，2005，19（4）：119－124.

［15］黄进. 国际标准中组织环境绩效评价指标体系的研究［J］. 标准科学，2015（7）：77－84.

［16］贾生华，郑海东. 企业社会责任：从单一视角到协同视角［J］. 浙江大学学报，2007（3）：79－87.

［17］姜青舫. 实用决策分析［M］. 贵州：贵州人民出版社，1988.

［18］金贞珍. 关于多指标综合评价方法及其权数问题的讨论［D］. 延吉市：延边大学，2007.

［19］孔宁宁，张新民，唐杰. 我国高新技术企业战略、资本结构与绩效关系研究［J］. 中国工业经济，2010（9）：112－120.

［20］李德清，李洪兴. 状态变权向量的性质与构造［J］. 北京师范大学学报（自然科学版），2002，38（4）：455－461.

［21］李洪兴. 因素空间理论与知识表示的数学框架（VIII）——变权综合原理［J］. 模糊系统与数学，1995（3）：1－9.

［22］李心合. 公司价值取向及其演进［J］. 财经研究，2004，30（10）：132－144.

［23］李心合. 嵌入社会责任与扩展公司财务理论［J］. 会计研究，2009（1）：66－73.

［24］李怡娜，叶飞. 制度压力、绿色环保创新实践与企业绩效关系［J］. 科学学研究，2011，29（12）：1884－1894.

［25］李怡娜，徐丽. 竞争环境、绿色实践与企业绩效关系研究［J］. 科学学与科学技术管理，2017，38（2）：44－54.

［26］刘文奇. 均衡函数及其在变权综合中的运用［J］. 系统工程理论与实践，1997，17（4）：58－64.

[27] 刘运国，陈国菲. BSC 和 EVA 相结合的企业绩效评价研究——基于 GP 企业集团的案例分析 [J]. 会计研究，2007 (9)：50-59.

[28] 刘子杨，陈进. 碳排放视角下生态创新、高管团队异质性与经济绩效的关系研究 [J]. 软科学，2017 (6)：86-90.

[29] 陆庆平. 企业绩效评价新论——基于利益相关者视角的研究 [D]. 大连：东北财经大学，2006.

[30] 吕香亭. 综合评价指标筛选方法综述 [J]. 合作经济与科技，2009 (6)：54.

[31] 罗伯特·卡普兰，大卫·诺顿. 平衡计分卡：化战略为行动 [M]. 刘俊勇，孙薇，译. 广东：广东经济出版社，2004.

[32] 聂洪光. 生态创新理论研究现状与前景展望 [J]. 哈尔滨工业大学学报，2012，14 (3)：126-132.

[33] 彭国甫. 价值取向是地方政府绩效评估的深层结构 [J]. 中国行政管理，2004 (7)：75-84.

[34] 彭雪蓉. 利益相关者环保导向、生态创新与企业绩效：组织合法性视角 [D]. 杭州：浙江大学，2014.

[35] 彭雪蓉，刘洋，赵立龙. 企业生态创新的研究脉络、内涵澄清与测量 [J]. 生态学报，2014，34 (22)：6440-6449.

[36] 彭雪蓉，魏江. 生态创新、资源获取与组织绩效 [J]. 自然辩证法研究，2014，30 (5)：60-65.

[37] 彭雪蓉，魏江. 利益相关者的环保导向与生态创新——高管环保意识的调节作用 [J]. 科学学研究，2015，33 (7)：1109-1120.

[38] 企业内部控制编审委员会. 企业内部控制配套指引解读与案例分析 [M]. 上海：立信会计出版社，2010.

[39] 邱东. 多指标综合评价方法的系统分析 [M]. 北京：中国统计出版社，1992.

[40] 邱菀华. 群组决策特征根法 [J]. 应用数学和力学，1997 (11)：1027-1031.

[41] 斯蒂芬·A. 罗斯等. 公司理财 [M]. 方红星, 等译. 北京: 机械工业出版社, 2011.

[42] 斯科特. 制度与组织——思想观念与物质利益 [M]. 姚伟, 王黎芳, 译. 北京: 中国人民大学出版社, 2010.

[43] 宋光兴. 多属性决策理论、方法及其在矿业中的应用研究 [D]. 昆明: 昆明理工大学, 2001.

[44] 苏为华. 多指标综合评价理论与方法研究 [D]. 厦门: 厦门大学, 2000.

[45] 苏为华. 我国多指标综合评价技术与应用研究的回顾与认识 [J]. 统计研究, 2012, 29 (8): 98-107.

[46] 王化成, 刘俊勇. 企业业绩评价模式研究——兼论中国企业业绩评价模式的选择 [J]. 管理世界, 2004 (4): 82-91.

[47] 王化成, 张顺葆, 彭文伟. 战略视角下广义财务管理理论研究框架 [J]. 北京工商大学学报 (社会科学版), 2012, 27 (6): 52-57.

[48] 王化成, 张伟华, 佟岩. 广义财务管理理论结构研究——以财务管理环境为起点的研究框架回顾与拓展 [J]. 科学决策, 2011 (6): 1-32.

[49] 汪培庄. 模糊集与随机集落影 [M]. 北京: 北京师范大学出版社, 1985.

[50] 王伟玲. 洛克菲勒基金会研究 [D]. 南京: 南京师范大学, 2011.

[51] 王晓玲. 素质教育评价中的变权综合方法 [J]. 系统工程理论与实践, 2000 (4): 136-140.

[52] 王月莺, 李世昌, 徐茂洲, 颜君彰. 大学生观赏美国职棒大联盟的行为意图模式 [J]. 大专体育学刊, 2014 (9): 297-310.

[53] 王兰云, 张金成. 环境视角与战略适应 [J]. 南开管理评论, 2003 (2): 67-70.

[54] 温素彬. 基于可持续发展的企业绩效评价理论与方法研究 [D]. 南京: 南京理工大学, 2005.

[55] 温素彬. 企业三重绩效的层次变权综合评价模型——基于可持续发展

战略的视角 [J]. 会计研究, 2010 (12): 82 - 87.

[56] 温素彬, 薛恒新. 基于科学发展观的企业三重绩效评价模型 [J]. 会计研究, 2005 (4): 60 - 64.

[57] 吴明隆, 涂金堂. SPSS 与统计应用分析 [M] 台湾: 五南图书出版公司, 2005.

[58] 徐光华, 陈良华, 王兰芳. 战略绩效评价模式: 企业社会责任嵌入性研究 [J]. 管理世界, 2007 (11): 166 - 167.

[59] 徐光华, 周小虎. 企业共生战略绩效评价模式研究 [J]. 南开管理评论, 2008, 11 (5): 19 - 26.

[60] 徐茂洲, 颜汉平. 高中生观赏 NBA 林书豪球赛者之行为模式之研究 [J]. International Journal of LISREL, 2013, 6 (1): 24 - 56.

[61] 亚当·斯密. 国民财富的性质和原因的研究 (下卷) [M]. 郭大力, 王亚南, 译. 北京: 商务印书馆, 1979.

[62] 杨东宁, 周长辉. 企业环境绩效与经济绩效的动态关系模型 [J]. 中国工业经济, 2004 (4): 43 - 50.

[63] 杨静, 施建军. 生态创新与经济绩效曲线关系研究 [J]. 科技进步与对策, 2015 (6): 95 - 99.

[64] 杨燕, 邵云飞. 生态创新研究进展及展望 [J]. 科学学与科学技术管理, 2011, 32 (8): 107 - 116.

[65] 姚炳学, 李洪兴. 局部变权的公理体系 [J]. 系统工程理论与实践, 2000 (1): 106 - 112.

[66] 尹开国, 李庚秦, 陈华东. 公司社会绩效理论与经验研究评述 [J]. 科学决策, 2011 (1): 85 - 94.

[67] 张敦力. 管理会计的使命: 决策支持和促进管理精细化 [J]. 财务与会计, 2014 (10): 1.

[68] 张敦力. 财务管理亦需"低碳" [J]. 财务与会计, 2011 (3): 1.

[69] 张敦力, 陈茜. 财务管理目标的状态依存性 [J]. 财政监督, 2010 (3): 11 - 15.

[70] 张钢，张小军．绿色创新战略与企业绩效的关系：以员工参与为中介变量[J]．财贸研究，2013（4）：132－140.

[71] 张蕊．企业战略经营业绩评价指标体系[M]．北京：中国财政经济出版社，2002.

[72] 张蕊．论新常态下程序理性与结果理性有机融合的企业业绩评价[J]．会计研究，2015（10）：89－97.

[73] 张伟豪．SEM论文写作不求人[M]．高雄：鼎茂图书出版有限公司，2011.

[74] 张伟豪，郑时宜．与结构方程共舞[M]．新北：前程文化事业有限公司，2012.

[75] 张兆国，刘晓霞，张庆．企业社会责任与财务管理变革[J]．会计研究，2009（3）：54－59.

[76] 曾宪报．关于组合评价法的事前事后检验[J]．统计研究，1997（6）：56－58.

[77] 中国环境与发展国际合作委员会，中共中央党校国际战略研究所．中国环境发展：世纪挑战与战略决策[M]．北京：中国环境科学出版社，2007.

[78] 周清杰，孙振华．论利益相关者理论的五大疑点[J]．北京工商大学学报（社会科学版），2003，18（5）：18－20.

[79] 周雪光．组织社会学十讲[M]．北京：社会科学文献出版社，2003.

[80] 朱珍勇，李洪兴．状态变权的公理化体系和均衡函数的构造[J]．系统工程理论与实践，1999，19（7）：116－118.

[81] Ambec, S., Cohen, M. A., Elgie, S., Lanoie, P.. The Porter hypothesis at 20: Can environmental regultion enhance innovation and competietiaeness [J]. Review of Environmental Economics and Policy, 2013, 7 (1): 2－22.

[82] Andersen, M. M.. On the faces and phases of eco－innovation: On the dynamics of the greening of the economy [C]. London: Paper presented at the DRUID summer conference, 2010.

[83] Anderson, J. C., Gerbing, D. W.. Structural Equation Modeling in prac-

tice: A Review and Recommended Two – Step Approach [J]. Psychological Bulletin, 1988, 103 (3): 411 –423.

[84] Aragon – Correa, J. A. , Sharma, S. . A contingent resource – based view of proactive corporate environmental strategy [J]. Academy of Management Review, 2003, 28 (1): 71 –88.

[85] Arundel, A. , Kemp, R. . Measuring eco – innovation [J]. Working Paper, 2009 –017 (2009/017): 1 –40.

[86] Atkinson, A. A. , Banker, R. D. , Kaplan, R. S. , Young, S. M. . Management Accounting [M]. 2nd ed. Prentice – Hall, 1997.

[87] Avolio, B. , Yammarino, F. J. , Bass, B. M. . Identifying Common Methods Variance with Data Collected from a single Source: An Unresolved Sticky Issue [J]. Journal of Management, 1991, 17 (3): 571 –587.

[88] Barney, J. . Firm resources and sustained competitive advantage [J]. Journal of Management, 1991, 17 (1): 99 –120.

[89] Bentler, P. M. , Chou, C. . Practial issues in structural modeling [J]. Sociological Methods and Research, 1987, 16 (1): 78 –117.

[90] Bollen, K. A. , Structrual Equatios with Latent Variable [M]. New York: Wiley 1989.

[91] Bollen, K. A. , Stine, R. A. . Bootstrapping goodness – of – fit Measures in Structural Equation Models [J]. Sociological Methods and Research, 1992, 21 (2): 205 –229.

[92] Berrone, P. , Fosfuri, A. , Gelabert, L. , Gomes – Mejia, L. R. . Necessity as the mother of "green" inventions: Institutional pressures and environmental innovations [J]. Strategic Management Journal, 2013, 34 (8): 891 –909.

[93] Berry, M. A. , Rondinelli, D. A. . Proactive corporate environmentalmanagement: a new industrial revolution [J]. Academy of Management Executive, 1998, 12 (2): 38 –50.

[94] Birkinshaw, J. , Hamel, G. , Mol, M. . Management innovation [J].

The Academy of Management Review, 2008, 33 (4): 825 – 845.

[95] Bollen, K., Stine, R. A.. Bootstrapping goodness – of – fit measures in structural equation models [J]. Sociological Methods and Research, 1992, 21 (2): 205 – 229.

[96] Boomsma, A.. Reporting analyses of covariance structures [J]. Structural Equation Modeling, 2000, 7 (3): 461 – 483.

[97] Bragdon, J. H., Marlin, J.. Is pollution profitables [J]. Risk Management, 1972, 19 (4): 9 – 18.

[98] Brunnermeier, S. B., Cohen, M. A.. Determinants of environmental innovation in US manufacturing industries [J]. Journal of Environmental Economics and Management, 2003, 45 (2): 278 – 293.

[99] Byrne, B. B.. Structural equation modeling using Amos: Basic concepts, applications and programming [M]. 2nd ed. New York: Routledge, 2010.

[100] Byrne, B. M, Shavelson, R. J., Muthen, B.. Tesing for the equivalence of factor covariance and mean structures: The issue of partial measurement invariance [J]. Psychological Bulletin, 1989, 105 (3): 456 – 466.

[101] Carroll, A. B.. Athree – dimensionalconceptual model of corporate social performance [J]. Academy of Management Review, 1979, 4 (4): 497 – 505.

[102] Carter, C. R., Ellram, L. M.. Reverse logistics: A review of the literature and framework for future investigation [J]. Journal of Business Research, 1998, 32 (6): 497 – 505.

[103] Chen, C. C., Shiu, E. C.. Validation of a proposed instrument for measuring eco – innovation: An implementation perspective [J]. Technovation, 2012, 32 (6): 329 – 344.

[104] Cheng, C. C. J., Yang, C., Sheu, C.. The link between eco – innovation and business performance: A Taiwanses industry context [J]. Journal of Cleaner Production, 2014, 64 (2): 81 – 90.

[105] Cheung, G. W., Rensvold, R. B.. Evaluating Goodness – of – Fit Inde-

xes for Testing Measuremen Invariance [J]. Structural Equation Modeling, 2002, 9 (2): 233 -255.

[106] Cleff, T., Rennings, K.. Determinants of environmental product and process innovation [J]. European Environment, 1999, 9 (5): 191 -201.

[107] Conner, K.. A historical comparison of resource - based theory and five schools of thought within industrial organization economics: Do wo have a new theory of the firm? [J]. Journal of Management, 1991, 17 (1): 121 -154.

[108] Cudeck, R., Browne, M. W.. Cross - validation of covariance structures [J]. Multivariate Behavioral Research, 1983, 18 (2): 147 -167.

[109] Cureton, E. E.. The upper and lower twenty - seven percent rule [J]. Psychometrika, 1957, 22 (3): 293 -296.

[110] Dangelico, R. M., Pontrandolfo, P.. From green product definitions and classifications to the green option matrix [J]. Journal of Cleaner production, 2010, 18 (16 -17): 1608 -1628.

[111] Dangelico, R. M., Pujari, D.. Mainstreaming green product innovation: Why and how companies integrate environmental sustainability [J]. Journal of Business Ethics, 2010, 95 (3): 471 -486.

[112] Del Rio, P., Carrillo - Hermosilla, J., Konnola, T.. Policy strategies to promote eco - innovation [J]. Journal of Industrial Ecology [J], 2010, 14 (4), 541 -557.

[113] Demirel, P., Kesidou, E.. Stimulating different types of ecoinnovation in the UK: Government policies and firm motivations [J]. Ecological Economics, 2011, 70 (8): 1546 -1557.

[114] Dierickx, I., Cool, K.. Asset stock accumulation and sustainability of competitive advantage [J]. Management Science, 1989, 35 (12): 1504 -1511.

[115] DiMaggio, P. J., Powell, W. W.. The iron cage revisited: Institutional isomorphism and collective rationality in organizational fields [J]. American sociological Review, 1983, 48 (2): 147 -160.

[116] Doll, W. J., Xia, W., Torkzadeh, G.. A Confirmatory Factor Analysis of the End - User Computing Satisfaction Instrument [J]. MIS Quarterly, 1994, 18 (4): 453 - 461.

[117] Dowling, J., Pfeffer, J.. Organizational legitimacy: Social values andorganizational behavior [J]. The Pacific Sociological Review, 1975, 18 (1): 122 - 136.

[118] Eiadat, Y., Kelly, A., Roche, F., Eyadat, H.. Green and competitive? An empirical test of the mediating role of environmental innovation strategy [J]. Journal of World Business, 2008, 43 (2): 131 - 145.

[119] Engels, S.. Determinants of environmental innovation in Swiss and German food and beverages industry: What role dose environmental regulation play? [D]. ETH, Zurich, Switzerland, 2008.

[120] Eisenhardt, K. M., Martin, J. A.. Dynamic capabilities: What are they? [J]. Strategic Management Journal, 2000, 21 (10 - 11): 1105 - 1121.

[121] Freeman, R. E.. Strategic Management: A Stakeholder Approach [D]. Cambridge: Cambridge University Press, 1984.

[122] Fornell, C., Larcker, D. F.. Evaluating structural equation models with unobservables variables and mesaurement error [J]. Journal of Marketing Research, 1981, 18 (1): 39 - 50.

[123] Frondela, M., Horbachb, J., Rennings, K.. What triggers environmental management and innovation? Empirical evidence for Germany [J]. Ecological Economics, 2008, 66 (1): 153 - 160.

[124] Fussler, C., James, P.. Driving eco - innovation: A breakthrough discipline for innovation and sustainability [M]. London: Pitman Publishing, 1996.

[125] Gardner, G., Prugh, T.. State of the world 2008: Innovations for a sustainable Economy [J]. World Watch Institute, 2008, 10 (1): 31 - 33.

[126] Hair, J. F. Jr., Anderson, R. E., Tatham, R. L., Black, W. C.. Multivariate Data Analysis [M]. 5thed. Englewood Cliffs, NJ: Prentice Hall, 1998.

[127] Hair, J. F. Jr., Anderson, R. E., Tatham, R. L., Black, W. C.. Multivariate data analysis [M]. 7th ed. Englewood Cliffs, NJ: Prentice Hall, 2009.

[128] Hart, S. L.. Beyond greening: Strategies for a sustainable word [J]. Harvard Business Review, 1997, 75 (1): 66-76.

[129] Hart, S. L.. A Natural - Resource - based View of the firm [J]. Academy of Management Review, 1995, 20 (4): 986-1014.

[130] Hart, S. L., Dowell, G.. A natural - resource - based view of the firm: fifteen years after [J]. Journal of Management, 2011, 37 (5): 1464-1479.

[131] Hayes, A. F.. Beyond Baron and Kenny: Statistical Mediation Analysis in the New Millennium [J], 2009, 76 (4): 408-420.

[132] MacKinnon, D. P.. Introduction to statistical mediation analysis [M]. Mahwah, NJ: Lawrence Erlbaum Associates, 2008.

[133] Hoyle, R. H., Panter, A. T.. Writing about structural Equation models. In R. H. Hoyle (Ed), Structural equation modeling: Concepts, issues, and applications [M]. Thousand Oaks, CA: Sage, 1995.

[134] Hoskisson, R. E., Hitt, M. A., Wan, W. P., Yiu, D.. Theory and research in strategic managemet: Swings of a pendulum [J]. Journal of Management, 1999, 25 (3): 417-456.

[135] Hutchinson, C.. Corporate Strategy and the Environment [J]. Long Rang Planning, 1992, 25 (4): 9-21.

[136] Jaffe, A. B., Newell, R. G., Stavins, R. N.. Technology policy for energy and the environment [J]. Innovation Policy and The Economy, 2004, 4 (1): 9-21.

[137] James, P., The sustainability circle: Anew tool for product development and design [J]. Journal of Sustainable Product Design, 1997, 2 (7): 52-57.

[138] Judge, W. Q., Douglas, T. J.. Performance implications of incorporating natural environmental issues into the strategic planning process: An empirical assessment [J]. Journal of Management Studies, 1998, 35 (2): 241-262.

[139] Kaplan, R. S., Norton, D. P.. The balanced scorecard—measures that drive performance [J]. Harvard Business Review, 1992, 70 (1): 71.

[140] Kelly, T. L.. The selection of upper and lower groups for the validation of test items [J]. Journal of education psychology, 1939, 30 (1): 17-24.

[141] Klassen, R. D., McLaughlin, C. P.. The Impact of Environmental Management onFirm Performance [J]. Management Science, 1996, 42 (8): 1199-1214.

[142] Klassen, R. D., Whybark, D. C.. The impact of environmental technologies on manufacturing performance [J]. Academy of Management Journal, 1999, 42 (6): 599-615.

[143] Kline, R. B.. Principles and practice of structural equation modeling [M]. 2nd ed. New York: Guilford, 2005.

[144] Kline, R. B.. Principles and practice of structural equation modeling [M]. 3rd ed. New York: Guilford, 2011.

[145] Lee, K., Kim, J.. Integrating suppliers into green product innovation development: An empirical case study in semiconductor industry [J]. Business Strategy and the Environment, 2011, 20 (8): 527-538.

[146] Lin, C., Chen, M.. Does innovation lead to performance? An empirical study of SMEs in Taiwan [J]. Manage Res News, 2007, 30 (2): 115-132.

[147] Lin, R., Tan, K., Geng, Y.. Market demand, green product innovation, and firm performance: evidence from Vietnam motorcycle industry [J]. Journal of Cleaner product, 2013, 40 (3): 101-107.

[148] Little, T. D.. Mean and Covariance Structures (MACS) Analyses of Cross-Culture Data: Practiacal and theoretical Issues [J]. Multivariate Behavioral Research, 1997, 32 (1): 53-76.

[149] MacCallum, R. C., Browne, M. W., Sugawara, H. M.. Power analysis and determination of sample size for covariance structure modeling [J], Psychological Methods, 1996, 1 (2): 130-149.

[150] Malmi, T.. Balanced Scorecard in Finnish Companies: Some empirical evidence [C]. Munich, 23rd Annual Congress, 2000.

[151] Meyer, J. W., Scott, W. R.. Organizational Environments: Ritual and Rationality [M]. Beverly Hills, CA: Sage, 1983.

[152] Meyer, J. W., Rowan, B.. Institutionalized Organizations: Formal Structure as Myth and Ceremony [J]. American Journal of Sociology1977, 83 (2): 340 - 363.

[153] Mirata, M., Emtairah, T.. Industrial symbiosis networks and the contribution to environmental innovation: The case of the Landskrona industrial symbiosis programme [J]. Journal of Cleaner Production, 2005, 13 (10): 993 - 1002.

[154] Murphy, J., Gouldson, A., Environmental policy and industrial innovation: integrating environment and economy through ecological modernisation [J]. Geoforum, 2000, 31 (1): 33 - 44.

[155] Negny, S., Belaud, J., Robles, C., Reyer, R., Ferrer, B.. Toward an eco - innovative method based on a better use of resources: application to chemical process preliminary design [J]. Journal of Cleaner Product, 2012, 32 (3): 101 - 113.

[156] Noci, G., Verganti, R.. Managing green product innovation in small firms [J]. R and D Management, 1999, 29 (1): 3 - 15.

[157] OECD, Sustainable Manufacturing and eco - innovation [M]. Paris: OECD Publishing, 2009.

[158] OECD, Flexible Personnel Management in the Public Service [M]. Paris: OECD Publishing, 1990.

[159] Parsons, T.. A sociological approach to the theory of organizations In Structure and Process in Modern Societies [M]. Glencoe, IL: Free Press, 1960.

[160] Porter, M. E., Vanderlinde, C.. Green and Competitive: Ending thestalemate [J]. Harvard Busiess Review. 1995, 73 (5): 120 - 134.

[161] Porter, M. E., Van der Linde, C.. Toward a new conception of the envi-

ronment competiveness relationship [J]. Journal of Economic Perspective, 1995, 9 (4): 97 - 118.

[162] Pujari, D., Peattie, K., Wright, G.. Organizational antecedents of environmental responsiveness in industrial new product development [J]. Industrial Marketing Management, 2004, 33 (5): 381 - 391.

[163] Pujari, D., eco - innovation and new product development: Understanding the influences on market performance [J]. Technovation, 2004, 26 (1): 76 - 85.

[164] Rennings, K.. Redefining innovation—eco - innovation research and the contribution from ecological economics [J]. Ecological Economics, 2000, 32 (2): 319 - 332.

[165] Rennings, K., Ziegler, A., Ankele, K., Hoffmann, E.. The influence of different characteristics of the EU environmental management and auditing scheme on technical environmental innovations and economic performance [J]. Ecological Economic, 2006, 57 (1): 45 - 59.

[166] Rehfeld, K. M., Rennings, K., Ziegler, A.. Integrated product policy and environmental product innovations: An empirical analysis [J]. Ecological Economics, 2007, 61 (1): 91 - 100.

[167] Roberts, J. A., Bacon, D. R.. Exploring the subtle relationship between environmental concern and ecologically conscious consumer behavior [J]. Journal of Business Research, 1997, 40 (1): 79 - 89.

[168] Roberts, J. A.. Green consumers in the 1990s: Profile andimplications for advertising [J]. Journal of Business Research, 1996, 36 (3): 217 - 231.

[169] Russo, M. V., Fouts, P. A.. A resource - based perspective on corporate environmental performance and profitability [J]. Academy of Management Journal, 1997, 40 (3): 534 - 559.

[170] Sarkis, J., Gonzalez - Torre, P., Adenso - Diaz, B.. Stakeholder pressure and the adoption ofenvironmental practices: The mediating effect of training [J].

Journal of Operations Management, 2010, 28 (2): 163 - 176.

[171] Satorra, A.. Asymptotic robust inferences in the analysis of mean and covariance structure [M]. Barcelona, Spain: Universitat Pompeu Fabra, 1991.

[172] Schiederig, T., Tietze, F., Herstatt, C.. Green innovation in technology and innovation management - An exploratory literature review [J]. R and D Management, 2012, 42 (2): 180 - 192.

[173] Schreiber, J. B.. Core reporting practices in structural equation modeling [J]. Administrative Pharmacy, 2008, 4 (2): 83 - 97.

[174] Scott, W. R.. Institutions and Organizations: Toward a theoretical synthesis in Institutional Environments and Organizations: Structral Complexity and individualism [M]. CA: Sage, 1994.

[175] Scott, W. R., Gerald, F. D.. Organizations and Organizing: Rational, Natural and Open System Persoectives [M]. NJ: Pierson Prentice Hall, 2007.

[176] Sharma, S., Vredenburg, H.. Proactive corporate environmental strategy and the development of competitively valueable organizational capabilities [J]. Strategic Management Journal, 1998, 19 (8): 729 - 753.

[177] Speckbacher, G., Bischof, J., Pfeiffer, T.. A Descriptive Analysis on the Implementation of Balanced Score - cards in German - speaking Countries [J]. Management Accounting Research, 2003, 14 (4): 361 - 388.

[178] Starik, M., Marcus, A. A.. Introduction to the special research forum on the Management of Organizations in the Natural Environment: A field emerging from multiple pathswith many challenges ahead [J]. The Academy of Management Journal, 2000, 43 (4): 539 - 546.

[179] Suchman, M. C.. Managing legitimacy: Strategic and institutional approaches [J]. Academy of Management Review, 1995, 20 (3): 571 - 610.

[180] Taylor, S. R.. Green management: the next competitive weapon [J]. Future, 1992, 24 (7): 669 - 678.

[181] Teece, D. J., Pisano, G., Shuen, A.. Dynamic capabilities and strate-

gic management [J]. Strategic Management Journal, 1997, 18 (18): 509 -533.

[182] Torkzaden, G., Koufteros, X., Pflughoeft. K.. Confirmatory analysis of computer selfefficacy [J]. Structural Equation Modeling, 2003, 10 (2): 263 -275.

[183] Wagner, M.. Empirical influence of environmental management innovation: Evidence from Europe [J]. Ecological Economics, 2008, 66 (2 -3): 392 -402.

[184] Wagner, M.. On the relationship between environmental management, environmental innovation and patenting: Evidence from German manufacturing firms [J]. Research Policy, 2007, 36 (10): 1587 -1602.

[185] Weber, M.. Economy and Society: An Interpretive Sociology [M]. New York: Bedminister Press, 1968: 31.

[186] Yang, Y., Holgaard, J. E., Remmen, A.. What can triple helix frameworks offer to the analysis of eco - innovation dynamics? Theoretical and methodological considerations [J]. Science and Public Policy, 2012, 39 (3): 373 -385.

[187] Ziegler, A., Rennings, K.. Determinants of environment innovation in Germany: Do organizational measures matter? A discrete choice analysis at firm level [M]. Social Science Electronic Publishing, 2004.

[188] Zucker, L. G.. Therole of institutionalization in cultural persistence [J]. American Sociological Review, 1977, 42 (5): 726 -743.